唐君毅全集　卷七

中華人文與當今世界（上）

臺灣學生書局印行

中華人文與當今世界

唐君毅著

目錄

叄、世界文化問題及中國人文精神之發展——「感乎世運時勢」之部……三

中華人文與當今世界（上册）

唐君毅著

目錄

中華人文與當今世界（上）

本書於一九七五年五月由東方人文學會出版、臺灣學生書局發行。一九七八年四月再版，改由臺灣學生書局出版兼發行。本書分上、下册。全集所據爲再版本，並經全集編輯委員會重新校訂。本書下册附錄部之「中國文化與世界」一文改編入全集第四卷，獨立爲一書。

自序

去年孫守立先生，自臺灣來函說，多年來曾收輯了我在若干雜誌所發表之文，望我允許作爲一集，在臺灣出版。我與孫先生素未謀面，其盛意十分可感。但直至近日，乃稍暇，將孫先生建議重刊之文，大體一看，並增補了一些文章，使之略成一系統，並定名爲「中華人文與當今世界」。因其皆是我居于中國海外之香港，一面回念中華民族之人文精神，一面放眼看當今世界而寫成的。這些文章皆我十七八年來在各雜誌所發表。在十七八年前，我居香港之六七年中，對中國文化的意見，皆見于「中國文化之精神價值」一書，及「人文精神之重建」、「中國人文精神之發展」二書所輯之論文。至于今之此集，則論題更比較廣泛。十七八年的時間，在個人生命上看，亦算很長。但自歷史文化上看，則時間很短。十七八年前的問題，今日仍然存在；而我個人想這些問題的思想方向亦無改變，故這些文章如多少有價值，則亦無妨重加印行。

此書中心之問題，可說，卽中華人文如何存在于當今之世界，更有其發展，並求有所貢獻于世界文化問題之解決的問題。此亦是我前此之三書之問題。在十七八年前，我寫前三書時，對當今世界之文化思想，雖有若干書本的知識，但尚缺乏一些切身的接觸。我只是以一居住在中國社會，多少生活在中國文化中的人的資格，去感受世界之文化思想的衝擊，而本中國文化思想對此衝擊的挑戰，作種種的個人思想上的回應。這些感受，我相信或比若干少年時便漫遊世界，在西方留學作事的人可更眞切——如在海灘直立的人，更能眞切感受潮水的衝擊之力——其所引起的問題與思想，亦可能有更眞切深入的地方。但到底仍缺乏一些親身的接觸，以為證驗。我在此十七八年中，卻以種種因緣，使我先後離開所居之香港十二次，得至當今之世界各地漫遊，並與各地民族與若干學術文化界人士有若干生活上的接觸。由此更得以證驗我前之所想，並無方向上的大錯誤。但我同時亦因此接觸之多，而感受到更多精神上的壓力，使我覺得要使中華民族之人文之精神，得眞正存在于當今之世界，而成就其自身發展，並求有所貢獻于世界文化問題之解決，實非常艱難，須歷千辛萬苦。個人于此所能盡之力，實微小不足道；亦常不免悲從中來，有無可奈何之感。但我之信心則未動搖；在遇有機會，人們要我講演，或寫文談此類問題時，我只要有時間，亦從不推辭，總希望能多少對此當今時代，發生一些影響。大約此集中之文，三分之二皆是講演，由人紀錄，再經我改正而成。在講演時，我之心靈外向于聽眾，所以亦不免許多適應聽眾的浮泛之語，不能皆鞭辟入裏，而不夠深度。但亦有一些隨機指點，多方譬喻的話。紀錄下來，亦似乎較我一人閉門寫文時，活潑一些。我今將此集之文，重看一次，亦覺其每一文，皆不無若干新妍的意思。我自己講過就忘了，今再看時，亦好似看他人之文一般。我今日如從今再寫同樣題目，亦未必能寫得更好，可能更壞，因精力已不如昔。所以我想今重加印行，以供他人之閱讀，亦當多少不無對人之啟發之益。此諸文中涉及同樣之論題處，前後重複的地方，自所不免。但我常想著歌德的話，即「眞理不重複時，錯誤便重複了」，眞理亦經常是要「千呼萬喚始出來」，以為人所共見的。

此集之文，今分三部。第一部可姑名導言之部。我今將「中華民族之花果飄零」，作第一篇。此一文在十四年前發表，曾引起十數篇他人作文反應，後來亦常有人要看此文的。此乃因海外中國人同有一「如花果之飄零」之感受。此文乃是我在一情感之激動下寫出的，所以有一感染的力量。但此文之情感太悲涼，故後又寫了第二文「花果飄零與靈根自植」言建立信心之道。第三文說「海外知識份子之發心」則更意在與人以鼓舞。此三文中雖有若干義理，但在本質上，可說只是一情緒的語言。不過，人生的一切事仍皆當由情志開始，所以今編此三文，為此書之入門，並名為「發乎情」之部。

此下之第二部份的文，可以說是較重說理。此即由第一部之「發乎情」之文，更求「止乎義」之文。此中，由人的學問與人的存在，直至論歷史意識、文學藝術意識，及哲學意識之數文，皆意在為人文學術，確定其意義及其在學術文化世界中的地位。此部中之正文諸篇，及第三部之論儒敎與民主理想之三篇理論意味較重，亦可補我昔年「文化意識及道德理性」一書之若干不足之處，乃此書之中堂。其中對不同人文學術之意義的說明，非只是一般之論，而表現若干新觀點，新說法，亦相當嚴整。但亦非學院式的論文，所以其新處何在，亦不必于此更加一一指出。

第三部之文，泛論世界文化問題者三篇，論儒教、論民主理想、論教育，及論禮俗與禮樂生活者各二篇。論中國現代之文化思想、中國文化精神之發展、其現代化、其表現于藝術，爲現代世界人所共認、與孔子者共六篇。論中國與世界文化關係者三篇。此卽自多方面討論中華人文之精神價值，如何得于當今世界存在、發展，並如何有所貢獻于世界文化問題之解決。此部爲此書之外庭。此部論種種問題，就我個人說，其思想之理論基礎，在昔年所著之「文化意識與道德理性」一書及本書之第二部。但亦不須理解其理論基礎，才可讀此部之文。因此世界與中國之文化問題，皆可由具體之文化事象，加以指出。而此具體之文化事象，則爲有目者所共見。此具體文化事象，至爲複雜，今隨事感發，而加以論說，雖統不出「以人文，立人極」之旨，但亦不免掛一漏萬。故今名之爲「感乎世運時勢」之部。

第四爲附錄之部，其中附錄一至三文，各代表我個人之主觀心情之一面。此中之第一文，乃近乎遊戲之作。因此書之文太沉重濃郁，故附此輕鬆之文，使略爲冲淡；第二文「懷鄉記」則是表示我對中國之鄉土，與固有之人文風敎的懷念。此實是推動我之談一切世界中國之文化問題之根本動力所在。第三文，則說及我在中學時的朋友，這些朋友亦屬于我之生命之一部。其心情與其在當今時代中之歸于悲劇的命運，數十年來皆時在我感念中。我之對許多文化問題關心，亦常覺似有這些亡友之靈魂，在冥冥中幫助推動。我之附此三文，亦意在表示我之深心，並不喜歡漫天蓋地、四面八方地談種種文化大問題。我原初所感受的問題，皆很小，我所眞喜歡的生活，亦只是在有中國人文風敎的社會中平淡的生活。只因當今世界之有四面八方狂風暴雨之衝擊，而將中國之人文風教破壞，才逼使我漫天蓋地、四面八方的談許多大問題，其實這不是我的初意，這只是不得已。故細細想來，我此集之正文之一切文章雖說得大，到頭來亦或無甚價值。至于此附錄之部前三文，雖說得小，卻更代表我之生命與生活中的眞實東西。這才是本書之眞正的正文。至于附錄四之一文，則文中已有前言可說明其所以附載於此之故。今不另作說明。（註）

甲寅君毅于南海香州

註：本書附錄四爲「中國文化與世界」，現改編入全集第四卷。——編者

壹、導言——「發乎情」之部

一、中華民族之花果飄零（註）

（一）前　言

我個人自離開中國大陸，轉瞬十二年。就聞見所及，大約最初六年，流亡在外的僑胞，都注意到如何能再回大陸，而只以僑居異地，爲臨時之計。但最近六年，因國際政治現實上，苟安之趨向轉盛，而大家亦多轉而在當地作長期寄居之想。實則這六年來，我國僑胞，在東南亞各地之政治社會之地位，正處處遭受史無前例的打擊。從非律賓、印尼、經越南，直到馬來亞、新加坡、緬甸之當地政府及本地民族，無不在政治上、社會上、經濟上、及教育文化上用種種方法，壓抑當地的華僑社會，使各地之僑胞，縱然遵順了當地政府之要求，改變國籍，服從當地法令之約束；亦難與其他本地人民，立於平等地位，在事業上作平等之競爭。至於華文教育之處處受限制與摧殘，尤爲一致命的打擊。而在另一方面，則臺灣與香港之中國青年，近年不少都在千方百策，如鳳陽花鼓歌之「背起花鼓走四方」。至於原居美國或較文明之國家者，亦或迫切於謀取得該國國籍，以便其子孫世代，皆能在當地成家立業。卽在香港，其一般社會，本是容華人自由活動者，亦不少由大陸來之知識份子，登報申請入英國國籍，以便能在大英聯邦中提高社會地位，成就事業。此種自動自覺的向外國歸化的風勢，與上述東南亞華僑社會之僑胞之被動受迫的歸化之風勢，如一直下去，到四五十年之後，至少將使我們之所謂華僑社會，全部解體，中國僑民之一名，亦將不復存在。此風勢之存在於當今，則整個表示中國社會政治、中國文化與中國人之人心，已失去一凝攝自固的力量，如一園中大樹之崩倒，而花果飄零，遂隨風吹散；只有在他人園林之下，托蔭避日，以求苟全；或牆角之旁，沾泥分潤，冀得滋生。此不能不說是華夏子孫之大悲劇。

我說此是一悲劇，卽意涵此不是個人的道德問題，亦卽不是一簡單的應當不應當的問題。個人之身當其境的，有各種的無可奈何之處，亦可有種種理由，以說明其未嘗不應當，以至說其十分應當。我曾得若干在印尼、菲律賓僑胞之血淚交流的信，說他們在無可奈何中，不能不忍辱偷生。我決不能忍心說，他們之改變國籍，服從當地法律，卽不道德，而且只有對他們艱難之處境與堅忍之精神，致無限之同情與敬仰。卽對於留學美國，便謀久居不歸的中國學人與青年朋友，亦有種種理由說其正當。其中的情形種種不同。儘可有人是抱一發揚中國文化於世界，而留居異國，如朱舜水之留居日本者。而一青年學者覺在其自己之故邦，不能繼續其學術研究，而藉他國圖書館與實驗室，以冀於學術有所成就，而貢獻於全人類者，亦自有苦心孤詣。即從整個中國未來之文化之發展上看，在我們自己之社會不能儲備人才時，藉其他文明國家之社會，代爲儲備，亦未爲不可。即以我本人而論，對於留在外國的朋友或學生，當我看來，他回到臺灣與香港之華人社會，並不能使其學問進步、或用其所長時，我亦曾去信勸其緩緩歸來。此外，如一人確實佩服他國之文化，習尙他國之社會生活，或提出理由，說中國文化實無可取，中國人之社會生活，令人生厭，以至說上帝使他生爲中國人，開始點即爲一錯誤、或一偶然；或再說一套形而上學或宗教上的大道理，如人的靈魂，本來不屬於任何地區、任何國家、任何民族與文化，他本來可無所不在，而降生於任何處；所以我亦本來可成爲任何國的人，長居任何地，我乃以天下爲家，無可無不可。此理論我雖不贊成（見下文），但如人眞信此理論，自己依之以行，而不加以宣傳，在道德上亦無可非議。而在理論上，我們亦很難說他一無是處。至於過此以往，一個人望有較高之薪資以養家，或貪圖他國之較舒適的生活，亦是人之常情，不成罪戾。所以從個人之道德上之應當不應當之問題而論，我們實不當於此有任何之責難，此義不須多說。

上述之問題，雖不是個人之道德上是否應當的問題，然而一大樹之崩倒，而花果飄零，隨風吹散，仍不能不是一悲劇。如果中國之在今日之世界，如漢唐之在當時之世界，何至有東南亞之僑民之處處受排斥，而傾家蕩產，致不得以自己之語言，敎其子孫？又何至有許多人之千方百策，謀歸化他國，以爲久居之計？又何至由東南亞各國直到美國，都以種種移民法案，去限制中國人之前往與久居，以至限制中國青年之往求學？莫說漢唐之世非今日所能望，卽望清季，亦今非昔比。原來一百餘年來，華夏之子孫，卽已開始大量移殖於東南亞各國，亦紛紛至檀香山與美國西部，作工謀生。當時皆尙未受到今日所受之種種壓迫與限制。又此移居各地之僑民，雖多屬中國下層社會，然而到了當地，仍保存中國社會之風習。婚喪慶弔，用中國禮儀，是一端。商店用中國字作招牌，是一端。房屋建築，多少用中國形式，是一端。回國結婚，告老還鄉，是一端。僑居一地設同鄉會、宗親會，是一端。過舊曆年，過舊節氣，是一端。祖孫相勉，不信洋敎，是一端。滙款歸國，對國家事業，以及革命事業，捐輸奉獻，是一端。設立僑校以中國語文敎學，用中國語文，彼此交談通信，又是一端。卽中國早期之留學生，仍多少保存中國社會之此類風習。如最早之留美學生季報所表現之意識，仍爲不肯忘本之文化意識。如在民國七八年，贊助新文化運動的蔡元培先生，在民國十年，於美國聘教員時，曾遇一當時已露頭角，後亦成國內名學者之某先生，因與蔡先生接談時，不說中文而說英語；蔡先生卽決定不加聘請。後來直至抗戰期間，國內有幾個有名大學英文系之幾位名教授，並不會講日常的英語，亦無人懷疑其對英國文學造詣之深。我又知一國內有名大學之英語系中，有一教授，因日常談話皆喜用英語，遂爲同事所不恥，致不能立足。然而在今日旅居外國之華僑社會中，中國人所保存之風習，尙有幾何？只試看看此以中國語文作交談之用之一端，其情形如何，便知今非昔比。據我所親見，在美國與歐洲之中國許多高級知識份子之家庭內部，已不用中國語文。而在香港，最近為籌辦中文大學而有之中國高級知識份子自身之集會，亦皆用英國語文為主，而無人以之為恥。此中國人之日益不以中國語文，作交談之用，及其他種種喪失其固有風習之事，其原因甚多，亦同樣很難依道德上之應當或不應當，來責備任何個人。然而一民族之無共同之文化與風習語言，加以凝攝自固；一民族之分子之心志，必然歸於日相離散。而世運推移，至於今日，一面撫今追昔，回顧我上之所述；一面看看凡在中國與香港之外國傳教士，及其他外國人士之處處必自守其社會風習，又必將其子女送至用外國語之中小學校讀書，再回國升大學；而一些本來能說很好中國話的西方人士，在中國與香港，竟不屑於用中國語與人交談。將此二面所見，與當前我們之情形，一加對比，到底不能使人免於慨嘆。

(二) 事實、價值之分

然而在上述之情形下，中國之知識分子之社會中，卻逐漸流行一種思想和意識，去為這種情形辯護，這卻是我認為最不能容忍的。我之本文之目標，亦主要在針對此種逐漸流行之思想和意識，說幾句話。因此種思想和意識，乃有若干學術觀點為根據之一套道理的。這須費一點力氣，並涉及一些理論上的問題，才能加以駁斥，並使大家於此，有一正確的觀點。

此逐漸流行的思想和意識，所依之一套道理，簡單說卽：在今日世界文化發生急劇交流的時代，一切民族之文化與社會，都不能免於發生若干變遷。一些傳統的風習之不能保存，原是自然亦必然的事。我們分明可提出種種理由，說中國人之不能保持住其傳統文化、語言，及其他社會風習，乃因其不能適應時代，故只有逐漸改變。又中國人今已勢不能保守其過去之一切。如中國人現亦不拖辮子，人亦多穿西服，赴西式宴會。如這些事我們可以作，則其他合時代潮流的事，亦可以作。而隨勢所趣，以致不用中國語言交談，亦無不可。因語言不過一交談的媒介工具，只要能達意，任何媒介工具都可以；而且任何傳統風習，皆無絕對不能變之理由，亦不能指出變到何處，即至一不能再變的界限，因而語文亦未嘗不可變。而依現代之心理學家、社會學家、歷史學家、人類文化學家之觀點來看，一切民族社會，文化風習上的任何變遷，都有人心理上、社會上、歷史文化上之原因，與其如何變遷之法則與方向，可供我們之研究與了解。思想家與學者之任務，亦即在隨其所了解，而順此變遷之方向，而不斷的自求進步，與之相適應；更絕不當留戀已過時代的東西，自甘保守，逆時代之風勢所趣，以為時代所淘汰。而現世界之時代潮流，即人類文化之大融合。故此中國人之喪失其原有之社會風習，文化語言，紛紛改變國籍，正是中國人之打破其狹隘之國家民族觀念，以迎接此人類文化之大融合，而達到人類未來時代之天下一家之準備，亦正所以使中國人躍進為世界人之第一步。因而我們上述之慨嘆不僅是主觀的，而且是我們之頑固保守，而反進步之表現。

上之一套說法，如果一個人在內心中真加以信仰，依之而行，其在道德上無可非議。此上已說。

但如祗之爲眞，加以宣傳，以使之逐漸形成一流行的思想和意識，則萬萬不可。此一套說法，雖表面看來，亦未嘗不持之有故，言之成理，不無是處；但眞要依理而說，實則毫無是處。照我看來，提出這些理由，以逐漸形成上述之流行的思想和意識之知識分子，如非以這些理由，文飾其精神的墮落；即由其對社會之風習、歷史、文化，與個人、民族，及普遍的人道、其間之關係，與所謂保守、進步之意義，一無眞知。本來我們對中華民族今日所表現之一切事實，原皆無可責難，而只視爲一悲劇。但對於此種知識分子之托名於學術上之觀點，對一切悲劇的事實，都加以理由化，持時代之潮流風勢之所在，皆爲合理；並以加以迎合，即爲進步之論，以推波助瀾者，卻絕對不能加以原諒。順此逐漸流行之思想與意識，再發展下去，不僅是使中國人不成中國人，亦使中國人不能眞成一個人，更不配成爲天下一家之世界中之一份子，而將使中華民族淪於萬刼不復之地。所以我們不能不對之作一鄭重的駁斥。

提出上文所述之諸理由以抹殺我們所說之悲劇的事實之存在者，其根本錯誤，在其將自己所屬之民族語言、歷史、文化、社會風習，以及其原來生活的方式等等，都全部化爲一客觀外在的東西來看，而視爲種種外在而客觀之社會歷史文化之原因與法則，所決定者；因而人只要隨此變遷之方向、潮流風勢而轉，皆爲進步；且以凡進步皆是，凡保守皆非。簡言之，即以時代之風勢之所在，即是非標準、合理不合理之標準之所在。此根本錯誤，在其忘了我們自己所屬之民族等等，都永不能眞正化爲一外在客觀的東西。此乃我們生命之所依所根以存在者，卽我們之性命之所在，而不只是心理學家、社會學家、歷史學家、文化人類學家，所研究、觀察、了解之一客觀外在的對象。以保守與進步二者之是非來說，如進步只同於變遷，則進步並不必卽是，而與進步相對之保守，亦未必非。欲定何種進步爲當有之進步，何種保守爲當有之保守，必須先另有一是非、價值之標準；而此標準之建立，卻只能依原則或依理由而建立，而不能依事實或時代風勢而建立。方才我們說到要先定社會文化等之是非價值之標準，讀者一聞此語，必知其爲至難之事。對此問題，中外古今之宗教家、道德家、哲學家、文學家，都各有其說，而一直相爭不決。要提出我們之所定者，亦須千言萬語，尚不必能使人加以了解而信從。但在此文中，我卻可提出一新意思。卽正因此是非價值之標準之難定，而一是非價值之標準，卽成了確定不移。卽除非我們確知我們原來生活存在於其中之歷史文化、社會風習，及其他生活方式之無價值，確值不得我們生活於其中，我們卽無理由說：當離之以存在以生活；因而不離之以存在生活卽是、而應當，離之而存在生活，卽非、而不應當。我們將以此標準，來維護當有的保守與進步，而代替以隨時代風勢轉卽爲進步之論。此標準如應用於生活上之一例，卽：除非我們眞知英語，在語言之表達力量上，斷然超過中國語言，確知中國語言之價值，低於英語，則我們是原說中國話，而生活存在於「此中國話之運用」中的人，則我們至少應在家庭中或與中國人交談時，說中國話。同樣我們在無自覺的價值上之理由，以改變我們之任何文化生活方式、社會生活方式、日常生活方式時，我們都不當改變我們之原來的生活方式。此卽所以維護保守。然亦維護當有的進步。因我們眞有自覺的價值上之理由時，亦可改變原來之一切。此有如我們無理由以遷居時，我卽不當遷居，決不因鄰居遷移而隨之遷。然我們眞覺舊居無再住之價值時，我們亦可遷居。此中之要點，在人之生活方式之一切改變，必須有自覺的價值上之理由，然後才可說是進步；至於人之一切保守其生活方式而仍舊貫之事，卻另不須自覺的價值之理由。因而一切無自覺的價值上之理由之求變遷求新奇，卽本身無價值而不當有，而其「無理由」，亦卽其無價值而不當有之理由。此卽偏在維護一切自然的保守，而被斥以新奇變遷卽進步之說。由此而我們又引出一我們生活上之是非或應當不應當之原則，卽凡無自覺的價值上之理由的一切生活上之忘本而失其故常之事，皆爲不當有而無價值者。而一切不忘本不失其故常之事，卽一切保守之事，則另不須有自覺的價值上之理由。只須人無自覺的價值上之理由加以改變，卽可爲其應當而有價值之理由。

我們之此理論，似乎甚奇怪。因我們主張變遷、務新、改作，須自覺的理由，而保守不須自覺的理由，而卽此無理由以變遷而務新改作，爲當保守之理由。此明係依於不平等之論點，以論此問題，而偏在達到維護保守之目標。人很容易問：旣然務新改作，須有自覺的價值上理由，何以人之保守，不須價值上之自覺的理由呢？如我們不知英語在價值上高於中國話，卽不當對家人說英語，則我們亦不知中國話在價值上高於英語，何以不說：我們亦不當說中國話呢？如只因我們原說中國話，則不過習慣問題。習慣可改，則我們何嘗不可改而皆說英語，或使全人類皆改說英語，以使人類之語言統一呢？以此推之，一切我們文化生活方式、社會生活方式、日常生活方式，亦皆只為習慣。我們之習慣於我們之原來之一切，旣不必自覺有價值上之理由，我們爲何不可逐漸皆加以改變，而無所不可呢？上帝或自然生我，又何嘗先注定我必依我之所習慣者以生活呢？

對於這個問題，我們必須正視。這並不全是一理論的遊戲。這問題逼至根本點，關係於一切人類之不同的民族之文化語言社會風習生活方式之存亡問題，不能輕心滑過。若依上段問者之說，推類至盡，卽人之生活於任何生活方式中，皆無不可。而一切保守其原來之語言文化社會風習之事，皆只是人之習慣而已。因而除非我們亦先有自覺的價值上之理由，以從事保守，則一切保守之事，原可有可無，亦無一定是非，或當有與否之可說。然而照我們的意思，此中之義理，大有曲折，並不如是簡單。人之是否保守其語言文化社會風習，似屬習慣上的事，而實非只爲習慣上的事。此乃亦關係於人對自己之生命存在之所依所根，是否眞實的加以自覺的問題。我們於此首須認淸，人之生命不是只依其抽象的可能而存在，而是依其眞正的現實而存在。上帝與自然，可生我於任何社會，任何地區，此只是我之未生以前之一抽象的可能。但在此抽象的可能中，我並無眞實存在的生命。我之眞實存在的生命，乃存在於我之生爲中華民族之一分子，並受中國之語言文化社會風習之敎養而成；而此一切敎養，與我所自生之中華民族，卽與我之生命存在不可分。我之是否自覺此我所自生及一切敎養之存在，即與我之是否眞自覺我之生命存在，是人、是我，皆賴於此我之心靈的自覺。此義我們亦講過千百次。由此而一切中國人之不能眞實自覺其所自生與所受之教養，爲其生命存在之所依所根，而與其生命存在不可分者，皆不是一眞實的中國人，亦非一眞實的人，非有其眞實的自我者；而只是一尚未生之上帝或自然中之抽象的可能的人，亦只是抽象的可能的我者；卽亦實非人、非有其自我者。反之，如我今能眞自覺我所以生及所受教養，爲我之生命存在之所依所根，而與我之生命存在不可分；則在我眞肯定我之生命存在之價值之一念中，卽必然已肯定中華民族及其語言文化社會風習，對我之生命存在與所受教養之價值，以及由此教養所成之我之一切原來之生活方式之價值。因而除非我有自覺的其他價值上的理由，對此一切加以改變；則順此肯定，依我所受之教養，而保持原來之生活方式而行爲，其本身卽已是依於一自覺，而已爲有價值的。此中並非必須另待於專家學者，依於任何哲學科學之文化理論，先抽象的分析思維出，我們所受之教養與原來之生活方式之何方面，有何種眞正的價值，加以條列，再加以自覺，舉爲理由；然後我之加以保持，才有價值。而是只須我未覺其無價值，此加以保持，卽已包涵一「對我之生命存在之價值及其所依所根者之價值」之肯定。因而此加以保持之本身，卽爲有價值者。當然，人若能進而有此分析思維，如專家學者之所爲，固是更好。但常人之不能有此分析思維，只依其自肯定其生命存在之價值之一念，而卽自然的連帶肯定其所自生、所受教養、與原來之生活方式，之爲其生命存在之所依所根，而有價值；遂自然的加以保持，卽可使其眞成為人，而有其自我；而此加以保持之本身，卽已有至高無上之價值。此價值乃原於人對其生命存在之根據，直接的自覺的肯定；不依於人之習慣，亦非必依於人之抽象的分析思維後所自覺之其他理由者。

我們以上的理論，似嫌抽象，玆再以上文之一例，來加以說明。上文說，只要我不覺我舊居無價值，我卽無須遷居，而安然的住著。此安然的住著，似只是習慣，但我之自覺我安然的住著，卻不是習慣，而是我之肯定了：此安然的住著，使我生命之過去之繼續存在於此居的價値。而我若無故隨人遷居，此卽首先破壞了「我之安然的住著」之價值。故此無理由的遷居，卽反價值而無價值，此「無理由」之本身，亦卽此遷居之所以無價值的理由。至於我之不遷居，則不須另有一理由。只此無理由以遷居、不覺遷居之更有價值，亦卽足成為我之不遷居的理由。而我於此亦用不著先去分析思維我之不遷居、我之舊居，畢竟有何價值，加以條列出，時時放在心中；而是祇此不去無理由的亂遷居，卽為應當，而實卽已對我表現價值。因其能使我安然的住著，使我之生命繼續存在於此居，而我亦能自覺我之生命繼續存在於此居。此卽足以說明一切保持其原來之生活方式之事，並不須先知所保持者之價值，而此去保持（卽保守）之本身，卽已表現價值之理由。

（三）保守之意義

我們要說明一切保守之價值，可以再舉幾個生活上的實例。如人走路各有其姿勢。我們說人如不覺其姿勢特別不好，人卽無理由以改變其原來走路之姿勢。而其不改變，明不須先自分析思維其原來之姿勢之好在何處。此處亦是只須「不覺原來姿勢之不好、無價值」，其原來之姿勢，卽有價值。其所以有價值，亦不依我們之習慣於此姿勢上說，而是依於此姿勢之成就我之走路之事，成就我之走路的生活，與我在走路時，我之生命依此姿勢而繼續存在處說。

其次，又如我們有舊日的朋友，我只要莫有「此朋友今後不值得相交」之理由，我們卽應與之繼續相交，而保持原來之友誼。此中亦並不須我們之時時去分析思維，此朋友之長畢竟在何處，我之繼續與之相交，才有價值。反之，如我們並無此朋友値不得相交之新發現，而我們忽不繼續與之相交，則我們卽已對不住朋友，亦對不住我們自己原初對朋友之友情，而我卽已成爲一朝秦暮楚之小人。此中之情形，亦是我們之無理由的不繼續與相交，卽成爲我之不繼續與之相交之事，所以不道德、不當有而無價值之理由。

再其次，中國人講孝，謂人對父母應有一承順態度。除了父母要你去作一切你明覺其非之事，你可不承順外，只要你不覺其無價值者，你之承順父母，皆表示你之孝心。何以此孝爲應當？我在「文化意識與道德理性」及其他書中，亦曾分析出許多哲學文化理論上的理由，自以爲顚撲不破。但此明非一般人所皆能了解者。照我現在的說法，則我們之所以當有對父母之孝，只從我之「能自覺我之生命存在之所依所根，在父母之養育敎誨，而此養育敎誨，乃與我之生命存在不可分」而來。我只要眞自覺的肯定我之生命存在之價值，卽自然附帶的肯定，此養育敎誨之價值，而將自然的順我兒時在父母之前依依膝下，曾受其養育敎誨之心情與生活方式之相續相繼，遂自然能五十而慕父母，老而不忘吾親。此中亦不須另分析思維出父母對我之敎養之價值之畢竟何在，加以條列，而自覺之舉以爲理由，然後我方不忘吾親；亦不賴此分析思維，方能說明此孝之爲應當也。

由此再推類廣說，人之離婚，必須自覺一價值上之眞實理由，而不離婚則不另須有理由。無價值上之眞理由而離婚，此本身卽爲不應當，而爲其離婚爲無價值之理由。世所謂薄倖人是也。至人之不輕易言離婚而習其慣常之家庭生活，妻子好合，如鼓瑟琴，白頭偕老，數十年如一日者，其夫婦之道，是謂能貞。人皆知稱之美之。此中人亦不須每日思維一與其夫或妻朝夕相處之理由，而此夫婦之道，卽已表現至高之價值矣。

此外如中國古所謂臣之事君，如眞有價值上之理由，知其君爲昏君，亦非絕對不可棄暗投明。然古之忠臣效命，壯士守土，儘可不知其君之昏與否。唯因其自覺嘗受君之祿，於其君先已有君臣之義，亦嘗以身許國，遂卽順其初之許國之一念，保此城，守此土，至死不忘其初，不貳其心。此又豈非卽表現其最高之人格價值者乎？

更有弟子於師，如眞見得師不堪爲師，亦可再不以之爲師。然若無此眞見，則卽我之童子之師，如我一朝曾受其教，曾獲其益，縱然我以後之學問，不讓吾師，或超溢吾師，又復已功名蓋世，吾師乃仍設教於三家村。而我若歸鄉見之，仍事以師禮，宛然憶及我爲童子時，師之教我諄諄。此之謂弟子之道。昔與陳伯莊先生閒談，彼謂其有一學生，當其淪落求職於彼，則稱之爲師；當其顯達，則稱之爲仁兄；再復淪落，又稱之爲師。而聞者莫不恥笑。此中之故，豈有他哉。人當不忘其初而已矣。

凡此一切於「親者無失其爲親，故者無失其爲故」、「久要不忘平生之言」、「不忘其初」、「不失其本」之事，今之心理學家、社會學家、歷史文化學家，或以爲不過習慣，此是保守。但我可正告世人曰，此決非只是習慣，此乃人所以得眞成爲人，我所以得眞成爲我之實然而又當然之理。如說此是保守，此卽是人之所以保守其人，我之所以保守其爲我，而人類不能不有、亦當有之保守。此保守之根原，乃在人之當下，對於其生命所依所根之過去、歷史、及本原所在，有一強度而兼深度之自覺。人有此自覺之強度與深度之增加，卽必然由孝父母而及於敬祖宗，由尊師長而敬學術文化，以及由古至今之聖賢；而我若爲華夏子孫，則雖海枯石爛，亦不忘其本。由是而我之生命存在之意義與價値，卽與數千載之中華民族、歷史文化、古今聖賢，如血肉之不可分。我生命之悠久，於是乎在；我生命之博厚，於是乎存；而我乃爲一縱貫古今、頂天立地之大人、眞我。世之學者徒知曰習慣、保守者，抑何小之乎其視人，亦何小之乎視其自己之所以成爲人、成爲我也？

如讀者眞一朝見得我上文所說之義，則須知今之中華民族之被動的或自動的改變其國籍，以謀久居他國，忘其「並不皆眞自覺爲絕無價值」之文化、歷史、風習禮俗與生活方式，及不復用其語文相交接，斷然是一悲劇，而絕無辭以自解。吾人如正視此悲劇，以悲憫心、堅忍心承擔之，而謀所以挽救之，吾人亦可免於罪戾。然漠視之，玩忽之，而設詭辯以自解，則此乃悲劇中之小丑人物之所爲，惟益增其可憐，使中華民族陷於萬刼不復而已。

（四）外在理由與內在理由之分

我今之所說，或尙有不能使世之學者心服者，玆再加以一討論。但如讀者於上文所說已無疑而不耐過多之分析者，則可不必再看下去。因世之學者可說世間一切事實，皆無不有其產生之理由，人無論以何方式存在，彼仍爲存在，卽仍是人，仍有其自我。中國人今日之被動的或自動的改變國籍，變其風習禮俗，忘其歷史文化，不用中國語文，旣皆有其原因，而中國人之隨時代風勢而變，亦卽各有其主觀之內心自覺之理由。此亦我在本文篇首之所承認。因而中國人無論變成什麼，仍是人仍有其自我，更不必杞人憂天。但此疑難，實仍易答。凡屬事實，皆有原因，因人之發生任何事實，皆可有其主觀上之理由。人雖至愚，誰能抹殺事實之存在，否認一切事實之發生必有原因？又誰能否認人之爲任何事，必有其主觀上之理由？但承認事實，是一問題，以何態度承認事實，又是一問題。前者可由事實決定，後者則只能由我決定。今我試問，世間任何可悲可嘆之事，豈可無原因？人之爲之，又豈可無其主觀上之理由？執人之自殺者而問之，彼豈無一理由之可說，又豈無自殺之原因？人之于友于妻、得新忘故，豈無理由，又豈無原因？奸臣賣國，弟子悖師，又豈無原因，豈無理由？縱無其他任何理由可說，只說「我如此被誘惑，而易交、易妻、賣國」，豈不亦即說出了原因，而亦可持作理由？果如此說，則一切罪大惡極之事，無不變爲合理，而更無可悲可嘆之處。是知依此泛說之原因與理由論，以解釋事實，必歸於視一切事實皆合理，而我對一切事實，除皆加以承認外，更無任何態度上之是非等之可採；而我亦將對一切事實，無所事事，而只任一切外在之一切事實之變遷，隨社會之風勢潮流而轉。然我果成爲對一切事實，皆加以承認而無態度之可採，而更不能有所事事時，則試問：我果爲何物，我之生命存在於何處？我之爲我，我之爲人，豈又眞能對一切事實之變遷，無態度之可採乎？我如對一切事實，有態度之可採，我豈能無是非？豈能無事實之合理不合理之辨？豈能以凡事實皆有原因，卽皆合理？是卽證明此泛原因論、泛理由論之絕不能自立，而爲與其人之實有其對事實之態度，亦當有其對事實之態度，互相矛盾，而絕不能立者也。

吾人如知泛原因論、泛理由論之非，則知人生之一切事實之發生，實有二類之原因與理由之別。一者其原因初爲外在而當前者，如人之受女色之誘惑而易妻，受貨財之誘惑而賣國，爲貪目前生活之舒適，而忘其家庭與國家。卽上述之東南亞華僑之被迫以改國籍，此爲原因之「迫脅」，初亦爲外在而當前者。凡此外在之原因，在爲吾人所認識時，吾人皆可有一主觀上之自覺，覺此原因之存在，爲我之發生某行爲之理由。故人亦可以其受女色之誘惑，而以彼女之美如天仙化人，爲其易妻之理由也。然另一種行爲之理由則爲內在者。此所謂內在者，卽謂其行爲，非由其在一時之情境中，先有外在之事物爲刺激引誘等而產生，而乃依於一先加以自覺之一理由而產生。此所自覺之理由，乃人兼可自己對自己說，而又能橫通縱貫於其心靈生活之內容之始終與各方面，而無阻，並時時處處，皆能自加以認可者。凡人之自覺此內在的理由，遂依此理由爲原因而行；或其行爲，雖不自覺有一內在的理由，或表面秉依於前一類之理由與原因而發生，又能暗合於一內在的理由者，方爲眞正之當有、合理而爲是之行爲。反之，則爲不當有不合理而爲非。此卽一切事實上已有之行爲，其應當不應當或是與非之標準之所在。

我們如能分別此二類之理由，則若干人之受外在之原因，所引誘壓迫而發生之行爲，其所持之主觀上之理由，如依後一類之理由之標準衡之，卽不是理由，而不成理由。故人不能以彼女之美爲易其妻之理由，亦不能以受貨財之誘惑爲賣國之理由，亦不能以貪生活上舒適便利，爲忘其家庭國家之理由。被迫不得已而作改變國籍之事，以其乃被迫，此爲可諒恕，可同情，而不能苛責。然此亦並非謂其改變國籍，乃眞依於一內在理由也。

反之，人之一切依於眞正之內在的理由，或合於一眞正之內在的理由，而發生之行爲，則皆爲應當。如人之不忘其親之養教之恩，此乃由於人之自覺其生命存在之所依所根，在其親之養教；卽以此所自覺之內在理由，遂不忘其親；卽爲應當者。至於人未嘗思及此理由，而自然的孝事父母，亦卽自然的暗合於此理由者。又如人之念其夫妻之情、朋友之情，而知「貧賤之交不可忘，糟糠之妻不下堂」，而「富不易妻，貴不易交」，此亦爲依於內在的理由之行爲。至人之不思此理由，而只與其友其妻，數十年如一日，卽自然的暗合此理由者。凡人之內在的理由之所以建立，皆由其對於自過去至今日之生命存在之所依所根，之深度而兼強度的自覺；而依此理由所發生之行爲。則爲對得住自己之始終與各方面，而無愧怍、無羞慚，亦卽其任何時任何處之自己，皆能自加以認可，而可橫通縱貫其心靈生活內容之始終與各方面，而無阻者。簡言之，卽爲人之良心所認可者。而一行爲所依之內在之理由之深淺高下，亦卽繫於其對其生命存在所依所根者之自覺之深度強度之爲如何，及其所認可者，能橫通縱貫於其心靈生活者之廣度厚度之爲如何，以爲定，讀者可自思之。

關於我們所提出之只有內在的理由，可成爲應當不應當及是非之標準之說，純從理論上討論，當然還有其他方面的牽連。如人所持爲其行爲之內在的理由者，亦可在實際上爲自欺與詭辯。人本來是依於外在的原因與理由，而發出之行爲，亦可文飾之以內在的理由。如我們既承認：人在有一價值上之眞理由時，人亦未嘗不可離婚，以至脫離自己之國家等；則人亦可造作假的內在的理由，以說明自己一切敗德行爲之正當。此中眞假之辨，如何分別，卽爲一極深刻的理論問題。但在實際上說，則無論此中眞假之如何難辨，人旣知此中有眞有假，則人實際上，亦實已能多多少少分辨此中之眞假，而能分辨孰爲自欺，孰非自欺。人雖自欺而亦能多少自知：孰爲自欺，孰非自欺；則人在實際上仍知眞正的內在的理由，與用以文飾之外在的理由；或假的內在理由之不同。因而不能持此人有自欺之事實，來否認我們上述之內在的理由與外在理由之分別，來否認應當不應當及是非之標準，繫於內在的理由之一原則。

因人之有無眞正之內在的理由，乃人之行爲之應當不應當及是非之標準，則凡非依於一眞正之內在之理由而生，只依於外在的原因之一時的引誘壓迫而生的人之行爲，卽雖是一事實，而不必皆爲合理；而我們之承認其爲事實，並不必因此而卽須承認皆合理。於是我們對此事實之是非，卽可依其是否眞有內在的理由，加以衡定，以決定我們對之之態度。故輕薄之行爲與思想之已發出，雖爲一事實，亦有其原因，但因其不依於人之對其生命之內容之深度強度的自覺，並不能橫通縱貫於其生活心靈內容之始終與各方面，而被吾人之良心所認可，則吾人只能以之爲非，而不合理。任何輕薄之徒，只須對其輕薄之行爲與思想，一加反省，皆可知其決定不能經此考核。由此而吾人卽可依此輕薄之行爲與思想，無眞正之內在的理由，以直斷其非而不當有。而厚重敦篤之行爲，則依于我們對於我們之生命之所依所根之強度深度的自覺，其發出乃有眞實的內在的理由者，我們卽知其爲是而爲當有者。

人們皆知一切輕薄之行爲之非，一切厚重敦篤之行爲之是。今我們亦可依此，以謂一切於「親者無失其爲親」、「故者無失其爲故」、「久要不忘平生之言」、「不忘本始」、「不忘其祖先民族、歷史文化」、「不輕喪其禮俗風習」者之是。我們亦可依此以知，猶太人之不忘耶和華，以至回敎徒之不食猪肉，一切人之不輕喪其常者，皆爲一厚重敦篤之表現。一回敎徒除非眞知不食猪肉爲非而破戒，則一回敎徒之忠於其所習，不自破其戒，此本身卽依其對其先之生命之存在，所依所根之自覺而來，而爲一應當，亦有價値之行，便可稱爲一有其所守之回敎徒。須知此中所重者，不在所守者爲何，亦不在所守者本身之必當守，而在人之能有所守。而此亦是中國歷代儒者之敎之一大端。故父母死，守廬墓，忠臣守土，賢妻守節，儒者守先王之道，以待後之學者，一切宗敎徒守其聖地，一切學者守其所學，一切敎師守其所敎，官守職責，一切農工商，守其所事。唯守而後存者不亡，人生一切事業、一切文化，得綿續不斷，達於無疆。唯守而後有操，有操而後有德，以成其人格。守之爲義大矣哉！柰何今之人以保守爲惡名、爲頑固，或只稱之爲習慣乎！以守之標準，看今日之中華民族之失其所守，於土地不能守，於歷史文化不能守，於禮俗風習不能守，於朋友夫婦師弟之誼不能守，於語言文字不能守，乃至神明子孫，如大樹之花果飄零，隨風吹散，紛紛託異國以苟存。此中縱無人之可責，亦皆有其不得已之原因與外在之理由，畢竟是整個中華民族分子之心志，離析散馳，而失其爲中國人，亦失其所以爲中國人之道，亦失其所以爲一眞人而具眞我者。謂之非一民族之大悲劇，不可得也。吾人若能自己承認此爲一悲劇而正視之，而以堅忍心、悲憫心，承擔之，吾人尙可救藥。若再加以浮薄之學者之知見，以凡事實皆有原因，卽有理由之理論，形成一合當如此之思想與意識，以推波助瀾，則吾人將萬刼不復矣。

（五）保守、進步與價值意識

我今不惜冒世俗之大不韙，申保守之義，說中華民族之大悲劇，原於失其所守，人必以為我乃反對進步，違逆世界情勢。若有人如此相責，我還可再擴大一步說，今日共產世界之大罪，正在其不守人類文化之正流而加以叛逆；而自由世界之大罪，亦正在不能自守其宗教文化道德，亦不知所以守此社會之自由民主；而在外交上政治上，則只知承認既存事實，以順現存之事實，即合理。人類固然要求進步，但求進步，只依於我們覺到一理想為眞正有價值，因而以之改變現實。求進步而不根於理想，只是求變遷、務新奇、失本根、離故常，此並非眞進步，因而並不表現價值，而只是輕薄。現代自由世界之人，其最大的毛病，正在輕薄。人要有新理想，要先有其價值之自覺。人如能眞知灼見舊日之文化之無價值，人當然亦可以改變。但是人眞有一新理想，而知其眞有價值後，人之最重要的事，正是守此理想而求實現之，不是今天換一個，明天再換一個。此是輕薄，而非進步。至人在未發見更有價值之新理想，或對新理想之價值，尚無眞知灼見時，則人保守其有價值之舊事物、舊理想，即人所應有之理想。我望大家自今日起，在自由世界的人，不要只談進步，談進步亦當先為保守而談進步。今只要大家眞能守得住人類文化中原來已有之價值之事物與理想，即已了不得。我們所慮的，正在連守亦守不住。如守得住，自由世界得救，人類得救。守不住，自由世界沉淪，人類亦沉淪。人要進步只是爲實現更有價值的理想，而創造未來之更有價值的東西。如果對已知其有價值之舊事物，已有之理想，尚不能守，人之價值意識託於何處？未來的東西，今既未來，而空說向未來進步，人只有託心於虛無。故人要進步創造，必須先能保守。人要追求未來之價值，必須先肯定過去已存的價值，現在已有之理想，而守之保之。未來只是抽象的可能，過去及現在之已存在已有者，才是眞實的存在。故人不能守其故交者，此人決不可與新交；人之數數離婚者，此人絕不可與共甘苦；中國人不能以中國爲一人者，此人絕不能以天下爲一家；中國人不愛中國之歷史文化者，此人絕不可言創造人類之文化。其滿口天下一家、創造人類新文化之名辭者，實皆毫無價值意識，亦無眞正之文化意識、人道意識、自我意識者。其言進步創造而反對保守爲頑固者，實皆見其只知喜變遷與務新奇，中無所守，內無德操，而只爲隨時代風勢而轉之「顛狂柳絮隨風舞，輕薄桃花逐水流」而已矣。

我們說能保守而後能求進步，比如戰爭中之能守而後能攻。此所謂保守，是本於對我們所依所根以存在者之深度強度的自覺。由對我們所依所根以存在者之自覺，而我之生命存在即通接於我之祖宗民族，與歷史文化、禮俗風習。如此探本溯源，尚可通接至我們生命所依所根之天心與自然宇宙。我們欲保此天心之不搖落，自然宇宙之不毀滅，亦是保守。保守依於我之自覺肯定我之生命存在之價值，連帶肯定其所依所根之一切存在事物之價值，因而即將使我往發現、認識、反省、我所依所根以一切存在事物之價值。由此往發現、認識、反省，當然亦可使我們看見許多無價值，亦並非我之生命眞正所依所根以存在的東西，如各種錯誤的觀念，不良的習慣，及其他種種不當有之文化生活、社會生活、日常生活之方式等。但人要眞看見這些東西，亦賴我們有對於我們之生命存在之所依所根之強度及深度的反省與自覺，並以有價值的東西爲對照；而後此諸無價值的東西，能被我們眞實的看見。此正有如人之不以有價值之生命爲對照，亦不能眞知疾病對人生之無價值。人愈欲保存守護其有價值之生命者，卽愈能眞知疾病對人生之無價值，而愈要去其疾病；而愈欲保存守護其民族與歷史文化、禮俗、風習之有價值的方面者，亦愈能眞知其無價值的方面之當改，而更求進步。此卽同於謂人愈有保存守護之心願者，必然愈能求進步。是卽證明我們之說法決不至妨礙進步。我們只反對以喜變遷、務新奇、尙輕薄，爲求進步。我們只說我們必須能保守一有價值之理想，乃能求進步。我們只說，在我們未發現我原來所依所根以存在之一切事物及生活方式無價值時，此加以保持守護，而不忘本始，卽所以使我成爲我，我成爲人，而表現一厚重敦篤之人格，而反乎一切輕薄之行爲者。

我嘗反省中國數十年來文化思想之錯誤，爲文論此者已多。今我可更歸宿至一點，卽我們大家都忘了由有所守以求進步，而以保守與進步爲相對相反之名，進步爲美名，保守爲惡名。但猶太人對其宗教最保守，並未礙其民族之出無數科學、宗教、哲學、文學之天才。英國人重保守，政黨中有保守黨，亦不礙其曾喧嚇一世。東方各國中，日本人接受西方之科學技術最有成績，而其所保存之傳統舊風習禮儀最多，又大皆原自中國。原來人之保守與進步，乃依於一根，卽價值意識。保守乃覺我之生命及其所依所根以存在者之有價值，進步乃以此有價值者爲對照，而見無價值者之存在，因而欲加以改變，以求更有價值者之實現。此處人如對其生命存在之價值，自然的肯定不夠，對其所依所根者之價值，自覺的反省不夠，則對其所視爲無價值者之認識，亦必陷於膚淺而多差誤。如數十年來人，因覺中國之專制政治無價值，而連帶反對孝道與孔子及中國文化，以爲皆無價值，卽其一端。由此認識之膚淺與差誤，再以變異卽進步，遂非至傾水棄兒、淪於共產黨之以進步分子之美名，使天下人陷于中風狂走而不止。

然往者已矣，事之已成者，皆不可挽矣。而世界之歷史學家、文化人類學家、社會學家，仍可於此一一已往之事，皆指出其原因，謂其皆有存在之理由，而爲之著論文與書籍。對此諸論，我亦無暇再辯。總之，你們所說之理由，非我所說之理由，我並不能承認凡已存在皆合理。我固無意責備任何人，但我有理由，以說此一切已存在之事實，只是中華民族之悲劇之表現的迹相，此決不是中國歷史精神之眞正的方向。但我雖視此爲悲劇的表現，亦絕不悲觀。因一切的事，都可從當下重新開始。不管有好多中國文化中有價值的東西破壞了，但總還有一些東西存在著，還值得我們加以保持守護。如什麼都莫有了，則我們每人自己之一個人之人格精神，卽值得我去保持守護。此願有所保持守護之精神，亦可保持守護他自己。此卽可成爲我們當前之下手處。至於談保守以何處是界限，是否中國人還要保守辮子，不可穿西裝、赴西式宴會，不奉洋教，或絕對不入外國籍？則我可說，辮子今已莫有，你保守什麼？你如眞發現洋教與西裝的便利，我豈須反對此信洋教穿西裝？但是難道除此以外，你之所以成為中國人，就另無所有、另無値得保存的嗎？你何以不能保你吃中餐與敬父母祖宗與孔子之習呢？你何以不能在遇中國人時不說英語呢？你何以不能非在不得已時，不入外國籍呢？你為什麼並不眞知基督教之教義之可信而有價值時，唯出於務新趨時，或得其他利益之一念，而以談孔子為恥呢？你又為什麼不能保守住你對於中國之聖賢人物與英雄豪傑之敬意？你為什麼寫一篇論文舉參考書時，一定要把外國之書名列於中國人之著作之前？你為什麼不用傳統的尊稱，如先生與吾師，稱你的老師，而要以不相干之頭銜如教授博士，稱你的老師？我們說人要有所守，此只表示一態度。守什麼，我此處並未有硬性的規定。但是我可說，人總要有所守。如為子則須守子道，為父須守父道，為中國人，則須多少守一些為中國人之道。守多少算多少。你能守，卽可逐漸多守一點。如什麼都無可守，則卽守上所謂願有所保持守護之精神，此還是有所守。至於你如實不能守，眞有無可奈何之理由，此不能守亦不必為罪過。如你眞見到英美文化好，而入英美之國籍；好似英人小泉八雲之見及日本文化好，而改入日本國籍，此亦非卽不道德。如你只為貪便利而改入外國籍，然既入之後，能對中國民族與文化，仍懷好感，亦未虧大德。如覺此為罪過，則補過之道亦多。如以外國籍身分，為中國民族爭光榮，亦實功德無量。但你如自以為我能超越狹隘之國家民族觀念，已由中國人升進為世界人，我在參加世界民族大融合之時代潮流，作未來世界之天下一家之準備，而視沉淪苦海之中華民族，無動於衷，而棄之惟恐不遠；則斷然是忘本負恩，而未能自覺你之生命之所依所根以存在者，亦不能眞算一個人，應早謀一自懺罪孽之道。而人眞能自懺其罪孽而大發悲願，另謀所以補過，則吾之敬佩，又豈口舌之所能達？故自個人言，人眞要盡其爲孝子賢孫之心，實無往而不可自求其道，而我們亦不能對任何人輕加以責難。然而從客觀之觀點看，則我看見此五千年之華夏民族，今日如大樹之崩倒而花果飄零，隨風吹散，更不知所以凝攝自固之道，則不能不說此是大悲劇，而對我上文所提到之本所謂社會學家、心理學家、歷史學家、文化人類學家之觀點，以視此爲自然應有之事實，而加以理由化者，則尤期期以爲不可。我並以爲此皆不知學術之範圍限度，更加以假借妄用，而生之邪曲的詭辯之談，最足生心害政，流毒無窮，使吾人淪於萬劫不復者。本文之目標，亦要在針對依此觀點所形成之思想與意識，其逐漸流行於知識分子之心中而發，意在正人心而闢邪說。至於對此中華民族之文化之樹之花果飄零，則我自顧已身，同玆命運。香港乃英人殖民之地，既非吾土，亦非吾民。吾與友生，皆神明華胄，夢魂雖在我神州，而肉軀竟不幸亦不得不求托庇於此。自憐不暇，何敢責人？惟盼共發大願心，正視吾人共同遭遇之悲劇，齊謀挽救，勿以邪曲之詭辯自欺，使吾人淪於萬劫不復，則幸甚矣。

五十年端午日（一九六一年「祖國周刊」三十五卷第一期）

註：本篇發表時原題爲：「說中華民族之花果飄零——兼論保守之意義與價値」。

二、花果飄零及靈根自植

(一) 序　言

二年多以前，我在祖國周刊曾寫「說中華民族之花果飄零——兼論保守之意義與價值」一文，一時引起許多不同刊物中之相識或不相識之朋友紛紛爲文，發抒同類之感慨，或從而將其中所引起的問題，更進一步去想，加以指敎。在我個人，固受益不少，而大家能對此問題表示意見，亦實更見大家之處境相同，原有此問題存於心。此卽證明人心未死，尤令我無限感慰。「祖國」編輯，兩年多來，屢希望我能再寫一文酬答。但我沒有看出與我絕對不同，爲我絕不能贊成的意見。此一問題，亦原不是一純理論上的問題，必須得一定之結論，而只是一情感態度上的問題。只須各人表出其情感態度，而能互相感應，以有所與發，則各人爲文之目的卽可說已達到。而我年來亦實極少時間可供我自由運用，故終未嘗一爲文酬答，殊覺愧對諸先生爲文指敎與「祖國」編輯之盛意。

但此二年中，卻有一不知名的朋友屢次來信，或寄來文件，直接表示對我文之所說不能贊成。其大意是說，我之該文將沮喪中華之子孫的自信心，亦與客觀之事實不合，又徒引動人之感情，而未示人以解決問題之方案，更未示人以當前如何立身處世之道。他曾不客氣的責問我，何以要住在香港從事教育？由此而提到中國之海外華人，皆各於其所居之地，逐步提高其社會地位的種種事實。他似曾指出楊振寧和李政道得諾貝爾獎金的事實，留美學生在大學任教之人數逐步增多的事實，以及楊傳廣得國際運動十項亞軍的事實，以至中國的女孩子得國際選美會之第幾名的事實。並每逢報紙上載了中國人之獲得某一國際上的榮譽的事，都剪來寄給我。其意似用以證明中華民族之花果並未飄零，而且已生根於各地。然而他的信中卻未附有通信處，我亦無法回信。他的意見，明似與我該文所說直接相反；然他屢寄來不署名的信，其誠意卻是十分可感。而他亦無疑是一深愛中華民族之子孫的人。對此不知名的朋友，我想與之寫信而不知投遞之處，恒使我難以爲懷。我想如果我前所作之文，眞有沮喪中華子孫的自信心之處，這應當是我的罪過。雖然我想此非我作該文之本意，或亦不致有此後果。然而既然有人認爲有此後果，卽證明我所寫之文可能引起此後果，我亦有責任再爲文以補足另一方面的意思。所以我屢曾想再寫一文，以說明此自信心如何可加以樹立，以報此不知名的朋友屢次來函之盛意。至于他所指出之中華子孫僑居異地，力求上進之種種事實，雖我亦大多知道，而承他再加指出，亦未嘗不再爲之感奮欣慰。又他之來信不署名，則表示他只願望我有此感奮欣慰，勿爲中華民族之前途而悲哀沮喪，但並不求我知道他的名字。此乃出自一無所爲而爲之心情，尤堪敬佩。所以他的意見雖似與我全不同，然實亦正因此全不同，而更與我之本懷，全然契合。

然而亦正因我之本懷與他全然契合，我亦更要重申我之意見，與他似全不同之處。我將在本文中，就我二年來所感，以更指出中華民族之花果飄零之事實，並將他所舉之事實，改而從其消極的意義方面去解釋，以更達於一切絕望之境。然後再看我們應如何自此絕望之境中翻出來，以樹立我們的自信之心而免於沮喪，並藉此以補我之前文、與此文中一切消極的論述之不足。

（二）學術文化教育中之價值標準之外在化與奴隸意識之開始

我二年來之所感，比我二年前寫該文時之所感，尚有更進一層之處。即我在寫前文時只感到華夏民族之子孫飄流異地之艱難困苦，與在精神上失其所信所守的悲哀。而此二年來，則我進而更深切感到，由此精神上之失其信守，而進至一切求信守於他人的悲哀。人在不能自信時，便只求他人之信我；人在不能自守時，即求他人之代我守其所守。此本是一種極自然的心理發展。然而人不能自信自守，尚可以只停在那兒；而到了一切求信守於他人時，則是精神之整個的崩降，只在自己以外之他人尋求安身立命之地，而自甘於精神的奴役之始。黑格爾謂奴隸之爲奴隸，不在其不求光榮，而是在其身以外之主人身上，尋求其自己之光榮；以主人之本身之光榮，及主人之認識之，爲其自身之光榮。而一切人在只求他人之認識之以爲其光榮時，人卽已開始作他人之奴隸，並非必待他人之直加以驅使，才開始爲奴隸。然而我們的民族，以種種現實的情勢之逼迫，已整個的向開始作奴隸的路上走。

這我個人亦不能自外於此民族之共同的遭遇，更無意責備任何個人。我只望大家正視事實，不要自相矇昧。我在此文之最後段，亦將略指出我們之自拔於爲奴之命運之道。

我所謂只求人信守於他人，只求他人認識我，卽人爲奴隸之始，此義所包涵者原甚廣。此中「人」與「他人」之二名，乃一變項，可代以任何常項。但在此文中所謂人卽指中國人，他人卽指中國人以外之西方人。現在的中國人，無疑是只居於求信守於西方人，只求西方人加以認識的地位，忘了自信、自守自己、認識自己之重要。世間有許多東西，原亦重在求信守於人，求人加以認識的，如存款之信守在銀行，法律證件之信守在法院，商品要能推銷出去，必須賴人之先加以認識與鑑別。然而一個人與一民族，卻至少有一些東西，以自信自守、自己認識自己爲首要，而非可只求信守於他人，只求他人之加以認識者；然後此人才成一獨立的人，此民族才成一獨立民族。此卽一個人之思想與人格之價值，一民族之學術教育文化之價值。一個人如不自信守其思想與人格之有價值之處，而必待他人之認識與批准其有價值，然後能自信自守其思想與人格之有價值之處，此卽爲奴隸的人。一民族之學術教育文化，必待他人之認識與批准其有價值之處，然後能自信自守其有價值之處，卽一奴隸的民族。此理應無可疑。而據此理以看我們當前所遭遇之種種事實，則不能不說中華民族爲奴之徵象具在，雖百口亦不能爲之辯。

我今先從數年前臺灣教育部將故宮博物院之書畫、古物運至美國各大城市展覽之事說起。由此展覽，使美國人得更知中國藝術之優秀，在文化宣傳上收了無比之功效，亦在國民外交上發生了不可測量的影響。這我都無意否認，亦無意於事過境遷之後，再來反對此事之不當。而在實際上，每當我聞國際人士讚譽中國之藝術時，亦未嘗不感激而引以爲榮。然而我記起我數年前到臺灣臺中去看故宮之所藏時，只能見到寥寥的幾室之所懸置者，而今之美國人卻能大飽眼福。我將此事平情細想，則不能不感慨萬端。中國人不能自己欣賞認識其藝術之價值，卻要以他人之欣賞認識爲先，這畢竟是爲什麼？這只爲要別人先承認我們之文化之價值。而此「一定要別人先承認重視，然後我們自己才能承認重視」，已漸成了中國之一切古老的東西，被國人承認重視之一必要條件。此意識，說開了，實卽一奴隸意識之始。試問中國藝術品爲什麼一定要遠運異國展覽給人看？我們能想像大英博物館、梵蒂岡博物館、法國魯維博物館、美國華盛頓博物館的古物，運到臺灣或香港來展覽嗎？連中國從前的私家收藏，亦只能登門參覽，不肯送陳品鑒。此有如一大家之閨閣千金，決不到他人府上任人評頭品腳，何況國家之寶，只能珍藏高閣，供人瞻仰。你要看，自己來，豈有遠涉重洋，送陳品鑒之理？試想中國古代書畫家如顧愷之、王羲之、王維、吳道子、以及留手蹟之名賢如朱子、王陽明等，若死而有知，豈願任此後人之將其遺作任意搬遷，而以他人之品鑒爲榮？然而因我們這一代子孫之不行，致使國運顚連，不能仰首伸眉於今日之世界，便亦只有以傳家之寶，希他人之賞譽，以自光其門楣，其情可憫，其心可哀，又將誰責？然而其中所連帶而有之「必經他人之認識承認其文化之有價值處，然後能自認識承認其文化之有價值處」，而將學術教育文化之標準，全加以外在化之奴隸意識之風，則幾不可長，宜加扼抑。所不幸者，則此幾之露，已不限於一端。玆再更舉數事以證所說。

譬如中國數千年之文學、史學、哲學與其他技藝之學與善良之倫理風教，本是中國文化之精英，其價值原自有光芒萬丈，舉世非之而不減，舉世譽之而不增之處。而傳統之中國人，亦夙能以之自信自守，更不必亟於求人知。然而以近百年來受西方政治經濟勢力之侵略，與文化學術思想之衝激，初則頑固自大，繼則如五四時代之人，本其所知於西方之學術思想者爲標準，以肆意自詆，浸至視數千年之歷史文化學術，無一是處。而此猶不過歸於自視一無所有之虛無主義懷疑主義；尚可言以此零點爲據，以整理國故，融攝西方文化，創造新文化。而此時之留學生，亦皆無一欲久留異邦，皆願有所效力於中國之學術文化教育之事業。然此十數年情勢之變遷，海外之中國人，似已不復視數千年之歷史文化學術，一無是處，而顯見一進步。另一方面，學術界人心所趨，則不只以西方之學術思想爲標準，以評判中國之學術與文化，乃進而以中國學術文化本身之研究與理解，亦應以西方之漢學家之言爲標準。於是純中國學者之地位，亦賴他人爲之衡定。如中國之老學者，似必經外人之大學授以名譽學位，約其參加會議講學任敎，或他人之譯其著作，一般社會乃更加以注意。而年輕之中國學者，似尤須受業於外國漢學家之門，在外國大學之圖書館研究或得其學位，方能爲國人所重視。今日之中國人之翻譯事業，較五四時代之大轉變，卽非大量翻譯西書以供國人之閱讀，而是將中國之資料典籍，譯爲西文，以供他人之參考之方便。而國人亦有不得已而以外人之請其擔任此類搜集翻譯中國之資料典籍工作，爲資生之具，或視爲光榮之所在者。然而此所代表的是什麼？此只代表連對我們自身之學術，亦不能自樹標準，自加評判，更不是爲我們之自身，而求加以研究認識；乃以他人之標準爲評判之根據，爲了他人之研究認識之方便，而後加以研究、加以認識。亦即必待他人之先認識中國之學術之某一方面，値得加以研究，欲求更進一步的認識之；然後我們才去自求認識研究之。此豈非一無自信自守，而只求信守於他人之證？試問此又與奴隸之以主人之價值標準，爲自己之價值標準者，有何分別？然此又豈一二人之過？又豈當事者之過？我決無意否認西方漢學家之有其所長，亦無意謂中國人不當接受外人所予之學位，不能到外國去開會講學任教，或將其著作譯爲西文。我亦承認，今能有更多之人儘量將中國之資料典籍多多譯爲西文，亦未嘗非宣揚文化之一道。然而如果一整個社會文化之意識、學術之風氣，皆趨向於以他人之標準爲標準，以他人之認識承認與否，以衡定一學者之地位、一學術之價值，則不能不說是一民族精神之總崩降的開始。對此趨向，則我無妨任舉我近年所遭遇接觸之事實之一二爲證。

新亞書院的研究所有幾個學生，實際上他們現有的對中國學術的知識，乃由他們自己多年的努力所積累。然而此間的一般社會與教育界，卻不加以承認。他們到外國之某大學，住一二年，實則除了學些英文，與看一些參考書，而對於其自己的學問未增加多少，至少不是由外國之漢學家那裏得了什麼秘妙。然而歸來，則立刻有三倍其原薪以上的職位。至其他亦有差不多的對中國學術上之努力與積累工夫的同學，因無此機會出國，便只有默默無聞。此代表的是什麼？此只代表整個社會之風氣與教育界之風氣，是以他人之標準爲標準。

我亦曾有一些文章，被西方雜誌編輯指定人譯爲西文。然而實際上這些文章並非我之主要的寫作。然而卻有人不看重我寫的其他文章，而看重此經人品題的文章。此代表的是什麼？此只代表一般社會之風氣學術之風氣，是以他人之標準爲標準。

關於這類的事，卽我自身所遇者已不勝枚舉。憶在三十年前，我卽有一學哲學、與我年相若、而比我早熟的朋友，寤寐要求出國。此乃因彼將其英文寫作，寄與當時中國哲學界之前輩，都無人回信。而寄給杜里舒、羅素、泰戈爾等的，都有禮貌的回信。他曾把他們來信中之讚美恭維辭句，都摘出來，在報上登了半版，作爲其書的廣告，爲了賣幾本以收回印費。他總勸我說，今之中國學者總要到西方得西方的學位，到西方之紅塵走一遭，經人先重視，才能被國人所承認。然我那青年時的朋友，在歐洲得了博士學位回來後的寫作，尙不如其未出國前之寫作之爲人所重視。而中國當時的學術界亦實並不十分勢利。以哲學界的情形說，熊十力、梁漱溟諸先生連大學亦未讀過；而西方留學回來任哲學教授的，仍對他們執後輩之禮。在對日抗戰初期，我回到中央大學教書，還可說以中國哲學爲主。後來該校聘請牟宗三先生來，卻直下卽教授西方之專家哲學，而學生則敬服有加。此證明以前之教育界、學術界尚有其自己之標準。然而到現在，則在臺灣與香港，連中國學術之標準都移於外人之手。我很慚愧，亦曾在此任教育行政的事，並與許多教育行政當局，時有接觸。我明知有些自學有成績的人，不在留學回來的人之下，可是凡有推薦，大都失敗。此中之理由固甚多。然而我們根本無力建立自己之標準，整個社會與教育文化學術之風氣，皆唯他人之馬首是瞻，則是根本之原因。如今風氣已成，則雖有大力，莫之能逆，亦不能責備任何人。此中只有將其拆穿暴露，讓大家正視此普遍事實，使先有一痛切之感，才能共謀一覺悟，逐漸轉移風氣。但不能瞞昧事實，聊以自欺。

最後我還要對此一未知名而屢屢來信的朋友所說中國人在世界各地之地位之逐漸提高，以反證中華民族之花果並未飄零之說，再提出一點異議。當然，此一朋友所說之中國人在美國任教者之逐步增多，以及楊李二氏之得諾貝爾獎金一類之事，是值得欣慰的。然而試想，楊李二氏得獎之後，大陸中國他們不能去，臺灣約他們回去講學不願去，香港的中國人之社會，自更不會來。他們得獎後，似曾提到過他們原來所受到的父母師長之教養之功。此乃一中國人不忘本的德性之自然表現，自堪讚美。他們並不效衣錦還鄉者之所爲，馬上回來以爲親戚交遊之光寵，仍繼續在外研究，以免於學術上之落後，亦是忠於所學之表現。然而一定說決不能抽一點旅行的時間，以回到故國邦人父老之所居，作短期之講學，並資後學之楷模，則恐亦未必。然則何以必吝此一行？則無論是以政治上有所顧忌，或視爲不必多此一舉，以爲解釋，皆同樣證明中華民族之花果，只能飄零異域，爲他人瓶中之花，座上之果，而不能或不願或不屑落於中國民族之土壤，植根於其中，以求民族之學術文化之更發芽滋長、枝葉扶疏、而花果纍纍，則是一不可爭辯的事實。此豈非正所以還證我前文之所說？至於此未知名的朋友，此外所舉之一切華人在世界各處之地位逐步提高之例，當然亦同堪欣慰。然而我仍十分懷疑其地位能提高至與當地國民眞正平等之標準。如謂新成立之馬來西亞，其中之華人亦有相當政治地位，此固不錯。但是何以在該地居人口百分之四十五以上的華人，竟不能保存其自身之語文的教育？而居加拿大之法人之人數比例尤少者，乃能在加拿大使法文爲官方之語文之一？此外在其他地方之個別的華人，自然亦多有在當地逐漸提高其社會地位的。但我亦懷疑他們只是在力爭上流、向上高攀，求被當地人士所認識承認之心情下，逐步提高的。此正有如在香港的中文大學的成員學校，能合組成一中文大學，畢業生與教員能得香港政府與社會的承認，當然亦是可慰藉，我亦與有榮焉的一事。此蓋亦卽未知名的朋友所以責問我何以在此任敎之理由的所在了。然而我卻不能不說，人如果必需要別人認識我承認我，然後我才能認識我承認我，此本身卽爲羞辱。爲什麼我們不能先自尊自重，自己認識自己承認自己，而逼到必須求當地外人認識我承認我，才能自尊自重、自己認識自己、自己承認自己的地步？此豈不是我們之整個民族國家自己不爭氣，我們自己本身皆已成了瓶中之花、座上之果、而飄零無寄，才只有冀他人之品鑒欣賞，以爲容身之地，而聊以自慰而自榮？試想如果我們自己眞能爭氣，如在漢唐之盛世，此時豈非只有他人之以被我們之所認識承認，爲榮光；而我們則以認識承認他人，而加以嘉賞慰勞，爲責任。我說此話，亦並無意夢想漢唐盛世。漢唐之治尙非中國昔賢之最高理想。我只是藉以說明，凡居認識承認他人之位者，皆在上位；而只求被認識者被承認者，皆必然是屈居下位者。今以此爲我們之慰藉與光榮之所在，此本身卽是一悲哀。在此悲哀之上，一時聊以自慰自榮，亦未嘗不可。然而人亦須知此自慰自榮之底，此悲哀之本來存在，不能加以漠視。如果加以漠視，則我仍不能不用我所不忍用的名辭，卽此仍是奴隸意識。此名乃依我們前文對其所表之概念之規定，而不能不如此用的。

然則什麼才算非奴隸意識？此卽前文所說之奴隸意識的反面。卽一個人，一個民族，要先自己認識自己，自己承認自己，而有確乎其不可拔的自信自守之處。人當然可以求他人亦認識我、承認我，此乃表示人之自然的求人與我之精神上生命上之交通共契的自然願望。一個人、一個民族，如說我絕不求任何人了解，無人配了解我，此是一最大的傲慢，亦是最大的自我封閉，而其精神與生命，亦必將因窒息而死。然而一個人一個民族，如果不以自己認識自己，承認自己，自信自守爲先，而以求他人之認識自己，承認自己，並以他人之所言所行，爲自己之信守之所在，則是一切自卑自賤之奴隸意識的開始。此中之幾甚微，而差毫厘則謬千里，其相隔只在一念之間。人只須一念只重看他人之顏色、他人之言行爲先，卽是奴。人一轉念以自己之良心所定之價值標準爲權衡，而自作主宰，以言以行，而有所自信自守，以自尊自重，卽非奴，而爲一獨立的頂天立地的人格。由此而言，一民族一國家之學術教育、與文化政治之方向與措施，只以看今年之世界風色爲先，卽是奴。而依一民族國家之文化精神之發展至現階段，所當懷抱之文化理想，爲標準與權衡，而自取我之所需學習者，所需倣效者，而憑藉之以自創造學術文化教育之前途者，卽一獨立的頂天立地之民族。而尅就國家民族之靈魂所寄之學術教育文化而言，則不設立不尊重自己之學位制度，以學術與教育文化之理想之價值標準，不在自己，而在外人，卽爲奴。能自設其學位制度，由我之眞知一學術或一教育文化之理想之有價值，而後判斷其有價值，則此國家民族之學術教育文化，便是獨立於天地間之學術教育文化。此人之爲奴與否，一民族國家之爲奴與否，與一個人社會地位知識程度，其實無關，與一民族國家之強弱大小，亦其實無關。一眞有志向而一無社會地位的青年，可以是頂天立地之獨立人格。一王侯將相，天天看皇帝之面色，與一名震一時之學者，只想趨時投人之所好，同皆爲他人之奴。希臘的雅典弱於斯巴達，然雅典之公民，能自己思想，自己判斷，則非奴。而斯巴達人民，被套入嚴密的政治組織中，不能自己思想判斷，卽無異於爲奴。中國春秋戰國時代之魯國最弱，然魯國能出孔孟顏曾，以道自任，而評論當時世事之是非，立言爲後世法，則魯國雖亡，而終未被奴役，項羽、劉邦仍只有加以尊敬。而當時之秦國最強，兼併天下，然偶語者棄市，法令如毛，趙高矯詔卽足以命天下，則當時之百官已爲奴之證也。以今日之分裂之中國而論，中共雖強而大，然其初以蘇俄爲老大哥，欲繼馬列主義之宗祧，死抱住馬列主義之神祖牌不放，卽精神上仍爲馬列主義之奴。而今既已知反蘇，而仍不肯歸宗，回到中國自己之文化學術思想以立根，而求建國於當今之世，可謂自相矛盾之極。反之，臺灣雖小而弱，然能在政治思想上，不爲馬克思之奴。若再能在學術上教育文化上自作主宰，自開風氣，而不以盟國之風氣爲風氣，則臺灣亦可出孔孟顏曾，爲今日之雅典，亦爲來日之中國與天下法。以至在殖民地之香港與僑居世界各地之中華子孫中，只要有一人除不得已之就地適應之行爲外，能自保其是非之心，而有所自信自守；沉淪在下位，不以之自沮，見知於當地，不以之自榮；則此人亦卽中華民族之瑰寶。有十人，此十人卽中華民族之瑰寶。然以整個中華民族今日之情況而論，大陸中國之五六億人，無一能逃馬克思思想之奴役？臺灣之孔孟顏曾有多少？以臺灣之學術文化，而欲爲今日之雅典，又談何容易？而僑居各地之中國人，眞能有所自信自守，沉淪在下而不自沮，見知於當地而不以之自榮者，較彼因此而自沮或自榮者，何者爲多？何者爲少？則皆不能使人無疑。若干年來，吾人在海外之所見又如何，則亦有目共睹。是則不只中國文化之枝葉已離披，花果已飄零，而抑亦本根將斬，是不可不爲痛哭而長太息者也。

（三）外在的希望與信心之不可必，及絕望之境的逼近

以上所說，都是重申我前文之意，而純自消極方面去看一切，不免引人淪於絕望之境。但是人總不能眞全淪入絕望之境。人總要在絕望之境之旁，尋找出一希望，而求有一能逃出絕望之境的自信

心。我此下亦將一討論此自信心，當自何處生根，如何可以養成，以予人一希望。然而我仍將先指一般所謂自信心生根之處，尋找希望之處，如追問到家，則將發現其是虛幻的。而我下文在指出其虛幻時，將不免引入更逼近絕望之境，只求大家能夠忍耐的看下去。

譬如許多人連我自己在內，都曾說我們可由了解中國之歷史文化之悠久，與其優良之點，及其地大物博，而人口之眾上，寄託信心。以這些話教育感動一般人，亦確有些用處。但是如果我們進一步問，就中國之人口與土地及產物之比例來說，中國之地大物博何在？六七億飢餓的人口，值得多少核子彈？中國歷史文化，在過去有種種優良之點，又何嘗保證此優良之點在現在仍保存？又豈必能期其保存於未來？若悠久是時間的觀念，則悠久存在於一地域的東西，亦是在該地域隨時可斷的東西。在一地域隨時可斷的東西，又如何可資以爲寄託我們之希望與信心之處？

再如許多人說，中國之文化畢竟是東方文化的主流，即從全人類文化的眼光看來，亦仍是有價值的。現在對中國之學術藝術文化政治歷史之研究，已不只是中國人的事，而且已漸成全世界人類的事。君不見世界之有名大學，紛紛設漢學與東方研究的學系與講座？又不見美國之學校，已規定中國語文爲大學與中學選習的外國語文之一，以及中國留美學生之能教中國語文者，皆爲各校所爭相羅致？此豈非中國文化與其語文，已爲世界所重視之證？我們豈不可預祝中國文化之發揚於世界，中國語文之流行於世界，而以之寄託我們之希望與信心？

對於此說，我們亦可試問：中國文化與語文，被外人所研究所學習，卽證明中國文化與語文眞能世界化嗎？西方人對於漢學與東方之研究，有多少是出自讚美崇拜的動機？此可能極少極少。研究是研究，此恐只是把它視爲一客觀的歷史文化現象來研究。研究是求了解，亦可止於了解。如不止於了解又爲什麼？此儘可只是爲知道在政治上，國際關係上，如何應付對付此一偌大的中華民族。如果此外尙有更高的目標，應卽攝入中國文化之長於西方文化中，如歐美之抽象畫之求攝入中國畫之長，與歐美之飯館之設中國餐的一部，把臺灣香港之中國廚子，都儘量設法請去入外國籍之類。然而我們再試想：如中國文化之長，都攝入西方文化中，中國文化亦在西方生了根，而我們中國人自己，卻並不在中國文化中生活，以至不只中國學者的地位要待外人的批准，閱讀中國書要到外國圖書館，以致吃中國菜，亦要坐飛機到巴黎倫敦去吃時；我們中國人還算是什麼東西？這民族有什麼希望？然則中國文化之發揚於世界，中國語文之流行於世界，亦儘可與我們自己之生活與生命之實際存在的狀態，全不相干。有如希臘文化雖爲以後之西方人所承繼，而影響及於世界，卻早已與創造之希臘民族全不相干了。可見一文化的存在與普被，與一民族的衰亡，儘可並行不悖。然則縱有中國文化之存在及普被於世界，又豈卽足爲我們之民族寄託自信心之根據？

此外，我們又常可由於我們之民族今日所遇之災難，如國家之不能統一，流亡人士之無家可歸，而寄望於國際局勢之驟變，中共之幡然改圖，自馬克思之思想奴役中解放，回到中國人之本色，以及寄望於臺灣之反攻或大陸之革命。抱這些期望的人，飄流在外，等了五年，十年，快十五年了。人時時期望，此期望亦似隨時可能實現。然亦可永遠只在期望之中。而且這些期望縱然實現了，除了我們有家可歸外，下文又如何？試想破碎河山如何收拾？試想一切經濟、政治、社會、禮俗、文化、教育、學術如何重建？試想在海外的中國人，有多少人對此等問題眞正用心？試想因飄流各地而沉淪在下位，因而志氣已全然沮喪者有多少？因偶然見知於當地，便以之自榮，浸而歸化爲美國人英國人，入他國國籍，便忘了祖國之中華民族之子孫，又有多少？這些飄零的花果，如何能再回到苦難的鄉土，再植根基？再想十多年來臺灣與海外之從事政治之人物，有多少人眞能抛掉過去的恩怨，眞顧國家之大體，謀相忍相讓以爲國？他們將來都回去，又如何能彼此合作，以共擔當大任，收拾河山？凡此等等，皆無人能作一絕對必然的答覆。如果臺灣與海外的人，皆無可寄望，便只有寄望於大陸內部之一些不可知的人士，由反蘇再百尺竿頭進一步，根本抛掉馬列主義之神祖牌，回到中國文化之懷抱，而此諸人士，今旣尙不知其爲誰，則亦無可直接寄望之對象。

另還有一種寄託希望與信心之處，是相信一歷史之必然發展的方向。如有西方漢學家謂中國之歷代政治原爲君主專制，只有經過共黨之人民民主專政，才能到民主；中國人不要急，依歷史發展的方向，自然會進步到民主的。玆姑不討論中國過去之政治，是否可以專制概括，亦不論共黨之專政性質如何，中國人是否不配談民主，中國歷史發展方向畢竟當如何，等等問題。我們今只擬普泛的說，所謂歷史發展的方向之一名詞之涵義，要看我們如何解說。如果我們是把歷史視爲離開主觀的理想之實踐之一客觀的所對，則歷史並無一必然發展的方向。人類歷史可以只停止於任何形態，亦可永遠是在一定形態中之一治一亂、一分一合的循環，而一亂數百年數千年數萬年，然後有治，亦不一定。在十八九世紀的西方若干思想家，多相信歷史必然依一定階段而自然的進步，以走向一理想的人類社會。而其中最堅信歷史的必然者，正是馬克思之謂西方的資本主義的社會，必然走到共產主義的社會之說。然而人類的歷史，卻並不照此一些思想家的預斷進行。馬克思的預言，並未在資本主義國家中實現，而俄國之實行共產主義若干年後，依然倒退來與資本主義國家携手。堅持馬恩列史的正宗思想之中共，反爲大多數之各國共產黨，視爲異端。今日之人，誰亦不能斷然肯定，人類的歷史一定向共產主義的方向走。因此一方向本身，卽已分化歧出爲不同之方向了；而一共同的共產天國之理想，在現實上已根本不存在。此外誰又能預斷另有一客觀上的歷史的必然發展之方向，而於此寄託一定的希望與信心？從客觀的觀點看，對人類未來之歷史，我們至多能預測到若干事的不可能，與若干事的可能或概然與或然；決無一定的必然，可容人先知。因人類在知道此一定的必然時，他同時卽可求逃出此必然，而此必然，卽不必然。人類之歷史事變之流，如只作爲一客觀的所對看，亦儘可隨時截斷。如只要全世界之按鈕戰爭一發動，人類卽可死絕，而人類歷史亦卽可終結於一旦。此時天地自寬自大，日月照常貞明，山自峙，河自流，然而人類則逐漸變爲化石。人類歷史並無一定的必然的要相續不斷之理。此外如果還有任何之歷史上之必然與定然，亦決不是將歷史，視作爲客觀所對的必然與定然。人亦不能去懸空構想一客觀所對的歷史的必然定然方向在那兒，如由共黨之專政必進到民主之類，以爲人之希望與信心之所寄。

最後海外的中華子孫尙有一寄託信心與希望之處，卽信仰宗教。除佛教在臺灣原頗興盛外，今日海外中國人信仰基督教天主教者之多，尤昔所未有。人在現實世界無寄託希望與信心之處，原只有更寄託之於超現實的世界，而宗教之價值因此更爲中華子孫之所認識，亦未始不好。然如果我們之信仰佛教與基督教，是爲解答我們上述之國家民族學術、教育、文化、政治之問題，以及中華子孫之如何能自尊、自重、有所自信自守之問題，則全不能直接相應。宗教之信仰之目標，原另有所在。這些問題，對之而言，可說太小，亦可說太大；可說太低，亦可說太高。總之不能直接相應。譬如，今人之信基督教者眞能對上帝祈禱，求其救中華民族嗎？又眞相信上帝必偏愛中華民族嗎？基督教的上帝，可使一個一個的人之靈魂得救，但不能使一整體之民族得救。基督教之所自來之猶太教之上帝，可以志在救整個猶太民族，因其是上帝之選民。然中華民族，卻並非此上帝之選民。無論是基督徒與猶太教徒之所謂上帝之意旨之行於世界，皆原無特別關愛中華民族之子孫之意，而中華民族之子孫，近來信基督教者愈多，亦愈多人以上帝之意旨爲意旨，而對中華民族亦無特別關愛之情。我曾看見許多海外的中華基督教徒，不拜祖宗，不敬孫中山，不信中華的聖賢，不用中國語文發表學術文章；對中國人談話，不信守中國的禮俗；以天國為國，而不以人國為國；實際上亦卽不以中國為國，不對其現實之問題感到關切。人信基督教以爲個人安身立命之地，求其一人之靈魂之得救，本亦未嘗不可。然謂其能直接拔中華民族於苦難之中，則原非其立教之目標所在，亦決無是理。

我們以上說一般人所賴以寄託希望與信心之處，皆不堪寄託希望與信心，此卽更逼使我們淪於絕望之境。于此，如果有人要問我有什麼方法，使人逃出絕望之境，我亦無可回答。如果有人問：我如何能回家見久別的父母親朋？我無可回答。如果有人問：我如何能重掃祖宗的廬墓，到孔子的聖廟？我無可回答。如果有人要問：過去中國之民族之歷史文化之優良之處，是否保證其不斷絕？我無可回答。如果有人問：中國文化旣已散播在世界各國，中華民族是否卽不衰亡？我無可回答。中國人何時自馬克思之思想之奴役中解放？我無可回答。中華民族與人類，在客觀上有無歷史的必然的命運？我無可回答。信仰基督教的上帝，是否卽能達到我們上述之一切目標？我無可回答。再如某有人問：從客觀上看，中華子孫如何必能自信自守、自尊自重，而不更有些微之奴隸意識？我無可回答。中國文化之靈魂之教育學術，如何必能獨立自主？我亦無可回答。中華文化之枝葉離披，中國民族之花果飄零，畢竟何時了？我亦無可回答。如果人爲此一切問題，皆無所回答，而眞感受一淪於絕望之境的苦痛，則我可以指出，世間只有一種希望、一種信心，可以使人從絕望之境拔出。此卽人由對絕望之境的苦痛之感受中，直接湧出的希望與信心，人可再由信心，生出願力。而一切希望與信心，凡不從此中直接湧出者，皆無一是有必然性與定然性，亦無一堪稱眞正的希望信心，更無從產生願力者。一般人之論述此類的問題，只是泛泛的問、泛泛的想、泛泛的閒談討論，而無眞切的感受，亦無對問題之解答的艱難之感受，與由終無解答，而淪於山窮水盡的絕望之境的感受，是逼不出眞正的希望與信心，亦是永不能有願力，以求達柳暗花明又一村之一境的。

（四）絕望的痛苦之感受中之回頭的反省與自覺，及自信自守中之希望與信心

何以由絕望之境的感受中，能逼出或直接湧出希望與信心？此理由只在：一切正面的東西，皆對照反面的東西而昭顯。絕對的正面，則對絕對的反面而昭顯。如絕對的光明，對絕對的黑暗而昭顯；絕對有的上帝，面對絕對的空無而創造萬物。人能眞面對反面，同時卽呈現出正面；人能面對絕對的反面之絕望，亦卽呈現出絕對的正面之希望與信心。人在病至欲死中，顯出眞正求生之願望；人在罪惡深重之感中，顯出企慕至善之願望；人在深崖萬丈之旁，顯出其自處之高；而人在將絕望時時放在面前時，亦才看見希望在何方，信心在何處。

然而畢竟此希望與信心又是什麼？此不是別的，此只是「在此絕望之境中的痛苦的感受」中，而回頭反省到的「爲此痛苦之根據」之「一創造性的理想與意志」。人亦只有先自信自守此創造性的理

想與意志，而後一切學術上、教育上、文化上、政治社會上之自信自守才可能；人亦才能處處求以自信自守爲先，認識自己爲先，而能自作主宰；不復以求人認識自己、承認自己爲先，只求信守於他人，而免於奴隸意識之由之而生。

何以人在絕望之境中的痛苦感受中，人才能回頭反省到爲此痛苦之根據之一創造性的理想與意志？因人必到絕望之境，而後其一般之虛浮的希望、幻妄的聯想、外馳的欲念，與世俗的習氣，乃到此更無去處，亦皆成無用之物，而沉澱於人之精神主體之下。於是人之精神主體，卽立卽清明起來，照體獨立；而人之眞正創造性的理想與意志，乃依其眞純之本來面目而呈現。

以上的話，也許哲學意味重一點。實則此所謂創造性的理想與意志，並不須指一形而上的統體的理想與意志，而可卽指在一一具體的由絕望而生之痛苦的感受中，所分別表現之創造性的理想與意志。此並不難隨處指證其存在。

譬如我們上文說到中國之學術之不能有獨立自主之標準，而只隨人腳跟之可悲，此事使我痛苦。然我之痛苦，正根據於我之原有一望中國之學術能有獨立自主之標準之理想。由我之痛苦，我卽可回頭自覺到此理想之在我面前。我愈痛苦，卽愈能回頭自覺到此理想之在我面前。因而我卽可轉而於此自覺之理想上，寄託我之希望與信心。此希望與信心，不待外求，而當下卽是。而此希望與信心之本身，又卽爲我所自信自守之處。我能自信自守者，亦他人所能共信共守者，我卽於此寄託我對人之希望與信心。

再如我們上文說到今日之中華子孫飄零異域者，如沉淪在下者或因而自沮；見知於當地者便以之自榮；不能眞正的自尊自重，自信自守。此一事之本身，亦使我痛苦。然此痛苦之根據，亦正因我原有望一切中華子孫都能自尊自重，有所自信自守之理想。由我之痛苦，我亦可回頭自覺此理想，而見其在我面前，更於此自覺之理想上，寄託我之希望與信心。我希望中華子孫，都能自尊自重，有所自信自守。我亦相信他人與一切中華子孫，皆原可能自尊自重，自信自守。此可能是定然的可能。因我能夠，則他人亦能夠。而我能抱此理想，即已直接證明我是能夠的。而他人既能夠，則我於此之希望與信心，亦永不動搖。

又如我們前文提到中國歷史文化之悠久，並不保證其永遠存在，而仍是隨時可斷，因而亦不能於此寄託我們之希望與信心。而此一事本身，亦使我痛苦。然而此痛苦之存在，又足反證我實正在希望其不斷，我正早已有了希望其不斷之理想，在我之前。而我們能回頭自覺此理想之存在，此希望之存在，而自信之、自守之，此豈非又即是我之希望與信心之所在？我能有此希望與信心，而自信自守，則此對中國歷史文化之悠久之感念，即已在於我之此希望信心之中。而由此希望與信心之不斷，以成就此感念之不斷，亦即此感念中之「悠久的歷史文化」之相續於我，而不斷於我，而我復能當下自覺其相續於我，不斷於我。於我能不斷者相續者，應亦能不斷相續於一切中華子孫者。此豈非一念旋轉，而天地易位，使希望信心皆有所寄乎？

另如從客觀上看，中國文化可存在於世界，而中國民族則衰亡，如希臘文化存在，而希臘民族則衰亡，任何民族與文化之必然結合，都無保證。然而此事本身又使我痛苦。拜倫哀希臘文化在，而民族亡，我們亦不甘心中國民族衰亡，而只在漢學家心目中，有中國文化。故我們於念及此可能時，亦會產生痛苦。然此痛苦，又豈不正植根於我們之原有民族生命與文化生命相結合之理想？文化可以超民族而影響及他民族，民族則不能離其原有之文化，並求加以發展以彙表現一民族生命與文化生命之延續。我今既有此理想，此理想之本身又豈非我們寄託希望與信心之處？我有此理想，有此希望與信心，則中國之文化之生命，豈不當下即已與我之生命結合，而我即可於此有所自信自守？我自信其能與我之生命結合者，我亦當信其能與其他之中華子孫之生命結合，則我們又豈不可希望中華文化生命與一切中華民族生命之結合，而於此有一當下之信心？

此外，如我們今日所見：國際局勢之混亂，大陸人民為馬克思之思想所奴役之可憫，臺灣反攻未有期，海外從事民主政治運動者之四分五裂，縱然中共崩潰，亦不知河山如何收拾……凡此種種皆使我們徬徨憂慮，莫知希望與信心之所託，而感到痛苦。如把人類歷史當作一客觀的事變之流看，亦可停止不進，復可永在那兒一治一亂，而一亂亦儘可延續十年百年千年，歷史之未來亦並無一定然必然方向，有之亦非人之所知，知之而人們即可求逃避之，故必然者歸不必然。在此一切皆不可必之世界，亦可使我們心無所寄望，無所預期，永在疑惑動盪之中，而使我們痛苦。然而我們試一再回頭反省，我們何以有此痛苦？此又豈非我原已先有種種安和天下，使世界成有秩序之世界，望中國人人之思想皆免於馬克思之奴役、希望從事政治運動者能合作無間，以共求收拾河山之種種理想？我們如果原來全無對國家之政治想存在於我們之意識之中，而所見之種種事實，與之相違，我們亦不會有痛苦。而此中人要尋求一寄託信心與希望之處，亦同樣在我們之回頭自覺此理想之存在。我能有任何理想，我卽可先從我個人開始實踐此理想。我能實踐者，人亦能之。則此處卽已爲我可寄託信心希望之處。至於人類之歷史之未來，如當作一客觀的所對來看，當然無一定之必然方向，而一切皆不可必。然而我之理想，豈無一定之方向？我依我之理想而有之實踐行爲，豈無一定之方向？我眞愛一理想，卽可決定有一相緣而起之實踐，此豈非一當下之必然？如果我所眞愛眞信之理想，同時爲一具有公共性普遍性之理想，則一切中國人以至全世界之人，又豈不可有一大體上之共同的實踐，而將歷史導向於一定然而必然的方向，以實現此公共普遍的理想？因而一切中國人在臺灣、大陸、海外之努力，以及全世界之人之各色各樣的努力，豈不可皆有此看不見之一定然的方向，爲其超越而內在的指導，以曲曲折折導向於此理想之實現？則我們豈不仍可於此寄託希望與信心？此正如一個人在其主觀的生命之自身，眞感受一地心吸引力，使之必然向一方向落下時，他將眞能相信客觀的一切事物，皆必然將向一方向落下。由此而他將相信世間千江萬水，無論在什麼地方，必然曲曲折折地由地心吸引力之導向，同歸大海。如果你一定要說只有我一人才能眞愛眞信一普遍公共之理想，我之能愛與能信，不能保證他人之能愛能信，則你未免太自私太自大。此卽與你所信之理想之原具普遍性公共性之一點，直接相違，而證明你之理想非普遍大公之理想。如果是普遍大公之理想，則凡你能愛能信者，他人亦原必能愛必能信；凡你必去實踐者，他人亦必去實踐。因而凡你將走向之方向，亦卽一切中國人與全世界的人，必然將曲曲折折走向的方向。此中卽有歷史的定然與必然，以昭天下之大信。

依我們上之所說，我們可對我們自己寄託信心與希望，亦可對中國人與世界的人，寄託信心與希望。此卽與我們上文所提到的一些人們之只寄託信心希望於對上帝之祈禱者不同。依我的意見，人不必否認上帝之存在，然上帝必需內在于我們之生命精神之自身。上帝的命令，乃直接昭顯爲我們內心之普遍大公之理想的實踐。唯由我們之實踐，而後有天命之流行。離此實踐而只回頭祈禱，可說有一時的寧靜自心之用，實不知何謂上帝之命令。而不事實踐，只事祈禱者，儘可是一高級的自私。一切宗教徒凡對中國與世界之實際問題，只去瞑目求上帝相救，忽然降下一天國者，不僅今日之科學家不相信，而且上帝亦決不對此懶惰之信徒，降下天國。反之我們對於此種信徒之存在，見此種「心只想著一超越的爲全世界之共主的上帝，因而只以天國爲國，而不以人國爲國者，爲中華子孫而不以中國爲國」之信徒之存在於世界，此本身卽使我們苦痛。然而對此種苦痛之本身，我們又將如何加以對付呢？此亦不須待於排斥此類之信徒，而仍只賴於我們對此苦痛之本身，先亦回頭作一自覺的反省，而由此自覺反省以知我們之存在爲一具體的人，乃除了宗教的理想之外，還有對其他之理想。我之是一具體的人，乃一方是一世界中的人，可能入天國的人，亦是一國家中民族中的人，一歷史文化傳統下的人，一家庭中的人。我之是一人，乃一「包涵多方面之關係而屬於多類」之統一的存在，而不只是一單純的宗教信徒，或抽象的世界人。因而我縱然爲一基督徒，我仍有我之國家之理想，仍要祭祖，仍要崇敬先聖先賢，仍要關切自己民族之苦難，當然亦要關切人類之苦難。至于我看見其他基督徒，不能合此理想而使我苦痛時，則我應加以敎化，加以責難，以致加以諷刺，以種種方法，加以救度，使之成爲一具體的人，而不只是一單純的敎徒或抽象的世界人。而此事亦必是可能的，因基督徒仍畢竟原是一具體的人，而我們亦當信其可成爲一具體的人。此處豈不可仍有一實踐理想之行爲，與我們寄託希望與信心之處？

綜上所舉例，我們便知在我們之各種痛苦中，我們皆可回頭自覺其所自生所根據之理想，而寄託我們之希望與理想。人的痛苦如果是私的，則人加以反省自覺時，可能發現不出眞正的理想，亦可不見有眞正的寄託希望與信心之處。人的痛苦，只要是公的，則只要加以反省自覺，便必然可以發現出一理想，以爲我們之當下現成的寄託希望與信心之處。然而人之此回頭的反省自覺，卻萬分要緊，亦是人之精神生活之生死的關鍵。人如不回頭反省自覺，此理想不是沒有，亦不是不存在，而是人於此時，只是憑此理想去與所接觸之外面種種事實對照；遂只見種種不合此理想之事實，充塞於前，乃處處皆看見黑暗，處處令人感失望悲哀及絕望。此種種苦痛，一直下去，人遂或自然厭惡其原有之理想，而此理想亦自然逐漸沉墮至於消失。人乃墮落爲一苟安於現實者，亦無自信自守者，而其自己，亦不復眞實存在於自己之前。自己對自己既無眞正之反省自覺，亦無眞正的對自己之存在之認識與承認。人乃於此時轉而只求他人之認識之承認之，求信守於他人，以他人之認識之、承認之，爲其自身之光榮。此時人亦卽開始成爲他人之精神上的奴隸，進而成爲人之實際的奴隸。至於在另外一種情形下，如人不能眞自覺其原有之理想，而又見種種不合理想之事實之充塞於前，在失望悲哀絕望無以自拔時，則人之精神之再一自然的表現，卽化爲憤恨與橫決，以致視世界本來是漆黑一團，世界只是一些盲動的事實之和，或包圍我們之大網羅，世界中之萬物與人，無一不可恨。於是要去衝決一切，破壞一切，以一乖戾狠毒之氣，去毀滅一切，進而求控制一切，壓縮一切，如共產黨之所爲，與今所謂憤怒的一代或者所謂憤世疾俗者之所歸向。而此二種精神狀態之所由產生，皆在人只知憑其原有之理想，以與所接觸之事實對照，乃只見不合理想之黑暗；而不知回頭反省自覺此理想之存在，直接面對之，使此理想不只是一不自覺的存在，而成爲一自覺之存在，以獨立昭露於心目之前，爲自信自守之據。人能如此自覺其理想而自信自守，人亦卽能眞正認識其自己之存在，肯定承認其自己之存在，能自尊自重，自作主宰；而其求人之認識之、了解之、承認之、尊重之，亦皆只所以成就其自己之精神與他人之精神之交通共契，成就客觀的事業之實踐，而非只於他人之認識之承認之中，尋求自身之光榮矣。一人如此，則一人有自樹自立爲頂天立地之人格。一民族之人皆如此，則一民族爲頂天立地之民族。全人類如此，則人類卽頂天立地之人類；而全人類皆一一能自樹自立。能如此的人，因其能回頭反省自覺此理想之存在，亦卽可如其理想之本來面目之純潔性、光明性，而了解之、體證之、印持之，因而可只見一片純潔與光明，此中儘可無一毫之黑暗。至於此光明所照耀之外面的事實，則不合此光明之理想者固然有，而合之者亦有。人以光明照黑暗，則光明必求化掉此黑暗。此加以化掉之歷程，卽一光明的理想自求實踐之歷程。世間之黑暗縱爾無窮，而光明之照耀，光明的理想之實踐歷程，亦復純亦不已。則呈於我之前之黑暗，永不會多於我之照耀之光明。無邊的黑暗，永爲此無邊的光明之所覆。此中重要者不在黑暗之不存在，而只在見黑暗之逐漸化掉。我之全部的希望與信心，卽寄在此「去化掉」中，而不外溢。縱然世界黑暗彌天，我仍居於黑暗之上光明之中，乘此光明之輪，以徹入於黑暗中而化掉之。此之謂信道不渝，純亦不已，以求明明德于天下。人卽於此可寄託無限之希望與信心，而發出無盡的願力。

對以上的道理，有的人可以直下了悟，有的人則終難信及。其中疑難種種，亦不能在一文盡答。然實則人之所難信及者，皆人本來之所有。旋乾轉坤的大慧，只是此一念之自覺。能眞有此自覺，此中之一切疑難，人皆可自反求而自答。此上所說之一切，亦非我在教訓他人。一切的話，皆只是指點人去自覺自悟。此一切的話之要點，亦不外說，人不能在客觀所對的事實中，寄託希望與信心，而必需於其面對事實而感受苦痛時，再回頭自覺反省其眞正理想所在，內心之光明所在，而先有所自信自守；由此再求與人之精神，交通共契，以成就共同的客觀的事業之實踐，以充拓此光明於外，而化掉黑暗。人不能無光明之自覺，而只面對黑暗；亦不能只幻想一黑暗之不存在；復不能只自玩弄此光明，而無充拓此光明之願力，以化掉黑暗之實踐。此亦卽吾人於任何環境下，皆可寄託希望與信心之處。此皆只是意在使人自覺其所本有，各人反求諸己，而非意在增添人之所本無者也。

我們以上只指出人當回頭反省自覺其本有之理想，寄託希望與信心於其中，而由此以發出願力，卻未嘗指出此理想之必爲何種之理想。因而人亦儘可抱不同之理想，而各有其由自覺反省而自信自守之處，以自植靈根。我今之說，可稱爲絕對的自由主義。然而人對其所抱之任何理想，眞能自覺反省，求眞認識之了解之，亦卽必然將逐步充拓擴大其理想，而可交會於一至高之道德文化理想。此必歸向於理想主義、人文主義與理性主義，而決非現實主義、唯物主義與單純的功利主義。此具如我們年來之所論。此所論不是一時的感想，其中亦大有思想理論上之曲折，而一一又皆是依於人之本性及本有之理想，而加以披露指點之言。如果讀者於此文有不能滿足之處，我想無妨看看我們之其他的寫作，如牟宗三先生之「道德的理想主義」及拙著之「中國人文精神之發展」等書，當不無裨益。然如果讀者原已抱定一理想，而能自覺的眞有所自信自守，自亦可自己再加充拓。據我多年的思索，我越發深信每一人所能有之理想與思想，皆他人之經同樣的深思者所能有。古人們可先得後人心之所同然，他人亦可先得我心之所同然，而此亦即我們對於人類之信心與希望之所根據。而更重要的事，是一些同樣的思想之歸趣，要從不同的道路走來。一切該說的話，亦要從不同的人用不同的口來說，然後才處處見一新生命。所以對於我個人已說的話，亦不願再多所重複。

至於人們如果要問人在眞能回頭反省自覺其理想之所在，而見其光明之照耀，在從事加以充拓加以實踐時，畢竟應作些什麼具體的事，或從事什麼職業，作什麼一種文化運動政治運動？則我不承認此中有一定的答案，亦無一定要他人皆與我作同樣的事之理。因該作的事太多了。人不能樣樣都作，而只要以誠意去作任何一事，皆有無比的重要性。此中只有就各人才性知能之所宜，環境之所許，而各加擇定。依我本文中心意旨之所在，我最後所要說的，只是人無論在任何環境中，感到艱難或順遂，居自己鄉土或在他邦，沉淪在下位，或顯揚於上位，無論作什麼職業，亦無論人之才性知能之如何，才大或才短，知識多或知識少，然而人總可分爲二種，即一種是能先自己認識自己，承認自己，有自信自守而在自己所面對之理想中，先能當下直接看見光明的人。一種是只知求人認識自己，于信守於他人，于他人認識自己處，尋求光榮的人。前者爲人之能自作主宰者，後者則爲人之奴隸意識之始。一切人們之自救，一切民族之自救，其當抱之理想，儘可不同，然必須由自拔於奴隸意識，而爲自作主宰之人始。而此種能自作主宰之人，即眞正之人。此種人在任何環境上，亦皆可成爲一自作主宰者。故無論其飄零何處，亦皆能自植靈根，亦必皆能隨境所適，以有其創造性的理想與意志，創造性的實踐，以自作問心無愧之事，而多少有益於自己，於他人，於自己國家，於整個人類之世界。則此種中國人之今日之飄零分散在西方，亦即天之所以「苦其心志，勞其筋骨，餓其體膚，困乏其身，所以動心忍性，增益其所不能」，而使其有朝一日風雲際會時，共負再造中華，使中國之人文世界，花繁葉茂于當今之世界之大任者也。

（一九六四年「祖國周刊」第四十四卷第四期）

三、海外中華兒女之發心

九年前我曾在香港之祖國周刊寫一文，名中華民族之花果飄零。後二年我又在該刊寫花果飄零與靈根自植一文，以答他人的疑問。至今仍常有人提起二文。此二文情感的成份較重；我之目標亦原在激發一情感，由情感引起一責任感。但有些人覺得此所引起之情感，只是悲觀的。實則我個人對中華民族之前途，從不悲觀。最近香港中學生會刊要我寫一文重解答我此二文所提出的問題，我忽然想起以前香港總督說二十一世紀是中國的世紀的話。此話似根于湯因比所說，其前亦似有人說過。我亦藉此話以鼓勵香港的青年。但我並非一狹義的民族主義者。我所謂中國的世紀，只是以中國文化之中心觀念之「人」爲本的世紀；即人的世紀，或人文的世紀。而二十一世紀之中國，亦卽人的中國或人文的中國。今再想了此題，將前此諸文未盡之意略說。

我之此文與上述之二文之對象，皆是海外的中華兒女。此海外之中華兒女散居世界各地者，有人統計約三千萬人。這都是中華民族飄落在世界各地的花果，在各地逐漸生根長葉者。但只在各地生根長葉，而忘其本原，不更回念其本原，而對其本原有所盡責，則是一精神上的大危機。而此事，亦有人由于對中國與世界人類之文化政治之前途，看不明白而來者。

如果我們稍放大眼光，來看中國與世界，則十九世紀顯然是西方向東方侵略的世紀，而二十世紀則是東方民族次第自西方壓迫中求獨立的世紀。日本之大東亞共榮圈，將西方勢力驅逐，亦幫助了後來亞洲諸國的獨立。中共終不甘心只順從美國蘇聯之領導，阿拉伯國家之不甘心受美國領導，亦是一民族意識。二十世紀顯然是一東方求與西方平等，亦對西方有若干報復之一世紀。東方在二十世紀之升起，顯然見一世運之轉移。我常說：近代的西方，文藝復興時代文化與政治之重心在歐洲南部之意大利。由此自南而北，宗教改革啟蒙運動時代，重心移至德國法國；產業革命原于英國，而在十九世紀英國之工商業勢力及于世界。在二十世紀，居歐洲之核心之德國，兩次挑起世界大戰失敗後，而西方世界分裂爲美蘇之爭霸。東方之日本，則于十九世紀二十世紀之交，由戰勝中國與俄國之後興起，在第一次大戰中收了漁人之利，而在第二次大戰中失敗；更有上述之亞洲國家之獨立，中共之反美反蘇。此世運之轉移，明是要轉到東方之興起。如以中國古代戰國爲例，則五霸之起，由齊而宋、而晉、而楚、而秦，亦有一世運之轉移，此是由東而西。而中國歷代社會政治文化上之人才之分佈，初以黃河流域爲多，由北而南，漸以長江流域爲多，近世則湖南廣東爲多，而中共之軍人則多出身四川雲南偏地。又中共之鄙棄摧壞傳統中華文化，而傳統中華文化之保存，則今轉移至海外之臺灣及海外華人所居之地區，亦爲在華南之南。這都見一世運之轉移。何以世運會如此轉移，可有不同解釋。今不必討論。但世運既已如此轉移，則東方人之要興起，海外之中華兒女將多少擔負此世運轉移後之責任，正可說有一歷史的必然。

但由二十世紀七十年代到二十一世紀之三十年中之人類，必當更開啟一新時代。此時代，東方將不再對西方求報復，東方的文化與政治，亦將以一新的姿態出現于世界。這不是十九世紀之帝國主義，亦不只是二十世紀之狹義的民族主義與共產主義。帝國主義與狹義的民族主義，以膚色、血統、國土劃分人類；共產主義以有產無產劃分人類為不同階級，亦以有政權與無政權，劃分人類為不同階級。在後者中，無產階級為有政權者，餘者為無政權者。無產階級中又只有共產黨有政權者；共產黨中再以上層領袖為有政權者；上層領袖中再以最高之一領袖之一人為最有政權者。當今之共產主義之本質，是以政權之差別定人類之階級，即以政治之階級代替經濟上之階級。其只有階級的人類，而無整個的人類，亦無平等的個人，實與帝國主義、狹義的民族主義之只有不同膚色、血統、國土的人類，而無整個的人類，平等的個人，並無殊別。但人畢竟是平等的，整個的人類畢竟存在的。共產主義者之馬克思，亦以為在人無經濟上之階級之分以後，有超階級之整個人類社會的出現。但他未預料到二十世紀之共產主義，再形成一政治上之新階級社會。但此政治上之階級社會，即依馬克思之最後嚮往一整個人類社會的理想，亦要被否定，而被超越的。所以此二十世紀的前七十年，是十九世紀之帝國主義崩潰的時代，亦是十九世紀之資本主義的階級社會動搖的時代，而此後之三十年，則是此一切二十世紀之政治上之新階級社會，亦將被否定超越，以迎接二十一世紀超階級之人的社會出現之時代。此時代之人的社會，將不以血統、膚色、國土、有產無產、有政權與否，加以劃分，而將爲一依于人的平等，以成就人之德性、人倫、人格、人道與人文的新時代。此一時代之到來，亦當是一歷史的必然。

關于此時代之必然到來之歷史的迹相，是共產主義世界，依中蘇之民族的不同，而分裂，東歐國家與中共內部之不安。此等無可否認之事實，表示這一形態之政治，不能形成人類之統一，亦不能安定于其自身。而中共數年來之自將其政治與黨之制度破壞，今只求將政治權力集中于一人，與所假定之唯一繼承者，如千鈞之石，只求集中于一線。到此一線一斷，則千鈞之石勢將全然落地，而一一散開。中共如果早走修正主義的路線，自謂經其二十年之統治，國內已無階級，而走到馬克思所謂建立超階級社會的階段，而重視到人的文化之復興與創造，本可加速走到二十一世紀的新時代。此事我亦曾寄予希望。但其文化革命，卻利用文化知識極缺乏的中學生，爲紅衞兵，以掀起此革命，將修正主義加以摧毁，以延緩此歷史的發展。此只是一逆流。但我的預斷，是縱然無外力之加入，此修正主義之潮流必然再起。二十年來之中共政治，忽而大鳴大放，忽而不鳴不放，忽而修正運動，忽而反修正運動，已迭蕩多次。但到上述之千鈞之石墜下，屆時再無中學生可利用爲紅衞兵時，則可一蕩去而不回。中共之成功初是憑仗高級知識分子之大學教授與作家，如在抗日戰爭之後；次是憑仗大學生，如在統一大陸之初期；文化革命時則高級知識分子被拋棄，大學生亦非主幹，而是以中學生之紅衞兵爲主。再下去，便只有憑仗小學生了。然小學生無論如何是不足維護一政權的。所以當其內部之修正主義再起時，再莫有力量，能夠對付的。這時內部之變亂，是必然產生的，而加施若干外力之促進其變化，則是海外中華兒女之責任。而變化以後之中國文化政治之方向，則必然向人的文化之建立之方向走去。

此上之所說，自然是一歷史大方向的預斷。在細節處不能亦不須一一預斷。但歷史總是不重複，亦不能停于現階段，而要向前進行的。二十世紀是一反抗一切種族、經濟、政治之一切不平而求平的時代。一切種族上、經濟上、政治上特殊階段，皆將在此一世紀中過去。此一世紀中歷史事實，已將未來的人類道路，啟示在一切有智慧的人之前。當前的國際政治情勢，儘可時時有變化。中共儘可緩和其外交上的緊張關係，以求入聯合國，很可能為聯合國所接納。自由世界之諸國家之內部，亦可有種種之騷動與不安，如美國的種族問題之再起，及歐美與日本之學生暴動之再起，但即有這些，仍不會助成共產主義征服世界。共產主義在十九世紀之末至二十世紀之初，是代表人在經濟生活上不平而求平之一光明的理想。但此理想在二十世紀已實現于一半人類的社會中，而並未使此一半人類之生活，更美好于其外之一半。因而已再莫有號召吸引其政權統治之外的人們嚮往歸化的力量。所以縱然中共入了聯合國，亦不能改變世界大勢。而中共若與其他國家之外交關係增多，而逐漸打開門戶，多有一些人，將兩面世界中的人之政治社會文化精神生活上之自由程度，比較一看，則只有更促成其向修正主義的轉變，而修正再修正，必有徹底的變化。東歐國家已向此道路走，中共既不能阻止其人民之嚮往于其社會文化生活、精神生活的自由，嚮往一眞屬于人民，而不屬于一階級、一政黨、一個人的政治；更不能阻止海外中華兒女之對祖國的懷念，與對其人民生活的關心，及其所形成之正常的人生社會政治文化理想的不斷輸入。中共不能使中華文化曾被及之地區，如韓國日本及東南亞之地區中，無中華文化的遺留；亦不能使散居此各地區之中華兒女，皆對其文化忘本負恩；則此各地區之中華兒女之共同發心與努力，終可形成一社會文化上的包圍圈，建立一海外的中國文化長城，再形成一社會文化上之回流反哺的運動；以促成大陸中之中國人民之「人」的覺醒，與人應有的社會文化精神生活之自由，在政治上之平等地位的覺醒；而將二十世紀的時代，向二十一世紀之新時代推進。此一工作，是海外三千萬中華兒女共有的責任。積以十年、二十年、三十年的努力，必然可以旋乾轉坤，而使中國在二十一世紀，成爲人的文化之中國。而世界人士之共同努力，則可使二十一世紀，成爲一眞正的人的世紀。此世紀中之政治經濟，將不是十九世紀以來之帝國主義、狹義的民族主義、資本主義與共產主義之政治經濟，而是爲成就人的文化生活之政治經濟，亦即人文主義之政治經濟。此應當是我們一切生于二十世紀的人，爲未來世界應抱的理想，應盡的責任。而生于二十世紀之二三十歲的青年們的努力，將會能自己收穫到其努力的果實。雖然年較長的人那時是老或死了。但縱然老了亦尚可娛晚景。縱然死了，然而他們之在天之靈，屆時仍將爲此果實之長成而欣喜。

（一九七一年三月日本「天聲月刊」創刊號）

貳、人文學術之意義——「止乎義」之部

四、人的學問與人的存在

（一）導　言

二三十年來，我常常聽見社會上流行的一種話，說現代人類社會之岌岌不可終日，是由於人之社會科學的進步，趕不上自然科學的進步。近代自然科學的進步，已使人能控制自然。但是人之社會科學——即人對人類社會本身之科學研究，尚不足使人能控制其所存在之人類社會，於是有不少人寄望由社會科學的研究，使人能控制人類社會本身，以控制其一切自然科學技術之運用，以造福人類，而解除現代人類所受的苦難。遠的不說，至少自十八世紀以來，即有無數的人抱此觀念。如孔德早年之以今後之實證時代，一切當受科學指導，而科學以社會學爲塔頂，即一代表。此種思想，是由于見到自然科學之應用於自然，可以改造自然，而逐漸激發出的。故在十八九世紀許多社會科學家，用以解釋人類社會政治文化現象之理論，恆不免以自然科學之概念爲基礎，如以地理環境，生物本能，生理要求，及人與動物之自然心理等爲基礎。於是招來的批評是這些社會科學理論，忽略人之眞正的人性、與價值理想及人之文化、人之人格，在人類社會現象中的重要性。而在二十世紀的社會科學理論，則日益脫去以前以自然科學概念，說明人類社會現象的習氣，日益重視這些東西在人類社會的地位。

但是科學中的社會科學，能研究到高級文化現象，注意到人性人之價值、理想、人之文化與人格的重要，照我們的意思，祇把這些東西視爲科學的對象來處理，人仍不能算眞了解這些東西之自身。今日人類社會自身的問題，亦並不能只由科學以得其解決之道。因科學只是人的學問中之一種。它亦不能在人的學問世界中居一至高的指導一切之地位，並由之以說明人的學問之全與其次序應當是什麼，及人的學問與今日之人的存在問題之關係。此是本文所要先講的。

（二）科學的態度與科學眞理之限制

科學之所以不當在人類文化世界中獨居至高地位，我常說關鍵在科學的態度之本身，而不在其所研究的對象。從對象說，科學之所研究，本可無所不及，則人類文化，人之行爲，人格精神，皆可似除爲科學研究之對象題材外，如更無其他。但是從科學的態度說，則科學的態度斷然祇是人對世界之態度之一。科學的態度，祇是一以人的理智，運用概念符號，依規則加以構造推演，以面對經驗的對象事物，從而說出其普遍性相，一般律則或共同之理，以預測對象事物之未來，以便加以控制之態度。而人對世界事物的態度，明顯地除此以外尚有欣賞審美的藝術文學態度，把握具體事件之發展之歷史態度，將人所知於世界之抽象之理，加以凝聚綜攝陶鎔之哲學態度，及改變重建外在世界與人之內在自己之實踐態度，及信仰皈依宇宙人生之根原之宗敎態度等。這些態度之一一皆可無所不及，遍運於人所接之事物之中，亦與科學的理智態度同。然而此諸態度本身，斷然在科學的態度之外。今自其皆輻輳於人生之存在，而爲人所分別表現言，至少其地位應與科學之態度平等，而更無科學獨尊之理由。

但是人在此恆有一不易根絕的思想會生起來。即人可以說把人對世界之態度分爲多種，及由此產生之人類文化活動有多種，亦是人類社會科學家所可承認，而願加以研究者。我們上面之一段話如果是眞理，亦將包含於今後之社會科學的內容中。則我們祇能依科學眞理，而指陳人對世界之諸態度與活動之存在。于此卽仍見科學態度在各種人之態度活動中居上一層次之地位。此種思想，卽透出了人總易在人類文化世界中特推科學的根原。

此根原是無論我們說什麼話，只要是眞的，似都可化爲一種科學中的命題，而成爲科學的內容。於是科學似可以翕聚一切眞理爲其所有。從人類文化之發達史看，科學初本包含於宗教、哲學、文學、歷史等之中。但科學發達以後，卻不斷將過去之宗教、哲學、文學、歷史等中所包含之眞理部份，翕聚之為其所有，而其餘成問題的部份則留下。而宗教家、哲學家、文學家、歷史家，對於比較確定的關於專門範圍的眞理之知識，亦願屬之於某一科學。於是科學一方成了人類文化世界中的寵兒，他好像總有權可說一切的話，連我們以上的話在內，如果包含眞理，總是屬於科學的。

對於上面的問題，我們必須退至最後一步。即我們可以姑承認一切包含眞理的話，都可屬於科學中。我們亦可依科學眞理，以指陳人對世界之諸態度與活動之存在，然而此諸態度活動本身，仍是在科學的態度活動之外的。我們在依科學眞理而指陳諸態度活動之存在時，縱然科學態度好像居上一層次之地位，但是當我們之人生存在自己，正存在於非科學的態度活動中時，科學的態度仍須退歸於下一層次之地位。由科學態度而來之科學眞理，亦隨此態度而退歸於下一層次之地位。無論如何，我們不能說人生存在自己，只能以科學的態度去看世界，而莫有非科學的態度。從科學家之是人說，他亦不能莫有非科學的態度。縱然一科學家之生活枯燥到不信一切宗教，不愛一切文學藝術，不關心一切道德問題，但他至少仍要寫下說出他所知之眞理，或以觀察實驗證實其所假定之眞理。而此寫，此說，此觀察實驗之動作，仍是一實踐的活動，而非只是一理智的研究活動。而在其正寫、正說、正觀察實驗時，其人生存在自己，即直接存在於此寫、此說等之中。此寫、此說等，即超越的涵蓋於其所寫所說之科學眞理之上，而使其所寫所說之科學眞理，退歸於能寫、能說、正寫、正說的他之人生存在自己之下一層次的地位。此上所說本身，即是顯示一人生存在的眞理。但此眞理不好說是一科學的眞理。如果說此是一科學的眞理，則此同時亦是「說明人生存在可以超乎科學態度科學眞理之上的科學眞理，而證明科學眞理非至上」的科學眞理。然而判斷科學眞理非至上之判斷，屬於科學眞理以上之一層次，則此判斷中所涵之眞理，如果要免於層次的混淆，不應亦以科學眞理名之，而只能名爲超科學眞理的人生存在之眞理。而除科學的態度所了解之科學眞理以外，尙有一切非科學的態度，如欣賞審美之文學藝術態度，把握具體事實之發展之歷史態度，皈依信仰之宗教態度中所顯示之超乎科學眞理以外其他之人生存在之眞理。此諸態度本身所分別顯示之人生存在之眞理，最低限度在其如是如是顯，未被科學的理智所研究時，不在科學的範圍中。由此諸態度，所形成之人類文化之各領域，亦不在科學的範圍中。而科學亦永只能是人文世界之一領域，無理由以高居其他人文領域之上。我們固當講人文世界的科學，但不必講科學的人文主義。

（三）社會科學所研究之理想、價值，人性與人格之虛幻性，與真實存在的社會人文歷史之世界及道德人格之世界

我們以上的話，並無意貶低科學的地位，而只是要提高科學以外之人文領域的地位，並置人生存在自己於科學態度科學眞理之上。由此以顯出其他人文領域之自具其眞理、理想、與價值。而人生存在自己，亦有超於科學之眞理以上之理想與價值。在此處，我們決不當因見今日之人類社會科學家，

亦注意到文化與理想、價值、人性、人格之重要，便以爲這些問題已全化爲科學的題材。此處我們尙必有一補充的認識，卽凡只在科學中被了解的文化、與理想、價值、人性、人格，都不是眞實的文化理想、價值、人性、人格，而只是其虛幻的倒影。此中嚴格說，是無理想、無價值、無人性、無人格之眞實存在的。

我們說研究人類社會的科學家，所了解者是虛幻而非眞實，並非貶詞。我們說凡是概念符號所構成的格局，皆是虛幻，而非眞實。概念符號的抽象性、概括性，卽其虛幻性。虛幻言其不能與眞實的具體存在，如實相應。而一切科學研究之成果，只是構成概念符號的格局，在此概念符號格局中可以有理想、價值、人性、人格之符號概念。但是這些概念符號，只所以抽象概括的敍述其所對之諸眞實的具體存在。此中之理想價值之名詞、與含此名詞之句子，實只所以敍述事實。如說：「人是依其有何種人性，爲何種之人格，而有某某理想，其行爲是能實現某某價值的。」此在社會科學中，仍是對事實負責之事實命題。此處人性、人格之理想與價值，只是指涉一客觀存在，而爲科學研究所對之對象及所關聯着的物事。這並非表示眞實的人由其人性人格所發眞實理想與所求之價值之命題。這些敍述事實的命題本身如有價值，此價值在完成從事科學研究之具體存在的科學家本人之理想，實現此科學家本人之求眞理的人性，完成此科學家本人之求眞理的人格；而不在這些敍述事實的命題中，有人性、人格、價值、理想等概念符號。在科學研究中，我們要談眞實的人性人格與價值理想之所在，只能在科學家本人之眞實存在上去找，而不能在科學家之科學知識科學語言中去找。然而具體存在的科學家之眞實的人性人格之表現，所抱之理想，所求之價值，並不限於求科學眞理一方面。而其他具體存在的人之眞實的人性人格之表現，與所抱之理想，所求之價值，更有種種之不同。此一切，乃合以構成爲一眞實的具體存在之人文世界與人格世界，而科學只爲人文世界之一領域；科學家之人格，亦只爲人格世界中之一員。

此眞實的具體存在之人文世界人格世界，在其發展的途程中，可合稱爲一人文歷史之世界。在此人文歷史之世界中，有個個眞實具體存在之人，與其具體存在之文化活動，所形成之各人羣、各民族之文化。科學家與科學，自亦在其內。科學家在歷史中活動，以實現眞實的理想與價值，而科學亦在人類文化之歷史中，表現其價值。由於科學本身亦有歷史之演變，於是一切科學思想與其思想中所含之眞理，亦必須隸屬於科學家本人之眞實存在，而後能說明科學歷史之何以亦會演變，與科學之何以得存在，而爲人文世界之一領域，並得在此人文世界之歷史中表現其價值。由此我們可以確立眞實存在的科學家之人格及其他人之人格與其各種文化活動，合以構成之人文歷史之世界，爲包涵科學以上之更高的眞實。只有在此眞實中，乃有人類之眞實的理想與價值之實現。

我們如果能透過人與其各種文化活動，所構成之人文歷史之世界，來看人類之眞實的理想與價值之如何實現，便知人之任何特殊的文化活動之價值，皆可姑分爲三種。一是直接實現某一眞實的具體存在之人之一活動之理想的內在本身價值。如某一種科學研究，實現某一科學家之求某種眞理之理想之價值。二是此活動之幫助某一人本身之其他理想之實現之內在而相對的效用價值，如一科學家之勤求眞理，可使其在道德上對人之態度，亦更直爽眞誠。三爲此活動之幫助他人之某一相同之理想、或相異理想之實現，之外在而相對的效用價值。如科學發明之使人民物質生活改進，或由科學家之求眞精神之感染，使他人亦皆更直爽眞誠。此一人之各種活動所實現之內在價值之總和，則可稱爲一人格本身所涵具之絕對價值。一人類社會中之人，以其文化活動相互幫助實現其理想，完成其人格後，所實現之價值之總和，則可稱爲此人類社會所涵具之絕對價值。此絕對價值只能在人類社會之歷史發展中逐漸實現。此只爲一超越的理念。至於每一時代之特定的一人或一羣人之若干活動，對於特定的某一時代之以前人及以後人之其他活動之實現，所顯之幫助效用言，則爲此某活動之歷史的相對的價值。而此一切價值，皆須通過眞實的具體存在之人之價值判斷，而眞實呈現，以具備存在的意義。同時亦必須通過人之相互要求承認其價值判斷，而後才能逐漸普遍化客觀化，而使若干價值判斷，眞實存在於人類社會之歷史，卽人之人文世界中，而具備存在的意義。

我們如果眞了解上一段文所說，則我們可了解下列諸義：

（一）任何人之文化活動，如要具備眞實的內在價值，必須在此人之人格之內部有某一理想之先在。此理想初爲超越此人之實際的文化活動自身，而唯由實際文化活動之逐漸實現此超越理想，而後此實際文化活動，乃有對此人之人格之內在價值。然此理想本身之被肯定爲當實現，則唯根據於此人之肯定此超越理想之超越自我，如是如是肯定之，而自命令，自生發其實際的文化活動，以實現之。此爲在人文歷史世界中，當然的命令與表當然命令的命題之必然的在先性與超越性。此在自然科學家或社會科學家之位分上說，則爲此科學家本人之求眞理之理想，超越於其一切研究之活動及所已得之一切知識之超越性與在先性。

（二）任何人之文化活動，如要對其人之其他理想之實現言，有幫助的效用價值，必須其人兼具備其他理想，而有一統一諸理想的超越自我之眞實存在，與自覺或不自覺的，求統一的人格的形成之理想之先在。此爲統一的超越自我與人格理想之超越性與在先性。

（三）任何文化活動，如要具備幫助其他人之理想之實現，或幫助他人人格完成之外在的相對的效用價值，則此文化活動之表現與成果，必須爲其他人所認識理解，並加以一價值判斷，以肯定欣賞或讚美其價值。而任何人如欲要求他人亦承認我之活動所表現之外在效用價值或內在價值，或希望人對我自己或其他人之活動，作同一或類似之價值判斷，恆須以語言文字表出其要求。此要求，爲一超越我自己，而致希望、祈求、盼禱於人之要求。其表於語言文字所成之辭句，乃必包含明顯的或隱含的命令或祈求辭句者。此與表示我們對他人之活動之表現與成果，加以價值判斷後之欣賞讚美與否之表情辭句，合以構成我們之日常談話之大部份。而文學與哲學之起原，亦主要在人與人之相互要求：

共能欣賞讚美他人或自己之人格活動之價值，相互希望：共能肯定他人或自己之價值判斷之眞實。人如無此「能肯定欣賞讚美他人之人格活動的價值，並求普遍化客觀化自己之人格活動的價值」之客觀普遍的價值意識，與表情及命令之辭句，則一切個人之文化活動的價值，與價值判斷之眞實的社會化，而眞實存在於人文歷史之世界，皆不可能，而亦無意義之可言。此爲客觀普遍的價值意識及表情與命令祈求之語言，對於「個人文化活動之社會化，而得存在於人文歷史世界」之在先性。此在自然科學家社會科學家分位上說，則一切科學知識系統、科學著作，如不通過他人以爲好之價値判斷，或如不通過科學家本人之希望人了解，而判斷爲好之要求，則此科學知識系統與著作，即不能眞實存在於社會人文歷史之世界中。此爲一切科學知識系統與其著作，對於人之客觀普遍的價值意識之存在上的依賴性。而一切科學著作中，所包含陳述事實與理論的全部語言，恆須通過一極簡單的表情語言與命令祈求語言，如「此書眞偉大啊！」「望你看此書！」而後爲社會中他人之所讀，即已足夠證明此書之全部語言，必依賴於一種簡單的表情語言命令祈求語句，以獲得其對社會中之他人之眞實存在的意義。

(四)人之文化活動與其表現及成果之價值，既由人之客觀普遍的價值意識之存在，所發之價值判斷，相互求普遍化客觀化，而得眞實存在於社會人文歷史之世界中，而人一代一代，相續生出，爲無窮盡；其所發之價值判斷，相互求普遍化客觀化之事，亦無窮盡。由是而我們前所謂人類社會中人，以其活動互相幫助，所實現之價值之總和的絕對價值，遂永只為一超越的理念；而所謂眞實存在的社會人文歷史之世界本身，亦原只為一超越的理念。其所以只能是一超越的理念，因其在現實上看來乃未完成者。我們不能把社會人文歷史之世界中，所有的人與人之活動及價值之種類與數量，作窮盡的列舉。此乃根本不可能者。此不可能，不盡依於人智之有限、人智之無法知未來，而是因人在原則上，可依其價值意識對已被肯定為有價值之人格活動之價值，加以重估，對已有之人之價值判斷本身，再加以判斷。此重估，雖不必影響一人格與其活動之內在的本身價值，然必影響其相對的外在的效用價值。因後代人之總可對前代人之人格活動之價值，加以重估，而人類社會歷史所實現之價值之總和，即在知識上說，乃原則上無法事先決定者。又因後代人總可依其價值意識所作之價值判斷，以再發為行為，以改造其人類社會與其中之文化，而未來之人類社會文化之歷史之何所似，亦為在知識上說，原則上無法決定者。然我雖永不能知後代人之依其價值意識，將有何種價值判斷之出現，亦不能知未來之人類社會文化之必何所似，然我總可知，或可信，未來之必有人，此人之必有其價值意識之存在，與其所肯定之價值之存於其意識中，及由價值意識所形成之人類社會文化之存在。人只知，或只信，未來之有人，人有價值意識與其所肯定之價值之存在，未來社會人文之存在，而不知其為何；即使人類社會文化歷史之世界，與其中所實現之價值之總和，永只為一超越的理念，而為具備超越性者。而吾人之欲由自己之文化活動之實現價值，以求有所貢獻於此價值之總和；或欲由教育之力，以使吾人所實現之價值保持於後代，使吾人之價值判斷，爲後代人所肯定；並對未來人之實現更高遠更廣大之價值，具備更正確更完備之價值判斷，致其希望盼禱等，皆爲對一超越的理念所指示之未來人的存在，有一超越的要求願望，而作之呼召與努力，有類似於宗教家之有求於超越的上帝，與向未來人類作祈禱者。此人類社會文化歷史中，一代一代的人，「一面保存前代所實現之價值，一面希望盼禱後代人實現更高遠廣大之價值，與一代一代人謀所以副前代人之希望盼禱，而與以酬答」之承先啟後的歷史精神，即人類社會、人文歷史世界與其中之價值之眞實存在之眞正的基礎。此爲人類社會、人文歷史世界與其中之價值，對人之歷史精神之依賴性。

（五）我們今了解了上列四層意思：一任何文化活動必須對一眞實存在的人之當然理想，而有內在的本身價值。二文化活動必須有內在的本身價值，而後有幫助此人其他理想實現之效用價值。三必須通過人之客觀普遍的價值意識，而後其價值眞實存在於包括他人之社會。四必須通過人之宗教性的承先啟後的歷史精神，而後其所實現之價值存在於歷史之世界。於是我們可以眞實了解，人類社會人文歷史之世界之眞實存在之基礎，唯在一一眞實存在之人的人格中所肯定之當然理想，與其客觀價值意識，及承先啟後之歷史精神。唯此等等，爲人類社會人文歷史之世界變化發展之核心樞紐之所在。如一人之人格中所肯定之當然理想變，則其個人生活行爲之世界變。其客觀價值意識變，則其所生活之社會人羣之世界變。其所以承先啟後者之歷史精神變，則其在歷史世界之地位變，而呈現於其前之歷史世界之方向、觀景、無一不變。人類社會中，各人之人格所肯定之當然理想，客觀價值意識，與歷史精神，若同向某一方向變，則此人類社會文化歷史之世界之存在狀態，卽皆向某一方向變。而此種執持其當然理想、價值意識、歷史精神，並加以開闢，使之更廣大高遠；加以凝聚，使之更爲眞切篤實；以之直接主宰其內心之意志，以改進於其日常生活，再及於其社會之外表行爲者；則爲人之自己建立其理想人格之爲如何如何之一眞實存在之道德精神。此卽爲人類社會、人文歷史世界之核心中的核心，樞紐中的樞紐。而其力量與光明，則可遍及於人類社會、人文歷史之世界，而加以旋轉朗照者。故人之道德精神，如果建立不起，緣之而使當然理想、客觀價值意識、歷史精神，皆不能向上提挈，而向下降落崩壞，則無一人生之活動或社會文化之建設，能眞實成就。卽科學之研究、物質文明與有科學研究之社會之眞實存在，亦不可能。此何以故？因此一切皆依人之肯定一當然之理想，與有客觀的價值意識之存在，而後能眞正加以執持故。

（四）人的學問之次第之重定，與為人之學及歷史學

如果我們以上，就眞實存在的人類社會人文之世界，所以能眞實存在之基礎之論爲不誤，則我們對於人們所重之學問之重要性之次第，與其相互關係，應有一新看法。照由西方傳來而流行於現代中國之一學問觀念，是以爲愈抽象而愈概括性的學問，愈在學問世界中，居更根本而更高的地位。故邏

輯、數學、幾何學或第一原理的哲學，被認爲一切學問之本。其次是研究人之身體與動物植物及無生物所同具之物理性質之物理科學，再次是研究人之身體與動物植物所同具之生理性質之生理學生物科學，再次是研究人與高級動物同有之心理現象之心理學，再次是研究同有社會組織之人類與其社會政治經濟生活之人類學及其他社會科學，然後才是個人在社會當如何行爲之倫理學。至於歷史學，則只爲研究各特定之民族國家之社會文化之發展之諸特殊具體事實之學。文學則通常歸諸藝術一類，而視爲無眞正之學術價値者。此種學問之高下之次序，純依邏輯層次，本無褒貶輕重之涵義，似亦未嘗不可。然而人由此而推論，愈具體特殊之學問，必須以愈抽象概括之學問爲根據，並或以記具體特殊之事實之歷史，只宜作爲抽象概括之理論的社會科學之材料，則恆不免因而假設愈抽象概括之學問，其眞理價値亦愈高之意。而自西方學術史之發展來看，亦是具抽象概括性之學，愈先被重視。直到十八世紀西方人乃重視歷史之學。又在西方，凡研究愈具體特殊的事物之理之學，亦一直有一去模倣研究較抽象概括的事物之理的科學之趨向。故一歷史學家或以發現歷史之定律，而純依社會科學原理解釋歷史爲理想。社會科學家或以社會現象，當只以心理學、生物學加以解釋爲理想。而生物科學家，則或以生理現象當以物理化學原理加以解釋，爲理想。物理科學家，則或以物理之只用形數之符號表示，爲理想。現代則頗有人以數學幾何學皆自邏輯演繹出，爲理想。此皆本於對於抽象概括之觀念之羨慕，而欲將具體特殊者，化歸於抽象普遍者之思想心習爲之。此中卽有一愈抽象概括者其眞理價値愈高之價值判斷，潛存於後。對此種價值判斷，與緣之而定之學問之高低之位說，若依吾人上述愈具體之存在愈眞實之義，便必須加以徹底之顚倒，以改而依各種學問與具體之人生存在相關愈密，而對具體之人生存在之重要性愈大之原則，並將歷史文學及爲人之學，亦列入一系列中，以重訂各種人之學問之高下之次序如下：

一、爲人之學；二、歷史；三、文學藝術之學；四、哲學；五，社會科學；六、自然科學；七、形數之學與邏輯。茲試說明於下：

我們說爲人之學，居學問世界中最高之位，首因爲人之學，乃使人成人。人成爲人，乃人成就一切事之本。卽見爲人之學之根本性。其次，爲人之學，乃一切識字或不識字之愚夫愚婦之所同能從事，亦皆嘗多少從事之學。一切人無不要做人，亦無不多多少少有想將自己變好之道德精神，而從事於此學。此卽爲人之學之普遍性。而我們之所以說此學之地位，較歷史爲尤高者，其理由則在任何人之道德精神，皆爲依於其所持之當然理想，價值意識，以直接主宰其內心之意志，進而能改變其個人之生活行爲之世界，亦同時間接能改變他人之生活行爲，及所在社會人羣之世界者。故我們可說人之道德精神，每一自作主宰之意志，皆開始一歷史的事件之秩序，亦都在一意義下，開創一新的歷史之世界。人生活於歷史之世界中，凡截到現在爲止的，已成的天地山川，文化，人物，以及此時以前之我，皆在我之歷史世界中，亦皆爲我之歷史意識，原則上所能涵蓋，而承之爲先者。然而我們此歷史意識，若欲化爲由承先而兼啟後的歷史精神，則必須依於我所持之當然理想、價值意識，由我當下之道德自我，直接主宰我當下之意志，而改變我個人當下之生活行爲下手。而此亦即我之去開創一至少是我個人的，而實際上則必影響其他個人的，新的歷史事件之秩序，或歷史世界之開始點。此新的歷史事件之秩序與歷史世界，是在當下之開始點，即已具開始的眞實存在意義的。捨此而外，人可對於未來歷史作無數的推測，無數的想像，但此所推測所想像，無論有多少之過去經驗與科學的理論爲根據，皆只能得概然之結論。因而所推測想像之內容，皆是可實現，亦可不實現，而在當下無眞實存在意義的。凡我們對於未來之所推測想像得到的，在其既爲我所推測想像到，以被我姑視爲必然將出現者時；我都可再自定一理想，而對自己發一道德命令，求所以預防之，或促成之。此即見我們之道德精神，永超越於我們之歷史意識，與其所及之歷史世界，而居其上層，以求對此世界，有所增益改變。亦可說此道德精神永在我們之歷史意識及歷史世界之內在的中心之地。此道德精神在中心之地，由內向外鼓動，歷史意識與歷史之學所涵攝之歷史世界，即發生震動。對此世界之未來，在現在看，凡可如此，將如此者，皆可不如此。而其畢竟如何，只以此道德精神之向何方向，去建立開創其自己爲定。

我們之所以把歷史學置於爲人之學之下，而仍居其他一切學問之上者，則因歷史學所依之歷史意識，縱然暫無自作主宰的道德精神，爲之支持，以成爲一承先兼啟後的歷史精神，而即只就此歷史意識之能承先；而一切「先」皆原則上爲其涵蓋之量之所及；一切未來之事在其現實化時，皆爲「先」，而皆可納於其涵蓋之量中言；則歷史意識仍爲包舉萬彙，而亦可承受、涵蓋、包舉「我以外之一切人之道德精神之表現，所開創一切歷史事件之秩序」之一意識。我們如說道德精神是開創一歷史事件之秩序，亦開創一歷史之世界者，爲乾元。則歷史之意識之可承受一切，卽爲坤元。歷史之概念之全幅意義，卽包括一已成之其他有眞實存在意義之一切學問之歷史，而歷史意識與歷史學之全幅意義，卽包括一切已成之學問，與其歷史於其中。卽歷史學內有史學史，卽亦在歷史中。

（五）文學藝術之學與哲學

至於我們之所以說文學藝術之學，在哲學科學等之上，而位於歷史之下者，則以哲學之內容，皆抽象的理論，而文學藝術之內容，皆爲具體特殊之事象。抽象的理論之自身非眞實的存在，只隸屬於哲學家科學家之人格，而後有眞實的存在性。但爲文學藝術之內容之具體特殊的事象，則至少爲一想像意境中之存在。此想像意境中之存在，乃可能實際存在者。此卽較「科學與哲學」抽象的理論，更接近於具體之眞實世界。然因此文學藝術之想像意境中的存在，畢竟非一般之眞實存在，仍只由人之意構而出。故其存在本身，終不能直接編入自然世界與人類世界之眞實歷史的秩序中。而人之文學藝術意識，在欣賞或創造一文學藝術作品時，又要求人之忘卻其所在自然世界、人類世界之歷史秩序中，所居之地位，以移心凝神，於此存在的文學藝術之作品之本身。由此而人之文學藝術意識，卽亦可掩沒泯喪人之歷史意識者。唯其自身所由以得存在之根據，則仍是眞實存在於歷史世界中文學家藝術家之本人。故一充量之歷史意識，可通過諸文學家藝術家之本人之生活之歷史秩序，而間接將文學藝術作品，編入人類歷史之秩序中，而屬之於文學史。由是而使人之文學藝術意識，成爲更具體之意識。

文學藝術作品中所表現之具體特殊的想像意境，只能間接編入眞實歷史秩序，而不能直接編入。此乃由於人在形成其想像意境時，人之精神乃暫凸出於其所在之自然世界、人類世界之歷史秩序之外，而向外支撐此想像意境的。人之精神之所以有此凸出，則初由人對眞實存在之自然世界人類世界中，某一些具體特殊之事物或情境之價值，有一具體特殊之或好或惡或喜或悲之感應而來。當此想像意境冒出形成之後，而表現爲文學藝術作品時，復可被吾人肯定爲有價值，而當下生一好之喜之之感應。而繼後，則恆爲希望此作品能亦爲未來之我，或他人之我，或神靈，所欣賞、了解、讚美，而成爲我與未來之我、他人之我、或神靈之心，互相溝通、往來、過渡之橋樑。當一作品眞成爲一橋樑時，此作品遂卽眞實存在於心與心之相互感應之間，亦表現其價值於促成心與心之相互感應者。此價值又可還復爲我心或他人心之所分別覺察，而由人心之分別覺察，以獲得其存在的意義。

我們如知上述之文學藝術作品，原於人對事物價值之感應，及我們之求其存在於心與心之感應中等義，便知文學藝術之來源，與吾人之日常生活之談話對語，書信往還中之發出一表示價值判斷之表情語句，而希望人同情贊成，遂對人發出一祈求命令之語句之事，乃同原，亦同其意識精神之基礎。所不同者，唯是在日常生活之談話對語，與書信往還之中，吾人恆是直接以語言代表一意識內容之意義，而望人直接由知此語言之意義，而亦有同一之意識內容，以使人我之心間有一溝通。文學藝術之創作，則是先構成一更完全之想像意境，並表之於更具美感之文字，與物質世界之聲形色之構造中，遂更能使人我之心間，易於得一溝通之道路而已。

我們前說表情語句與祈求命令之語句，為我們之陳述理論與事實之語句所成之著作，與其所表之思想知識，得依賴之以得眞實存在於人類社會者。而文學藝術之意識，即為表情語句、祈求命令之語句所依之意識。學文學藝術，又更易使人我之心間互相溝通。故一社會中之人，如愈能由文學藝術之陶養，而樂于與他人之心，互相溝通，或人類之思想知識，愈能通於文學藝術之境界，而愈以文學藝術之手腕表達之，則其普遍化客觀化，而得眞實存在於人類社會之事愈易。反之，若人無任何類似文學藝術意識之意識，因而人對一切事物之價值皆無感應，感應後亦不求人同情，以成就人我心間之溝通；則人對他人之思想知識之價值，亦無感應，而一切思想知識之普遍化、客觀化，以眞實存在於人類社會之事，自亦根本不可能矣。

我們之所以將哲學之地位，置於文學藝術之下，其他科學之上者，是因哲學與其他科學之內容，雖皆是抽象的理論，但是哲學之理論較其他科學之理論，更是重批判與綜合的。說哲學是重批判的，卽說哲學之根，在價值判斷。哲學之所批判者，可是一宗教教條，可是一常識成見，可是人之道德觀念或文學藝術之標準。這都明是依於一種價值之估量。卽哲學之批判某一種求知方法之功用，與討論某一種科學知識之有效範圍，分析科學之概念名詞之意義，求其清楚，分析語言系統、科學系統之邏輯秩序，而求去其矛盾，求其有內部之一致或一貫，都是依於一種價值之估量。因所謂功用、有效、清楚、一致、一貫、同爲表示人在求知識時所嚮往之理想或價值的名詞。在此種哲學的批判與價值的估量中，人之目標，恆只在消極的限定其所批判者之意義與價值，或暴露其所批判者之內在矛盾，或其與其他人生活動或學術思想活動中之價值標準，互相衝突，或指出其與其他人更認爲無疑之更高的價值標準，不能一致之處。故此批判之結果，恆只是要破人之迷謬，或使人自悟其迷謬。及迷謬旣去，則此哲學之思維，卽完成其工作，而可對人原有之價值標準與知識，一無所增加。因而亦對人之社會人文生活之具體內容，亦可一無所增加。然而哲學之批判，將迷謬去掉，則可使人之社會人文生活之具體內容，撥雲霧而見靑天，更能和諧的、淸楚的、全幅呈現，或存在。而哲學於此，卽成人之社會人文生活之具體內容之一護持者。自其爲此護持者言，則哲學批判之外貌，雖是消極的，其所批判之教條、成見、觀念、與用以批判之理論，雖皆爲抽象的；而其精神，則是積極的，求成就具體的。

至於就哲學之爲綜合的說，則哲學之精神恆要人去綜合常識科學以及宗教歷史文學中或哲學史本身中，原所包涵之普遍原理或理論，以形成一思想系統。此思想系統，固仍是抽象的。但哲學的思想系統，所以要由綜合而成，正因人之哲學精神不願自限於一方面之思想理論，而欲其不斷受其他方面之思想理論之補足、規定、貫通，以構成一完全之思想系統。人之不限於一方面思想理論之事，即人之不安於此思想理論之片面性、抽象性之事。而人之求諸思想理論之互相補足、規定、貫通、以成一更完全之思想系統之事，亦即人之哲學精神，向整全與具體而趨之事。至於其向整全與具體而趨，其所成者，仍只爲抽象的思想系統，此思想系統仍不能即包括宇宙人生之全部實在與眞理者；則此由於哲學之本性，是由理論之角度以把握整全與具體，而哲學家之個人爲一有限之存在之故。然就哲學家之個人之哲學精神之本身言，則其所以能成一抽象的思想系統，皆由其精神先嚮往於宇宙人生之全部實在與眞理而來。而其既成一抽象的思想系統之後，其自知此系統之爲對全部實在負責而爲眞，則其精神實未嘗不能超溢透出於此系統之外之上，以直觀或直接接觸其所面對之整全具體實在。由此而哲學精神，即包涵由理論之角度以看世界之態度，亦包涵一超理論之角度，以直觀或直接接觸世界之態度。由是而古今之大哲之思想系統，雖恒爲抽象的分析的，而其生活與人格，仍恒最能爲具體的，整全的，以眞實的存在於其所在之社會人文歷史之世界中，而對之有所負責，以成就客觀的具體整全的社會人文歷史之世界者。

（六）社會科學、自然科學、與數學、邏輯

我們之所以把社會科學位於哲學之下，而置於自然科學數學邏輯之上者，則以社會科學之各就社會、政治、經濟、法律等不同觀點，以研究人類社會現象之法則規律，與各種改進人類社會之政治經濟法律生活之當有的政策與措施，其著眼點乃在一般社會與一般個人。故與上述之爲人之學，重在具體個人人格之成就，與歷史之記載具體之人物事件，文學藝術之包含具體之想像意境，與哲學之求把握具體整全之宇宙人生之理者，皆不同。社會科學家最後所注目者，乃是諸普遍的社會法則、規律、政策措施、對一切之同類社會與同情形下之個人，皆爲有效而可應用者。故具體的人物事件等，在社會科學家心目中，皆只爲其建立諸抽象的社會法則規律之材料，擬定抽象的政策措施之根據，而非其科學精神最後所欲直接把握之對象。其最後所欲直接把握者，唯是諸抽象法則等。因而對此科學精神之本身言，具體之人物事件之眞實存在，乃其所經過之處，而非其歸宿之所。然社會科學之地位，仍當置于自然科學等之上者，則此略同杜威之主張。蓋自然科學只以直接了解自然之規律，成就自然之知識爲目標。然人對自然現象之一切了解所成之一切知識，乃屬於個人者，而此個人乃在社會中者。諸個人可在社會中傳播其對自然之知識，應用其對自然之知識。此如何傳播，如何應用，乃可決定人之自然知識之價值與存在地位者。由是而人對人類社會之知識之理念中，包含人之如何傳播應用

自然知識之知識，而爲高一級之知識。此高一級之知識中，包含一「對自然知識如何處置，以使之服務於人」之知識，故爲兼顧及自然知識與人之目標之知識，使自然知識受人之主宰運用之知識，因而亦爲一在原則上更具體之知識。

至於吾人之所以將自然科學，位於數學邏輯等之上者，則以人之心靈之研究自然科學，必先自覺的由觀察、實驗等，以接觸種種眞實的自然事物之具體的存在，並先自覺有求知此具體存在之規律法則之眞理之理想。人在數學與邏輯研究之中，則可不憑觀察實驗，以接觸任何眞實的具體事物之存在。人可只去考察、純抽象的形數關係邏輯關係，而只去建立各種形數關係邏輯關係中之純形式的「如果——則」之命題。此「如果——則」之命題，因其於具體存在無所肯定，故無論具體存在之世界如何變化，以至根本無具體存在之世界，此諸命題，皆可成立，而不失其爲眞。而此所謂眞者，唯是人所肯定之「則」以下者，對人所肯定之「如果」以下者爲眞，而非此爲「如果」者之必外有所合，以對具體存在客觀事物爲眞。因而此類之學之命題，皆爲非存在的「如果——則」命題，而在我們依人之存在以定人之學問次序時，宜居最末之位者。

（七）總論諸學之意義

由我們以上論各種之學問性質與次序，我們可知無一種學問眞能全離人生存在而獨立。因卽在最後之一種之學問之內容之諸「如果——則」命題，雖可不涉及任何存在，而此學問之成立，亦由人之思想之存在。人固可不思想其思想，而使此學問之內容中，無此思想之存在。然人亦可自覺其思想而思想其思想，以知此學問之本身，依于此思想而存在。如人根本不想此諸「如果——則」之命題，則此諸命題，卽全部歸於寂。人有思想之存在，而又以之接觸自然之存在，則有自然科學之知識。人有自然科學之知識，而人又自覺人乃在社會中，傳播應用其自然知識，而人更求了解此社會之一般規律，而有社會科學之知識。人對形數邏輯對自然社會有知識，而又能自批判此諸知識，綜合此諸知識，並對其在自然社會之地位有一自覺，而依理性判斷其自身之存在於自然社會之價值，或已存在的自然社會中之文化之價值，而有哲學。人之理性的價值判斷，初根於人之直接的價值意識中之價值判斷。此直接的價值意識之價值判斷，初以情感上之好惡表示。而直接表現此情感之好惡，更在具體存在之社會中，求與人相互感應者，則爲人之文學藝術意識。至直接把握：人所在之具體存在的社會之發展中，一切人與人互相感應之實事者，則爲人之歷史意識。人在歷史中自主宰其好惡，而對其自然之好惡，依良知再加以好惡，以自定其意志行爲，而求承先啟後，以開創歷史，亦建立由人生之存在而成之人格者，則爲人之爲人之學。是見此諸學問中居於愈高之地位者，乃愈由人之更深廣的對其自身之存在地位之自覺而出。亦由人之思想，愈能收歸於具體之人生之存在自身，以用其心而來。

在吾人上所列學問之高低之次序，最高之爲人之學，卽人類宗教道德之學，此並非一種哲學系統，以至非必須以語言表達者。如爲東西爲人之學之核心之儒家之爲聖爲賢之仁義禮樂之學，基督教之靈修，印度之瑜珈術，皆非一哲學或倫理學之系統，亦非必須以語言表達者。而一常人之自作主宰的依其良知中之當然理想，而發心、懺悔、立志，亦非必須皆可以一般語言表達者。故上文言識字與不識字之一切人，同可有此學。人在此學上之成就，主要乃依於人之道德的天性、與自作主宰的意志之眞切與否，故人之自然壽命之長短，遂與人在此學之成就，無必然關係，耶穌與顏淵之早死，皆不礙其入聖賢之域，故此學爲可不待於壽命之學。

吾人所謂歷史之學，亦非必憑藉書籍文字以考古證今之學。人之順時間而生活，對一切接于其目而聞於其耳及其他生活上所經所歷，一一加以親切把握，銘記不忘，即人之最原始的歷史之學之所在。此亦爲不識字與識字者所同有，而一切人皆能從事，皆嘗從事之學。然人生之自然的壽命長短，與人之生活歷史之長短相關，亦與人之歷史知識之多少相關。因而人所得於此學者之多少，爲有待於人之自然的壽命之學。

吾人所謂文學藝術之學，必須運用聲色文字媒介，以表達吾人對宇宙人生之價值感應。運用此諸媒介以作表達之能力，人各不同。由此諸媒介，以了解欣賞其所表達者之能力，人亦各不同。自此而言，文學藝術之學，非一切人所能。因而此學之門庭，亦不如前二者之廣大。

吾人所謂哲學，亦不必爲一嚴整之哲學系統。而可只爲一套之對宇宙人生社會文化之見解，而能加以說出者。然此事亦非盡人可能。人能由創作文學藝術作品，或欣賞文學藝術作品，以表達抒發其對宇宙人生之價值之直接感應者，不必能以理論的形式說出其價値判斷。自此而言，哲學之門庭，又不如文學藝術之學之廣大。然世間之一般人，在其日常談話，街談巷議中，亦大皆多少能說出其個人對宇宙人生社會文化之一套見解。自此而言，哲學之門庭，又仍較一切專家之學爲廣大。

而吾人所謂社會科學自然科學、形數之學及邏輯，則必須爲一專門之學。如不專門，則不名科學。因而其門庭爲最狹，只供少數人之研究者。

如吾人以上重定之學問之次序之說能成立，則吾人可以對爲今日之西方人及今之中國人之意識所默認之學問之次序，予以一徹底的翻轉。此徹底之翻轉，則見中國過去之以經史子集之書籍分類，表中國昔人所重之學問之分類，其中實涵至高之智慧。經之所以居最高，因其爲人之學之根本所在。史次之，而史以人物傳記爲主，則以歷史之學次於爲人之學，而史以人爲本之故。常言子爲哲學，而集爲文學。實則集爲子之流，皆兼爲文學與哲學科學者。哲學科學皆爲子者，即以哲學科學思想，皆不能離有此思想之人而存在之意。此實潛藏一以人生具體存在爲核心之學術分類之根本觀念。而在原則上可優於西方式之學術分類爲以抽象普遍之程度定學術之高下之序之說者。

而吾人於此時代之所以必須重提出此類似中國舊日之學術高下之序之說者，則由於吾人以爲現代人類之學術思想與文化之一大危機所在，即在崇拜抽象普遍者，過於人生之具體存在。在此點上，吾人之所感，頗有與今日西方存在主義者之感類似之處，而用心以解決此問題之道，又有所不同，今試略論之如下。

（八）人之真實存在性之喪失與化為抽象存在之危機

依今之西方存在主義者之意，今日人類文化所遭遇之一大問題，即人之失其主體性、自由性與個體之眞實存在性。這我們如姑撇開他們之哲學理論，來自淺近處說，他們所以感到此問題之現代社會文化背景，此可歸宿到現代社會文化之使人皆只成爲一街上人。此所謂街上人者，即一買東西的人，賣東西的人，駕駛機器的人，來來往往走路的人，登記名字於銀行旅館的人，往稅局納稅的人，在軍隊行列中戴軍帽的人，在議會門前投票的人，在工廠中作八小時工的人。這些地方的人都是以其一抽象任務而出現的人。亦是任何人可以加以代替，而於與之發生關係的他人無損，亦爲與之發生關係之他人所可不加關心的人。對於店舖，任何人來買東西，店舖都可得同樣的利益，只要有買東西者就行。對於機器，任何人來駕駛，都是一樣。只要有人駕駛就行。對於政治中之競選人，任何人來選都一樣，只要能寫選票就行。對於工廠老闆，任何人作八小時工都是一樣，只要生產之貨物能賣出就行。其餘各項均仿此。所以人在此現代社會中，分別在各場合，擔任各種抽象任務後，皆對他人只爲一「任何人」，「抽象人」，而非一具體存在的人。任一具體存在的人，固皆可自覺自己是一具體存在的人。然當人有意識或無意識的，由他人之看他爲種種抽象人者，來反看他自己，則人即有意識或無意識的忘了、泯失了他自己的具體存在，而只成爲四分五裂的抽象人，以存在於社會。這樣，人在一天分別當了買東西的人，在銀行旅館登記名字的人，到稅局納稅的人，到議會投票的人之後，歸來可覺自己一無所有，眼前一片空虛。而只是使商店與稅局銀行之賬簿中，多了一筆賬，旅館與議會之登記簿中，加添一名字而已。而現代文化社會之弄到如此，則根本上在現代社會之一切組織，都是依於人之一抽象的目標而成。每一社會組織之所望於他人者，皆只是望他人之負擔一達此抽象的目標之一種特定的抽象任務，因而從不望人之具體存在之各方面，在此抽象目標前全部出現。而人之具體存在之各方面，亦即在任何現代社會組織中，皆不能全部出現，而亦幾無一處可以全部出現。

而此種只認識抽象的人，不認識具體的人之態度之更極端的表現，則爲一極權的政黨與極權的政治制度之形成。一個極權的政黨與極權的政治制度，如共黨與其政治制度，要人以其階級性、黨性主宰其人性。要人只成爲階級之一份子、黨之一份子。共黨之以存在重於意識，要人重視存在，未嘗非有見于人之只重抽象知識概念者之弊，及近代產業社會之化人爲一生產機器之一部份而成一抽象的存在之弊。然而他們又要化人爲一階級之一分子、黨之一份子之抽象存在。在共黨之政治壓力之下，人如不肯只爲一階級之一分子、黨之一分子，以作被指定的工作，則只有入集中營。由是而人即成爲被權力脅迫以成一抽象的存在者。而此則使在共黨之社會中的人，較在近代之資本主義的產業社會中的人之至少在表面上還是能自由擇業者，忍受更多的血淚，以符合成爲一抽象的存在之條件。

此種要化人爲一抽象存在之思想背景，則根本上正是一「以科學的理智所成之概念類別人類」的思想。馬克思之階級與黨之概念，更明自覺爲一依於科學的理智分析所構成之概念。依概念以看他人，乃化他人爲一抽象存在。而依此概念以看自己，則化自己爲同於他人之一抽象存在，而自己亦即不復是自己，成爲一外在化的他人。於是人可以對他人與自己，同無眞實的感情，而一齊都當作一外在物來處理，只看其效用價値、工具價値。此卽可轉成爲虐人兼自虐的狂病。然而我們卻須知：一切只以抽象的概念看人與自己之科學思想，就其正形成而被人執著之時看，同是可使人對他人與自己無眞實的感情，而涵有虐人自虐的狂病之種子者。此中之機勢，則至爲微妙。恒爲當今之一往崇拜科學概念，以分析人之生理心理與人類社會者之所不知者。

吾人今日如能知及此，便知要對現代人類文化之禍害，謀釜底抽薪之挽救之道，決非只是一往崇尙科學研究，以求更妥當之科學的人類概念所能爲功。任何科學的人類概念，以及將各科學之人類概念，加以整合成之人類概念，因其爲可應用於一般人者，卽皆仍爲抽象的，因而皆其足使人忘了或泯失其具體的眞實存在於此概念之前。故人類欲復其眞實的具體存在，只有把一切只以抽象的概念看人看己之心習，徹底超化，使人各回到其個人之眞實的具體存在，以認識自己。並以此態度，去認識他人之眞實的具體存在，而後自己之個人與他人之個人，乃能眞正獨立的站立起來，而各有其個人的自由，以存在於世界。這我想是西方之存在主義哲學運動所以發生的文化背景，與其當導向的文化目標之所在。

但是尅就現代西方之存在主義之思想看，則其論述人生存在之性相，便仍嫌在消極處說得多，積極說得少。在個人主體意識方面說得多，在客觀的文化目標方面說得少。而我們的意思，則要兼從消極的與積極的主觀個人意識與客觀文化目標兩方面說。下文擬略論此，亦不擬多所深說。

（九）個人主體意識與客觀文化目標之再造

照我們的意思，要挽救現代人類文化的危機，人類必須由抽象的存在轉成具體的存在，是不成問題的。而只求建立抽象普遍的概念或知識系統之科學思想，不能適切的把握人生之具體存在，亦是不成問題的。但是人如只是對人生存在之所遭遇之危機，加以展露、引動種種慄懼，以回到個人之主體意識中的眞理；則雖可通入一無窮深奧的內在世界，以至與神靈相接；但自外面看來，此仍只是人之精神之「卷之以退藏於密」，而向後退縮，向上撤回之事。在此，人必須轉退守而爲進攻，而立大心，發大願，以徹底轉變現代社會文化的情勢，並把人在主體意識中體驗的眞理，推擴普被出去，「放之以彌六合」，以實現於客觀世界。而我們要達此目標之第一步，則是人在主觀意識中，要如上文所說之重定各種人的學問之次序；而不只是如西方近代人之只把各種人的學問，平等加以類分，使治各種學問者，只是分道而馳，以分裂人文世界。在此重定之學問次序中，我們可使各種學問間，有本末通貫之關係，而對此關係，有一整全的把握，如上文所說。今茲就其本末通貫處說，則一切學問，可平等共尊。於是我們無須卑視科學理智所形成之一切抽象概念或知識系統，而皆可視為人生存在之大本，所開之千葉百花。至於茲就各種學問之不同其性質與地位來說，則我們同時必須認識科學理智的限制，而置科學於更能直接生根於人生存在之學問之下。為了使學問之世界之千葉百花，皆不致離枝幹而去，以化為游絲飛紅，終成殘花敗葉；則各種學問，一一皆須直接間接，通至人生存在之本原處立根。首先，上述之邏輯形數之學，便不能只是一往依任意之約定，以無定限的造成種種可能的形式系統，必須求根據於一標準的系統，可與人之存在的思想中之理則本身相應者。又人之思想本不能只限於反省其內在之理則，反省其所成之概念之如何連結，與表達概念連結之文字語句之意義與構造。凡人之思想之只限於此者，皆同於蛇之自嚙其尾之類，只見人之思想之回頭縮進之運用者。人之思想必須進而向存在的自然社會之事物伸展，以眞實成就自然科學社會科學，乃見人之思想之彌綸世界，而顯人之思想更能通至存在者之價值。至在自然科學與社會科學中，則我們可仿效懷特海之本重具體存在之意，嘗謂「生物學非物理學之一章，物理學為生物學之一章」之言；以謂對人言，生物學乃心理學之一章，心理學乃社會科學之一章。而社會科學最後仍將再成人生哲學之一章，如自然科學之曾為哲學中宇宙論之一章。哲學若欲不止於形成戲論或理智系統，則其批判綜合之事，及其披露具體實在之全之後，必須再通於文學藝術中，對宇宙人生之直接的欣賞讚嘆，崇敬悲惻之情，此卽佛書之以讚嘆始，論語孟子之以崇敬堯舜孔子終。又文學藝術家之事，若不欲止於玩弄想像意境中之色相，則文學家藝術家之靈感之泉源，必須歸於文學家藝術家之眞實生活，歸於由其在歷史中之存在地位，而發出之性情。而歷史家若不欲只以科學精神爲法，而只務化歷史之事象爲客觀外在之對象，而加以分析考證，則歷史家亦須先自覺其自身之亦存在於眞實之歷史中，而有其存在地位，並對其所接之歷史事物，有依於其爲人而生之價值判斷、價值感情。由是而人之歷史之認識，最後仍當歸於激發人承先啟後的歷史精神歷史實踐，以建造人未來之歷史者。而人之建造其未來之歷史，則係於人之爲人之學。由是而哲學、文學、歷史，皆可謂人之爲人之學之一章。一切學問亦皆人之爲人之學之一章。此之謂一切學問之攝末歸本。而此同時亦是使本貫於末，使人由純粹爲人之學、人之道德精神所生長出之一切力量，一切智慧，一切性情，得表現貫注於一切學問之中，使學問世界中之千葉百花，燦爛盛開，而永不致化爲游絲飛紅，再成枯枝敗葉者。此亦卽爲吾人欲使具體人生，不致以人之一切抽象的概念知識等之形成，而自淪爲抽象的存在時，吾人首應認識之事，以建造吾人之主體意識者。

重定學問之次序後第二步之事，則爲吾人之依一反乎此時代之崇尚抽象普遍者之價値意識，而重視一切人物或人格之本身價值，以求人之價值意識之轉移與提升。單純的科學知識，是一抽象的普遍者。金錢與權力亦是一抽象的普遍者。因金錢可買任何東西，權力可控制任何人。人之崇拜科學知識與人之崇拜金錢與權力，在此意義下，卽可同出於人之崇拜抽象普遍者之一根。由此我們卽可更不奇怪，何以科學知識可安然的服役於崇拜金錢之資本主義之社會，亦可安然的服役於崇拜權力之極權主義社會。現代世界上的人幾乎一半被迫服役於金錢，一半被迫服役於權力。然而大家都同重科學知識與科學技術。現在全世界的人，便都在共舉頭遙望科學技術所造成之天上的人造衞星與飛彈。此整個來說，只能說是人類的瘋狂。在此，如果人的目光最後不能由看依人的科學知識技術所造成之種種怪物，再回頭來看科學家之爲人之自身，科學家所在之人類社會之自身，與一切人之存在之自身；則人之離其存在自身，而只看其所造物之心習，卽終可毀滅人之存在而有餘。然而人如只是反省到：研究人類社會科學的重要，而不能反省到：社會科學家亦先要是一個人，亦只是一個人；而只想學自然科學之改造自然、控制自然，而以社會科學知識，改造人類、控制人類，此仍是依於同樣的心習。此處人之反省，如果不能眞切了解：在一切科學家之爲人之外，尙有非科學家的人之存在，與人之有非科學而超科學的態度與學問之存在，人類仍決無得救之道。依此，我們必須處處確認，具體的人的價値之高於金錢與權力，亦高於抽象的科學知識。亦須確認：從事其他學問之人之人格之價値，未嘗不可高於科學家之人格。譬如在西方之十八世紀以前之時代，及在東方之科學落後的國家，科學家之爲科學眞理而艱苦奮鬭死生以之的精神，無疑是極偉大的。然而今之一般西方科學家，在學問世界中，恒爲較受社會之優待，以從事研究工作者，則其人格亦儘可是平平。在此，如果我們眞有正義感，我們實應對於當今之世界上從事文學、藝術、哲學、宗教等學問，恒更未能得其應得的地位者，抱不平。尤應對於許多無赫赫之名，亦無高深之專門學問知識，而表現深厚的道德精神之愚夫愚婦之人格，恒爲人所忽視者，抱不平。在此，我不能不佩服：中國從前的社會中之可以爲鄉里之一孝子賢妻，修造牌坊祠堂的精神。我亦寧肯推尊一不識字的武訓之人格，而位之於一般科學家、哲學家之地位之上。我總常想，除非人類中之一切有知識者，都能伸首至其實驗室與書齋與已有的知識之外，去崇敬讚嘆一無什麼專門知識學問的人之人格上的各種至性至情之表現時，人類世界決不能太平。因人心先未放在眞正之平處。所以我認爲我們重定學問之次序第二步之事，是必須轉換我們之崇拜一切抽象的普遍之價值標準，改而純由人之自身，而不自其所造物，以肯定衡量一切人物或人格之價值，而謀人之價值意識之轉移與提升。此事之完成，最後有待於人類之新禮樂之建立。但亦可由每一個人之當下的心情中，於此有一覺悟開始。若對於專治任何學問的人自己身上說，則治任何學問的人，首應眞切認識其所治之專門學問，亦如其職業、在社會之權位高下及財產多少，並不與其人格價值必然相干，而可只爲其適合自己天賦才能之事，以自盡其心盡其性。人亦只當在其盡心盡性之事之無愧以成其爲人之學中，尋求自己之人格的尊嚴，而不當在其所從事之專門之學問中，尋求其自己的尊嚴。然後我們才能在他人之人格本身，認識他人之人格的尊嚴。此卽吾人所以轉移世風之一開始。

重定學問之次序後第三步之事，卽我們須依我自己之爲人，而又超越我自己個人之爲人，以看他人之爲人，以與人互相了解，而與人共建立一眞實的互爲存在之社會。此中首要的是把人純當作一具體存在的人格看。而所最忌的，卽爲以抽象的理智眼光，固定之槪念，類別人，將人只化爲一類之分子而了解之。人如初不免用槪念以看人，則必須把一槪念連繫於他人之具體存在與其歷史地位來看，而不斷加以特殊之規定。此卽見知人與論世之必須結合。亦見人之爲人之學與其歷史地位之不能分離。此由不斷加以特殊之規定後，所成之關於他人之槪念系統，仍不過是使我之心靈得憑藉之，以通向他人之人格本身之一橋樑，最後仍須加以拆除，然後乃有對他人之具體的人格之欣賞，同情、讚佩、與眞了解。其次要之事，則爲人與人之以文學藝術互相表達：其對他人之人格之欣賞同情讚佩之價值感，與其自己之心情中其他價值感，以進一步的成就此人與人之互相了解。再次則爲人與人之通過對其各種眞善美之價值感之思想的說明所成之哲學的討論，以使彼此之價值感，不能由文學藝術之表現而共喻者，由彼此之思想之交換，而得共喻。於此再繼以本種種人與我之抽象的目標與共同處，以形成種種人類社會之組織，分別運用人對社會與自然之知識，以成就此人類社會之組織與其事業，卽可進而再獲致人之實際的意志行爲之世界的種種貫通。則我們亦將不抹殺一切抽象的知識槪念及本各抽象之目標，所形成之各種分別實現一目標之社會團體組織之價值。

（十）吾人對中國社會重建問題所提出之數點意見

我們以上所說之一般的如何建立人與我眞實存在於其中之人類社會之道，亦可應用至中國社會之如何重建之問題上。

數十年之中國社會乃在逐漸解體之中，如何加以重建，乃一大問題。但過去的中國社會，亦常有亂世。在亂世時，原有社會之組織，亦曾多少解體過。何以過去亦能由此復歸於治？這不能說只因亂極自然即返於治。因爲世間並無所謂亂極。亂者要再亂，仍然可以。此只能說是因亂至某程度，人心即思治，而求止亂。此治如何成就的？這並不能說是根據任何哲學科學上之理論主義之新發明，以成就的。這在根本上只是因一批新的人物起來。此新的人物中，後來可有一人成爲皇帝。然這一批人物，最初之相互關係之來源，則仍只是由彼此皆同處一時代，感受同一時代之煩悶，於是彼此之志同道合者，同聲相應，同氣相求，再加以遠者之聞風慕悅，遂將散在社會其他方面之向上的文化道德力量——不斷加以凝聚。若再加以其他利便的條件，如地理財富之條件，則這批人物所成之集團，即逐漸擴大，漸成爲撥亂返治，開一新朝代之力量，再繼以文治、武功、農田、水利、工藝、財賦之建設，以重建中國社會。我們看漢高祖之與三傑，光武之與其臣下，三國時君臣之相與，以至唐太宗之與其開國諸臣，以至近代曾國藩之集合友人以練湘軍，以及清末中山先生之早期革命，最初皆只是一批人物之以氣類相感，肝膽相照，以逐漸形成一撥亂返治之新力量，而皆各能有所成功，以各盡其歷史上繼往開來之使命與責任。

然而在此數十年中，中國人之欲使中國社會由亂返治者，卻無人再循此過去的老路。此中原因複雜，而其原因之一，卽現代人之言團體結合，已不重人與人之直接的氣類相感。而重以抽象的目標、抽象的主義爲號召，以之爲人與人形成社會團體政黨組織之媒介。此主因是人與人之直接的氣類相感，似範圍太狹，而以抽象之目標與主義爲號召，則可使一切抱同一目標，信同一主義者，皆結合在一起。而中國社會素來缺乏此種以抽象之目標主義來結合成之社會政治之團體，今亦理當補足之，以豐富中國之社會人文之世界。此亦爲我昔所常論。然而我亦同時懷疑，一切只依抽象的主義與社會科學哲學之理論爲號召，或只分別依抽象的目標，而成就各種現代式之團體組織，卽足夠重建一理想的中國社會組織之說。

我之所以有此懷疑，不僅是因我與西方之存在主義者，同感到只有依抽象的目標主義，而成之社會政治團體之分別存在，可使人化爲抽象的存在，而泯失其自己，如上文所說。而是兼因中西之學問文化之傳統之不同，而使此種化人爲抽象的存在之事，在西方人承希臘重理智上之抽象普遍者之學術文化傳統之人，尙可勉強忍受者，而中國人則更難忍受。數十年來中國人，兩眼向世界去求抽象的主義理論，以爲只要有好的主義理論，則中國之病，如得靈丹一粒，可一服而愈，於是終招來：最能不顧一切，而以一抽象的主義爲號召，以改造中國之社會之共產黨。而共產黨之要人爲一抽象主義之信仰，而清算密告父母夫婦朋友者，其對中國人之心情與其文化之傷害，我想，實較其對於西方之俄國人、東歐人之心情與文化之傷害為尤多。

世之論者之反對共產黨者，多仍說共產黨之不好，只在其主義之尚不完全，或其理論尚未根據於最新之社會科學。我們如能換一主義，或以最新之社會科學為根據，以另造更完全之理論主義，即可由之以撥亂返治，而重建中國之社會。但是我們並不如此看。照我們的意思，是一切主義理論，能更完全，當然更好。主義理論之啟發思想之價值，我們亦不能否認。但無論如何完全，主義理論本身仍是一抽象的，仍可使人成為抽象的存在，仍不足撥亂返治，重建理想的具體的中國社會。

抽象的理論主義不足重建理想的中國社會組織，以救中國。什麼東西能救中國？此莫有別的，即只有中國人自己能救中國。所謂中國人之救中國，應當是具體存在的中國人，分別就其在中國之歷史上之存在地位，看今日中國人具體的社會文化問題，對之作具體的思索，分別事項，作具體的思維，由具體的努力，在具體的實踐中，不斷修改其思維所成之一切計劃方案，以求具體的實現，而完成中國個個具體的人之生活與人格之提高與充實。至中國人如何能聯合起來，以從事種種之具體的努力，則仍應當有採取於中國人以前撥亂返治之道的地方。

中國現在的根本問題，不是全莫有理論與主義，可供人信仰，亦尚不是莫有人研究具體的問題，加以思維，訂下實行的計劃，而是同信仰一抽象之主義理論的人與人間，共謀實行計劃的人與人間，彼此缺乏信賴。在大陸的中國是如此，其他地方之中國人間，又何嘗不如此。

中國現在的根本問題，不是人們之全不了解理論主義與各種計劃方案，人之全莫有社會科學、生理學、心理學的知識，而是人與人根本上之缺乏了解。其相了解，恒只是通過一些抽象概念，如人之階級背景、地理環境、人之職業、地位、人之各種外在人事關係，以及人之血球型類、指紋構造、人之性格型類，對人作抽象的了解。而莫有人對人本身之歷史地位，個體人格，最內在的心靈，理想價值之同情的具體了解。西方之社會科學、生理學、心理學之輸入中國，可使人能爲任何一個人，依上列等等，造一詳細的卡片。共產黨與其他黨派及政府機關之人事室，與警察廳，都善於製卡片。我亦不能全反對此一切卡片製造之價值。但我們必須了解，此卡片中的人，只是抽象概念、抽象名詞之集團。眞實的人，斷然不是卡片人。依卡片所了解的人，決不是眞實存在的人。幫助造卡片的社會科學家、心理學家、生理學家之心目中的人，亦決不是眞實存在的人。但是他們之朋友、妻子，則是。然他們決不能用造卡片的方法，了解他們之朋友、妻子。

中國現在的問題，重要的不是莫有人崇敬的高深主義理論，一般人對於愛因斯坦的理論，以至黑格耳、馬克思的理論，儘管不懂，但一聞其聲，亦可有敬畏之心。然而中國現在社會處處缺少爲人所崇敬的人物人格，而又多不肯去崇敬歷史上之人物人格。一般知識分子，尤習於以不肖之心去揣測人，以功利觀點去利用人，以庸俗的環境遺傳之決定論、變態心理、下意識中之慾望，社會之階級地位等，去解釋古今中外之人物人格之形成，以銷滅人對人物人格之崇敬心。人只知敬畏其不懂的學術理論時，此所敬畏者，爲人所不懂，卽對人自身是外在的。人此時之敬畏之心，實並無眞正之寄託處。然人對人物人格有崇敬時，則人對人物人格之意志行爲，必有多少之了解。此所崇敬者便對其心靈爲內在的。因而可使人之崇敬之心，有一眞正之寄託處。一個社會到人無崇敬人之心，亦無所崇敬之人物人格時，人之心靈是只各自縮回到其自己之內，則此社會是只有不斷分解崩壞的。

中國現在的問題，亦不是全莫有依抽象的目標概念，所成之社會性、政治性之團體組織。而乃是依各種抽象的目標概念所成之團體組織與其分子間，恒只賴共同利害之計較而結合，而其相互之間恒彼此自成界限，互相排拒，互相隔閡，互相漠視，而不能互相承認，互相配合，共建國家。

對此上各問題之解決，我們認爲在根本上仍繫於中國人之道德精神之有一眞正的提昇。其次繫於中國人之眞實的自覺其當前的共同的歷史地位，並通過此共同的歷史地位之認識，而以其道德精神互相感染鼓舞，以形成一今日中國之人物人格之世界，以共擔負其時代之責任，而求在中國過去聖賢豪傑之英靈之前，無所愧怍。此皆要在吾人眞正重視爲人之學與歷史之學。亦必須有眞正偉大之文學藝術，以使人與人之能眞正相互通情達意。再必須有依於眞正價值感之哲學智慧、哲學思想，以一面破除一切以偏執之抽象理論主義、知識、概念，虐殺具體人生存在之思想，而一面促進人與人之價值感之彼此共喻，而逐漸形成一中國之人與人互爲眞實存在之中國社會。這些皆與上述之世界人類文化問題之解決之道，未嘗有異者。

而我們於此所須進而說明之一義，則爲此人與人眞實的互爲存在之社會，實卽莫有別的，此在根本上正是中國傳統思想所重之倫理社會。

我們說中國傳統思想中所重之倫理社會，所重者非個人對集體之關係，非集體對集體之關係，亦非每一個人對其自己之關係，而是每一個人對其他個人之關係。如果我們說，一般之集體是依一集體中諸個人之抽象的共同目標或主義信仰，或共同性質而形成。則個人在一某集體中，只有其某一抽象之目標信仰得實現，某一抽象性質得表現。個人於此卽只能成爲一抽象的存在。而每一個人對其自己，則只爲一單純的特殊的具體存在。然在個人面對其他諸個人，而形成諸倫理關係時，則每一個人，可以同時普遍的內在於諸倫理關係中之諸其他個人之精神之中，而諸倫理關係中之諸個人，亦可內在於此個人之精神中。則每個人自身與其精神，卽對諸倫理關係中諸其他個人爲一普遍者。而其爲普遍者，乃一眞實存在之具體的普遍者。此其爲具體的普遍者，與西方哲學家之言國家爲具體普遍者，上帝或絕對精神之理念爲具體普遍者之關係如何，我們今可不加討論。然其爲最切實，而爲人在當下之現實的諸倫理關係中，反躬內省其如何存在，而皆可當下證實者，則可毫無疑義。由此而我們卽可指明，人類要由抽象的存在而成爲具體的存在，兼不泯失其特殊性與普遍性，則捨將人與人之關係，化爲互爲眞實存在之倫理關係，亦無道路。而中國社會之重建，其中最重要之事，亦卽在對此傳統思想中之倫理關係之價值，重新自覺的認取，而加以擴大推廣，以使一切人與人之根本關係，皆成一意義之倫理關係。人之倫理關係，可以無定限的推擴，以無所不運者，則爲師友或朋友之關係。而如何運用師友之關係、朋友之關係，以貫注於現代社會中一切所謂依抽象的目標等之共同而有之同事、同黨、同業、同行、同志之關係中，而轉化其只使人成爲抽象存在之性質，使皆能幫助人之成爲表現具體普遍性之眞實存在，即爲一今後人類，尤其是中國人所組成之人物人格之世界，所當從事之旋乾轉坤之事業。

爲了要化人與人之關係成眞正倫理之關係，而人皆成爲一眞實存在之具體的普遍者，我們亦不能否認思想中之抽象普遍者之地位，或抽象的科學哲學理論知識概念之地位，亦如我們之不能否認一切依抽象的普遍目標而形成之社會團體組織之存在的地位。由中國文化中過去正忽略此等等，我們更不能不承認其地位。至如何使此等等之存在，不致化具體之人生爲抽象之存在，則我們以爲主要在使一切思想中之抽象普遍者，與一切抽象的科學哲學之理論知識，及由抽象的目標而形成之社會團體組織，皆爲我們之思想或精神之次第表現其自身之場所，所通過運行之地，而非其所留駐安身之所。此處我們之思想精神，才一想於此留駐，則立刻「天地閉，賢人隱」，才一念眞「通」得過去，則立刻「天地變化，草木蕃」。因此處我們之思想精神「通」得過去，則此諸抽象的普遍者，即或成爲我們今日思想精神之存在，達於與我們後來之思想精神之存在間之橋樑；或成爲我們之思想精神之存在，達於他人或上帝思想精神之存在間之橋樑。於是一切抽象普遍者，皆爲使我們具體的人生存在之意義與價值增大，以成爲更豐富更充實之存在者。反之，如「通」不過去，則好似此橋樑之一齊向一岸收捲，塞於渡口。凡在諸抽象普遍者之外之世界，遂皆如在長江天塹外，爲我所無由飛達。而我之人生之存在，則只有日趨于憔悴乾枯，以任諸抽象普遍者之將其加以割裂，以成爲人格分離，內心空虛之抽象存在者。此一切抽象普遍者，爲我們之思想精神「通」得過去者與否，則關鍵在我們之視此抽象普遍者爲對象，或只是一道一理或其表現來決定。如只視爲一對象，則成了對象，卽可成爲對礙。人便「通」不過去。縱「通」過去，將只再見另一對象，還是對礙。此在佛家名爲重重法執，在儒家名爲重重意見。如只視之爲一道一理或其表現，則道理只如道路，人在道路上行，道路亦引人前行，卽不成對礙。人只要行，卽總可通得過去。求全不以對象之眼光看諸抽象普遍者，而只以道或理之眼光看諸抽象普遍者，正是中國人之傳統智慧之核心。故法執必須破除，意見必須掃蕩。而人能以此智慧，對待一切抽象普遍者，則於一切科學哲學之理論知識，及一切依抽象目標而成之社會性、政治性之團體組織之存在，亦未嘗不可任其萬萬千千，而人之遇之，亦皆可事事無礙，而不失其眞實具體之人生存在矣。此上所說，似較艱深，實亦極平易，望讀者通貫前文，以會其意。

(十一) 餘論

說到此，我們再回應本文篇首，所說現代人之一流行的迷妄觀念，卽以人類今日之禍害，皆只由社會科學趕不上自然科學，遂寄望於社會科學之進步，以解決人類之問題之觀念。由上文之分析，我們已可知此觀念，在根本上包含一迷妄。然而我們之最後結論，亦並未完全抹殺一切抽象普遍者，及一切哲學科學之理論知識之地位。我們之目標只是避免化人爲抽象的存在，而要使人成爲具體的眞實存在，而使科學歸於其本身應得的地位，不使其負擔其不能負之責任。科學之應得的地位，只當如上文之所說。而人生最重要之學，中國人解決中國問題之道，根本上仍在求我們之人生存在自身之能立起。如人生存在自身立不起，莫有科學能使之立起。此必待科學以上之人的學問。若人不能立起，則科學自身亦不能眞有其應得之地位，以不斷向上進步。然而在科學未進步時，依於科學以上之學問，人生存在自身，仍可以逐步向上進步，人類社會自身亦仍可進步。反之，如人不依於科學以上之學問，以直下時時處處求此人生存在人類社會之向上進步，而只等待一將來的科學之進步，來使人類社會進步。此等待本身，尤是一罪惡。因此等待，使人在當下無所事事，或雖有所事，而無眞實向上的精神貫注，而人類社會，遂只有日益向下沉淪。在此處，人之思想是不塞不流，不止不行。此處人之思想中之迷妄，如不徹底去掉，人類之前途，莫有光明。人之思想中之迷妄去掉以後，我們能對一切抽象普遍者一切理論知識概念之地位，有一眞實認識，知道什麼是人生存在當下可從事之某一學問，什麼是人生存在最重要之學問所在，以此學問自修，以此定人之價值，以此看各種學問之次序與本末通貫之關係，以此改變社會價值之意識、文化風氣，以此運用科學知識，以此提倡科學研究，以此看今日世界之文化問題，看中國之社會之重建問題。此便是我們之重建中國社會之工作的開始。亦卽今理想的人類社會之眞實存在的開始。而讀者若能知此意，則本文所說一切，亦皆可全部加以掃蕩，不留一字。

（一九五七年二月「民主評論」九卷四期）

五、歷史事實與歷史意義（上）

（一）前 言

我現在擬對人文學術之性質，作幾次講話。此所謂人文學術，即主要指學術中之歷史文藝與哲學而言，不是指人文主義而言。我之要作此幾次講演的意思，是我覺到今日我們對此類之學問，雖然儘可各人就性之所近去研究，然而此不同的研究工作，仍應直接間接能發生關係，以導向一理想的方向。此卽爲成就中國與世界上的人們之精神生活文化生活之充實與提高，而使中國與世界之當前之社會政治與文化，向上向前推進一階段之方向。而我們之一切研究工作，亦要儘可能的一方照顧我們自己個人之興趣，一方照顧到一理想的方向，而擇其中之最有價值者，最所當務者去研究，不當只是毫無選擇的，認爲一切題目之價值，都是一樣，亦不能因其是專門的題目，便可孤立起來研究，而不需照顧到其他。然而我之如此說，亦不是要以一外在的主義或自外規定的理想的方向，來在外領導今日之人文學術的研究，如大陸之共產黨之以共產主義來領導一切學術的研究之類。我之如此說，是因我越來越發覺各種學術——尤其是人文之學術，如歷史文藝哲學——之本來的性質中，卽原內在有一自然應有的方向在那裏。只是因我們對其本來性質，未能加以如實的深切認識，才以為任何題目的研究，其價值都是一樣，似不必將一切研究導向一理想的方向。如果我們能對其本來的性質，眞有一如實的深切認識，則將自然能知此中之一切研究，原應導向一理想的方向；而導向一理想的方向，正所以應合於此種種研究之本性，而成就其爲眞正的研究者。然而此諸學術如歷史文藝哲學等之本來的性質畢竟如何呢？只憑我們之初步的反省之所得，卻實難如實的深切了解。必需對我們之初步的反省所得，再加以反省、加以批評，如此逐步轉進，乃能有如實的深切的了解。此中之批評的反省之歷程，卽爲一哲學之歷程。而一般之常識的見解，以至一般之歷史家文學家對其所治之學問之本性之見解，則常只代表對其所學之初步的反省。此不礙於他們之可成爲一專門之歷史家文學家。然而此卻不證明其對於歷史文學之本性，所認識所反省者，便已是足夠深入，已能如其本性而深切了解之。故一歷史家文學家之歷史著作或文學創作，儘可是十分偉大，而其對歷史文學之見解，亦儘可十分平庸。因人之能作某一種工作，是一回事；而了解其工作之本性，又是一回事。一人能作某工作，但了解其所作之工作之本性者，常非他自己而是他之朋友。然而如果一偉大的歷史家文學家，對於其工作之本性之了解不夠深入，則此了解之本身，尙不夠用來引導他人去從事歷史文學之工作。人之循其所了解於歷史文學者，去作歷史文學工作，亦不能成爲像他一樣偉大之歷史家文學家。於此卽見對歷史文學之本性，求有一如實的深切了解，此本身亦是一獨立的工作。爲求知其本性而有之一批評的反省歷程，雖是一哲學的歷程，然而卻正能幫助歷史學者文學家之自覺其工作之本性，而且可以拿來引導他人之如何去作歷史文學之工作，並促進歷史學文學之發展者。此中即見文史哲之學之分工，而又可合作之處。希望諸位治歷史文學者，不要排拒哲學中之對文學歷史之本性之批評的反省之理論，皆視爲不相干而不必要者爲是。

（二）初步反省中之歷史事實之性質

今天我首要講的是關於「歷史事實」與「歷史事實之意義」之觀念。我將首以此爲例，以說明我們對於此二者之初步的反省，與進一步的批評的反省，所得之結論全然不同，而可導向不同之研究歷史的態度或方向。其中之一方向，即不能眞應合於歷史之本性，而終於成無理想的方向的歷史研究者。而另一種則是眞能合於歷史之本性，而必然將歷史之研究導向於有所貢獻於人類之精神生活、文化生活之充實與提高，及當前之社會政治文化之向上向前推進一階段者。

我們今要問什麼是歷史事實、與歷史事實之意義，我們首先假定一事實與其意義，是有分別的。一事實，或是關於一人物之事，如春秋中之隱公即位；或二人以上之事，如鄭伯克段於鄢；或人之羣體之事，如周鄭交質；或關於人共同生活中之制度之事，如「盟」「祭」之事，或關於人所注意之物之事，如日有食之。而凡關於物與人之事，亦恒爲關於地之事，如上述之鄢與宋，即地名。總而言之，即所謂歷史事實，不外關於人物時地之事。此一切事實，通常是被認爲是客觀的自己存在的。而一事實之意義，則看我們如何解釋，因而通常認爲是主觀的，不屬自己存在之事實本身的。而一歷史家之目標，在其初步反省中，即似只在了解歷史事實之本身，而絕不在對其意義，加以主觀的解釋。至于所謂一客觀的自己存在的歷史事實，在一歷史家之初步反省中，則除此客觀的自己存在之第一性質外，尚可兼具下列之第二性質；即歷史事實之爲客觀自己存在，乃在一已成的過去的世界中之某一時間之地域中，自己存在的，此可稱爲歷史事實之過去性。又緣此第二性質而有第三性質，即一歷史事實，皆是一在特定時間地域之唯一無二或單獨的事實，此可稱爲歷史事實之唯一無二性。再緣此而具第四性質，即任何自己存在唯一無二而單獨的歷史事實，其本然之眞相是如何，便絕對是如何，並非相對於後人之解釋之爲如何而如何。我們後人亦只能就其爲如何之絕對的本然的眞相，而求加以了解，加以記述，此可稱爲歷史事實之絕對性。大約循此四種性質，以看歷史事實之所以爲歷史事實而研究之，乃不特爲一般歷史家之所持，亦爲一般常識所共持之歷史事實觀，或史實觀。如我們都相信項羽兵敗烏江之一史實、亞力山大之征服希臘之一史實，皆各是客觀的，在過去世界中自己存在之一定時間空間中，唯一無二，自有其絕對的本然之眞相之一事實，而爲中西之歷史家所能分別加以了解，分別加以記述者。此外一切歷史性的事實，以至小如我們個人之過去之某年某月時在某地所作之一事，亦莫不同樣爲客觀存在於過去世界中，爲唯一無二，並有其絕對的本然之眞相之一史實，而爲我個人所能得加以了解，而記之於我個人之日記者。

這一種歷史事實觀，乃我們之初步反省所謂史實之本性之所成。此中亦非無其眞理，然而只是眞理的一半。因其尙未對此反省，作進一步之批評，卽尙無一批評的反省。然而我們亦可暫不作進一步批評的反省，而試去看人對於史實之本性，只停於上列之了解者，其歷史研究之方向，必然如何進行。于此我將先預斷其必然向以瑣屑之考證爲歷史學之一方向進行，而其最後則必然陷入於一歷史學之虛無主義。

何以只循此一史實觀，必歸於以瑣屑之考證，爲一歷史學之方向？此首因此一史實觀，乃以一一歷史事實，皆各是一唯一無二，而各自自己存在的。如項羽之兵敗烏江與亞力山大之征服希臘，各是一自己存在，唯一無二之事實，而儘可風馬牛不相及。然而，我們如果試問，我們所謂唯一無二而各自己存在之歷史事實，是什麼東西呢？我們又如何加以了解，而加以敍述呢？則我們可馬上發現，我們初所謂唯一無二的事實，卽分解爲無數事實的集合體。如項羽之兵敗烏江之事實，包涵其兵聞四面楚歌聲之事實，兵隊逐漸逃跑之事實，在烏江前不再過烏江，說了無面見江東父老的話之事實，及最後之殺漢兵數十人而說：「此天之亡我，非戰之罪也」一語之事實等等。由此而我們要敍述此項羽兵敗烏江之事實，卽須進而分別敍述此一一之事實，此亦爲史家之所爲。於此，卽可進而謂此一一事實，仍各爲一唯一無二之單獨事實，故歷史學仍是以一一單獨事實，爲其敍述之目標。而上述之歷史事實觀，亦卽似終能成立。

然而在理論上說，如果所謂一單獨事實，皆可分解爲許多單獨事實之組合。則我們之注意一單獨事實之目光，卽必然要向其所由組合而成之許多下一層次之單獨事實而移動；我們之歷史意識，卽亦必然由合而趨向於分，以更嚮往於再下一層次之單獨事實，而求加以了解，以求對一事實之內容，能作進一步之規定。於是循此方向進行之歷史硏究意識，卽必然愈分愈細，而以求確定一一最瑣細之事實之存在爲其目標。而瑣屑之考證，亦必然被視爲無比之重要之事。故今若有人能考證出項羽兵敗烏江時，兵士所聞之楚歌，畢竟是何歌，其曲調如何，或其軍中之諸將之姓名，以及兵士之姓名，及其誰先逃跑，致後來兵士亦相跟逃跑等，亦卽必可得博士學位而無疑。我們亦不能不說其是對歷史學之一無比之貢獻。此亦猶如西方一歷史家，考出拿破崙兵敗滑鐵盧之前，曾半夜吃桃子而腹瀉，致次日指揮軍隊時精神不足，謂此爲拿氏兵敗之歷程中之一事，亦可被視爲對西方近代史之一無比之貢獻。

然而順我們尋求下一層次之單獨的事實之方向，去從事考證之歷史意識，如眞要直向前進行，誰亦知道此乃一無底止的歷程。因任何一般所謂具體的事實，都無不可化爲一複合的事實來看。除現代邏輯家所分析出的，當下之主觀的直接經驗中之「這是一片紅」之事實，或爲最後不可分之事實外；在客觀的存在世界中，更無所謂單獨而不可分而非複合之事實。因此中之任何事實，皆由許多事實交互關係而成，亦卽皆爲複合的。而此現代邏輯家之所謂不可分之事實，亦決非歷史家所欲敍述的客觀存在世界中之事實。而歷史家實亦只能以歷史記載及歷史遺物中所能證其存在之事實，爲其所記述之對象。由是而歷史家之欲知最下層之單獨事實之歷史意識，亦不能眞循一無底之歷程，以一直向前進行，而永只能自限於有文字記載與遺物作證之歷史事實的世界中，反復考證；不特不能達於最下之單獨事實，亦不能向此最下層之單獨事實，作無底止的進行，而無限的向之迫近。此即欲求了解記述絕對客觀存在的事實的歷史意識之不可免的矛盾。此處卽見歷史學卽欲化爲無限瑣細之考證，亦終不能達其了解記述絕對客觀的自己存在之一一事實之目標，且終有其不能向前進行之極限，而終必須回頭照顧到另一方向態度之根本理由所在。

歷史學之不能只向記述考證歷史上之存在事實之一方向進行之另一理由，在人明不對於任何事，都加以記述或考證。人亦明不是對一切歷史資料、歷史遺物，都平等的珍視。實際上一切當前的文字記錄，與現有的事物，都可成爲後世之歷史的資料。然而歷史家並不要求保存現在世界中之一切文字記錄與一切事物，以供後來歷史家之記述考證。歷史家明明只選取過去的歷史世界中，若干視爲重要的事實而考證之。而歷史家之對於一瑣細的考證之發生興趣，如對拿破崙滑鐵盧之戰之前半夜吃了什麼一問題，發生興趣，亦只因其關連到滑鐵盧之戰。歷史家並不關心拿破崙平時所吃的梅子，亦不關心其隔壁的張三李四，昨天是否吃桃子，亦不去看張三李四之垃圾桶中，有無桃核，以考證其昨天之歷史中，是否有此吃桃子之事實。然而如果歷史學之目標，眞只是專就客觀存在之一一事實而記錄之考證之為事，則實亦當遍記錄一切事實，考證一切事實而無遺，亦無不記錄考證此張三李四是否吃桃子之理由。吾人之此言，將必不免於使歷史學家赫然大怒者，則正證明歷史家之實非只以就客觀事實而記錄之考證之為己任，而實是以其自覺或不自覺之主觀的標準，去選取事實而記錄之考證之為己任。

歷史家之選取事實而記錄之考證之，必有其自覺或不自覺之主觀的標準。然而此中之「自覺」與「不自覺」，則有天淵之分別。如人只是依一不自覺之主觀標準，去記錄考證事實，則他僅可只依此標準以記錄一事實，而忘了再記錄其他合標準之事實。亦可記錄了許多同樣合標準之事實，而不知其皆合標準，而歸之一類。則其對歷史之記錄考證，亦即將仍歸於零散而瑣細。而他不能自覺其標準，則亦不能評判其標準，而提高其標準，或擴大其標準，以記錄考證其他合此更高的標準與擴大的標準之其他事實。然而歷史家要自覺其選取事實之標準而評判之，則必然不能只面向各自獨立唯一無二之個別的歷史事實，而必須回頭面向此普遍的標準，而持此標準以與一一個別事實，所具有之意義，加以比較，以看其孰為合此標準，而值得記錄考證者，孰為不合此標準，而不值得加以記錄考證者。而歷史家之研究，亦即當轉而面向此歷史事實之意義；並使此只「面向歷史事實」之方向態度，為另一「面向歷史意義」之方向態度所規約；而由歷史事實之意義，以看一歷史事實之所以為一歷史事實。我們如眞由歷史事實之意義，以看歷史事實，則我們將見我們初步反省中，所謂一歷史事實所具有之四性質或四義，卽歷史事實爲屬於已成之過去世界的、客觀自己存在的、單獨而唯一無二的、自有其絕對的本然的眞相，可爲吾人之所了解記錄之四者，皆無一能不待另一相反之義之補足而成立。此能加以補足之四義，則一爲視已成過去之歷史事實，其意義亦由新生出的事實而決定。換言之，卽亦爲由方生之世界，與現在未來之世界之爲如何，而決定者；二爲：歷史知識之世界中，根本無分別單獨的，而只客觀的自己存在的歷史事實之自身，只有具各種普遍意義，而在一關係的全體中存在之事實；三爲：所謂客觀的歷史事實，乃相對於主觀的歷史意識，而呈現其各方面的眞相者；四爲：所謂其絕對的本然的眞相，亦只在此相對於主觀而呈現之各方面之眞相之中，被了解、被記錄，另無客觀外在的絕對的本然的史實之眞相，可爲人之所了解而加以記錄者。由此而歷史學中之所謂客觀的歷史事實，皆應同時爲涵攝於人之主觀的歷史意識之中之事實，而歷史學之所以爲歷史學，亦卽只在成就人之歷史意識或學歷史之生活，而此歷史意識與學歷史之生活，則屬於人之整個的存在，爲人之精神之表現一方式，所以成就人之整個精神生活文化生活之充實與提高，且必需見其用於當前之社會政治文化之推進等義，亦卽皆可次第建立，而昭然明白矣。

（三）歷史事實之意義之種類與其生長性

欲說明上節最後所提出之義，須先說什麼是歷史事實之意義。此簡言之，卽指我們對於歷史事實之所了解，而亦可在原則上分別應用於其他歷史事實者而言。因而此諸意義，如分別觀之，皆可說是有普遍性的，而皆可名之爲普遍的意義。此諸意義依理論觀點，加以分類，略不外下列四者：

一、時空數量之意義。

二、性質之同類不同類之意義。

三、因果關係之意義。

四、對目的或一價值標準之價值意義。

此數種意義，乃數種普遍的範疇，亦文學哲學以及科學之所不能外。我們以後諸講，即將以之爲說明各種學問之性質之異同的總線索。但在此處，我們只先說任何一歷史事實，皆可分別具有此數種意義，而其所具之此四種意義之任一種，如分別觀之，又皆可爲其他事實所共具。故任一意義，就其自身言，皆有一普遍性或公性。唯將一事實所具之全幅意義，綜括而觀，並以之與其他一事實所具之全幅意義，加以比較時；則我們恆可發現，其間至少有一意義爲其所具，而爲其他事實所不具者，或爲其他事實所具而爲其所不具者。緣此而可說各種事實所具之意義，決無全然同一者，各種事實亦不能互相混淆耳。

所謂一歷史事實之時空數量之意義，如孔子生於魯，即其生之空間意義。生於魯襄公十二年，即其生之一時間意義。孔子生爲一人，非兼具神人二體，此中之一，即數量意義。

所謂一事實之性質之同類不同類之意義，即如孔子之忠信與十室之邑中忠信者同類，其好學與其他忠信者之不好學不同類。

所謂一事實之因果意義，如孔子之母禱於尼丘，而後有生孔子之果。

所謂一事實對一目的或價值標準之價值意義，則如由孔子之「祖述堯舜，憲章文武」而「德配天地，道冠古今」即其學德之價值意義。

依第一種意義，我們可說史書中之年歷，即用以記載歷史事實所隸屬之時間者。史書中之編年體，即不外本史實出現於時間之年月爲貫串而成者。一時代之開始之事，一紀元之元年之事，一年之春之事，所以有重大之意義，由其爲以後之事所自始之因，亦即因其屬於一段時間之開始之故。而地理志方志之以地理爲區劃，亦即就人事物在地面上不同空間上之分佈，而加以叙述者。一國之都城所在之所以有重大意義，由其與一國之政治社會皆有關，亦即由其在空間上爲各處之人物往來之地。至於一切名物之數量之記載，則爲自其數量之意義，加以了解而後有者。

依第二種意義，我們可說紀傳體史書中之列傳之分刺客列傳、游俠列傳等，即本於人物之行事之性質有同類不同類之意義而成者。氏族志即本人之血統之是否共同而成者。史書中之其他志書如藝文志、刑法志、禮書、樂書、即本文化事類之同異而分别編撰者。

依第三意義，我們可說一切史書中之紀事本末體，即主要以史實之因果關係爲貫串者。

依第四意義，我們可說一切志書中之對一時代之禮樂政教之得失之評論，及後人之一切史評史論之評論歷代人物之善惡，行事之是非，歷朝政治措施之仁暴、得失、利害，以及地理志論天下郡國之利病，皆是依其價值意義而說。

此上皆淺近易解。今我們卽可進而分別本之以言一歷史事實之意義，皆實是由其關連於其他歷史事實而變化，而生長，以見凡「通過其意義以了解或由意義以規定」之歷史事實，亦皆由「其他之歷史事實之存在或後來之歷史事實之相繼產生」，而變化生長的。因而一切已成的，屬於過去世界的歷史事實，乃同時在一方生的現在的未來的世界中。世間根本莫有所謂只是已成，而只屬於過去世界之單獨自己存在之一件一件之歷史事實之絕對的眞相，可分別爲歷史學所研究之一一對象。

照我們對一歷史事實之初步的反省，而把一歷史事實當作一一已成的過去的事實看時，我們總想一事實之意義亦是一定。如一事物之發生在某年卽在某年，在某地卽在某地，其數量多少卽多少，其性質如何卽如何，屬何類卽屬何類。已成歷史之事，其因果意義價值意義，亦皆歷史書之所論及，而若皆爲一定而不增不減，於是歷史學者，卽只須就此諸一定之意義，加以了解記述而已足。然而實際上，則此中之意義，皆無一可說爲一定，無一而不可增減，亦無一可說是只須一度加以了解記述，卽可一成而不變者。

此中之意義之可增減而變的情形，在因果意義與價值意義中，最爲顯著。如就一事爲果而觀其因，此因或可說已定。然以一事爲因而觀其果，再由其實際之致果之意義，以觀其因，則因之意義，明由果之實際存在，與陸續相繼出現而定。如人爲因，所生子爲果。人必生子，而後有爲父之意義、生孫而後有爲祖之意義。而人之子孫之生生不窮，卽進而有爲曾祖高祖遠祖之意義之不斷孳生，以不斷的次第的增加其致果之意義。反之，如人不生子者，則對能生子者言，其爲人之意義，亦卽有所減損。由此以看客觀之歷史中之因果之相續，則以孔子之學爲因，有孟子之學，以孔孟之學爲因，而有宋明儒之學，亦卽孔子之學之意義之增加。而今日有能承孔孟與宋明儒之學者，卽使孔子之學之意義，更有所增加。反之，亦卽對此增加而言，爲一減損。由此以觀，吾人今承此孔孟與宋明儒之學，卽不只爲吾人今日之一事實，而且爲一創造孔子之學之一新歷史意義，亦創造孟子之學宋明儒學之學之一新歷史意義之一事實。由此而整個人類之歷史文化之世界，遂皆爲「由後果決定前因之意義」之世界。而此後果在創造中，卽前因之意義，在創造中；亦卽求了解歷史事實之意義之歷史學，必然不斷有新增之內容，而必將在不斷之創造中。歷史學便不能說是只以已成之過去的歷史事實本身之意義，爲其硏討之對象。此乃因所謂歷史事實之本身之意義，卽原須透過此方生的及現在與未來之事實之相續發生，而後次第決定，而未嘗有一最後之決定也。

由史實之因果之意義之在創造中，卽可推知其價値意義之在創造中，如孔子之學有孟子，而增益一「引出孟子之學之價値」。同時，孟子之學，亦有使孔子之學「顯出其能引出孟子之學之價値」之價值。有宋明儒而孔孟之學，增益一引出宋明儒之學之價值，宋明儒之學亦有使孔孟之學「顯出其能引出宋明儒之學之價值」之價值。「因」之致「果」之意義，相繼而次第決定，亦卽同時有因對果之價值與果對因之價值，相繼而次第決定，此理思之自知。

至於諸歷史事實之性質之是否同類之意義，則似乎與其因果意義及價值意義，待後起之其他之事實之決定者不同。因一事實或事物之有某性質而屬於某類或不屬於某類，並不以同類之事物之多少而變化，亦不以不同類之事物之存在與否而變。一馬之具有是馬而不是牛之意義，並不以多一馬而變，亦不以少一牛而變。項羽之爲失敗者，亦不以拿破崙之爲失敗者，或唐太宗之爲成功者而變。因一性質可說內在一事物之自身，而若與其他事物之有無此性質，不相關連者。於是我們對歷史性的事物之性質之知識，亦卽好像可直以此事物之此性質爲對象，而單獨的了解之，更無待於我們對其他歷史性事物之了解。然此說實亦不能成立。因一事物之性質，雖可說屬一事物之自身，不同於其所關連之爲因與爲果之事物之尙可說在其外。然一事物之性質之是否眞正的自覺的顯出於我們之意識之前，而爲我們之所認知，則正賴其與其他事物相比較而顯出。我們之謂一事物屬於某類或不屬於某類，亦唯待我們之將其與其他種事物相比較而後定。因而事物之屬於某類與不屬於某類，乃後於我們之將種種事物加以比較之活動，亦後於此種種之事物之存在者。此中如少一事物之存在、卽可少一種比較之活動。而少一比較之活動，卽可少一事物是否屬於一類之了解；同時，亦卽可少了對於一物之某一性質之認知，或使其某一性質，不能眞正的自覺的顯出於我們之意識之前。如我們以有形之圓物，或不圓之物爲比較之背景，而後此當前之月之圓之性質，乃自覺的顯出，吾人乃特注意此月之屬於圓物類，非非圓物類。以有光之物或無光之物，爲比較之背景，而此月之具有光之性質，及其屬於有光物之類，乃自覺的顯出。而今日之增加一人造衞星，上可置火彈以毀滅人類，而天星之萬古淸幽，與人無爭之性質，亦特爲顯出。若謂一物不待他物爲比較之背景，而一物所具之一切性質，皆自始永在，而爲上帝之所知，或早已爲人心之所虛涵，固亦可說。然無論如何，對人心之自覺而言，此諸性質，總不能一時俱顯。其所以必於一時顯此一性質，而非彼一性質，以爲吾人作類分之根據，則只能由於吾人持以爲比較之背景者之不同。循此以思，則世間多有一事物之存在，即多有一種比較之方式，一事物亦即多有一種積極的或消極的性質，顯出於吾人之自覺之前。由此而我們可說，世間有新事物之相續創生，人亦即有相續新生的比較之方式之運用，而一舊事物，亦即有相續新呈現之性質，以被人新納之於此一類，或彼一類之事物中。緣此，而我們乃對此原有之事物，具何性質是否屬何類，更有一自覺的新知識，容吾人之加以紀錄，以成前所未有之寫作或著述，而此新知識，亦皆爲對舊事物之歷史性的新知識。譬如，孔子之思想之一切性質，固已爲孔子之已具，而亦可說爲吾人聞孔子之言敎，而知其意者，其心之所虛涵及者。然孔子之思想之諸性質中，何者特爲凸顯，則正有待於他人爲比較之背景。故必待墨子生，而後孔子重愛有差等，重義不重利之思想乃凸顯，而爲孟子之所發揮。

必待莊子生，而後孔子不只重天而重人之思想乃凸顯，而爲荀子之所發揮。又必待釋迦之教東來，而後孔子之重入世而非出世之思想乃凸顯。今日有耶穌之教東來，重人之不能自救之義，而後孔子之重人之自成其德之教乃凸顯。此所凸顯者，固孔子之思想之所原有，亦可謂自古及今之人，聞孔子之言教而心知其意者，所皆嘗虛涵及者。然畢竟所凸顯者爲何，則不能謂爲自昔而皆然；而唯賴爲對照比較之資者之相續出現，而於後來之歷史之世界中，乃能決定此凸顯者之爲何如。亦唯賴後人更有去對照比較之活動，而後見有此所凸顯者。則此所凸顯者，即爲後人之心之所「呈現」。而此呈現，正爲後人之心之一所「創造」。由此一例，以觀吾人對任何歷史上之已存在之事實或事物之性質之同類不同類之意義之了解，卽皆同在一繼續「呈現」，而亦繼續「創造」之歷程中，而隨處有待於吾人之將其與後起或同時之其他事物或事實，對照比較而觀之論之者。此處正是：有此觀此論，則有此一意義之呈現，而創造出；無此觀此論，則此意義只爲人心之所虛涵，而非其所實涵，或只存在於上帝之心，而未呈現於世界，亦不屬於歷史學知識之範圍者也。

最後，我們再論一事實或事物之時空數量之意義。此似更爲屬於一事實或事物之自身而一成不變者。因一事實或一事物，在何時，居何地何空間，有何數量，乃純就其本身之個體而定；而非如言事物之性質之同類不同類，乃將諸事物比較對照而定者。然對一個體之事物或事實，吾人雖可不注意其與其他個體事物或事實，是否同類或具同一性質之關係，吾人仍將注意其在時空中之先後今昔及上下左右等時間空間之關係，並由此諸關係，以規定一事實或事物在時空中之地位。由此而吾人以不同之事物或事實所在之時空，爲中心之座標，則對其他事物或事實，可作不同之規定，而對其在時空中之地位，亦有不同之陳述，與不同之知識。因而在世間有一新事物之產生，或有一舊事物爲吾人之所新知時，吾人卽可據之以建立一新座標。由是而新事物在創造中，吾人對事物之新知在創造中，則用以規定事物之時空地位之新座標，亦在創造中。因而吾人之「本新座標之建立，而有之對事物之在時空中之地位之知識與陳述」，亦在創造中。譬如我們昔稱中國爲中國，其旁者爲四夷，乃以中國爲座標之中心而說。今以中國爲東方，卽以世界之東西各國之中間爲座標而說。世界如無西方諸國之存在，或我們不知西方諸國之存在，則中國可永只稱爲中國，人亦只知其爲中國；而不稱之爲東方，亦不知其爲東方之一國。再如孔子生於魯襄公十二年，乃以魯襄公之卽位之年，爲時間之座標之中心而說。中華民國初期以民國爲紀元，當時皆謂孔子生於民國前二千四百六十二年，則時間之座標之中心爲民國之成立之年。至於說孔子生於紀元前五百五十一年，則是以耶穌之生年爲時間之座標之中心而說。如世間根本無耶穌之存在，或吾人根本不知耶穌之存在，則孔子生於紀元前五百五十一年之說，卽無自而生，我們亦永無此一知識。故耶穌之存在與吾人之知其存在，而以其生年爲時間之座標之中心，亦卽同時使此二說或二知識，得被創造出。反之，將來我們以孔子之生年爲紀元之座標，則耶穌之生年，卽改爲紀元後五百五十一年。由此二例，而我們卽可說事物在創造中，我們用以規定事物之時空之地位之新座標，在由建立而創造中，則對事物之時空地位之陳述與知識，亦實在創造中。因而對於一切歷史事物之時空之意義之知識，亦卽非不增不減，一成不變者。而此意義，亦非只屬於已成的過去的世界之事物或事實之自身，而應是兼原於方生的現在未來之新事物之創出，與對之之新知，及新座標之建立而創出，而後有者也。

至於一事物或事實之數量意義，則似更難說其在創造生長之歷程中，如王愷之珊瑚二尺許，總是二尺許。曹交身長九尺四寸，總是九尺四寸。此中之人物之數量意義，總是一定而不增不減的。然而事物之數量意義中，亦包涵數量之比較的關係意義，或序數之意義。則此明爲依其所比較關聯之物之不同而可變，亦可有可無，而可增可減的。故王愷自以其珊瑚爲最長，應居第一位者，遇石崇見其珊瑚長三尺四尺者六七枚，遂形其二尺餘之珊瑚之短，而此自以爲居第一位者，卽淪居第七八位之下。當曹交念及湯九尺文王十尺時，又便會自嘆其身長九尺四寸而無用。今若曹交不念湯與文王之身長若干尺，亦將不自念其身之長，而生此自嘆。此中之一人一物長短之數量意義，卽明爲依於我們之是否將其與他人他物比較關聯而觀時，然後有者。此中，人有此加以比較關聯之事，卽有此意義之呈現，而人亦可於此有一新知識。否則無此意義之呈現，亦無此一新知識。吾人亦不能以此二例之瑣屑，而忽視事物由比較關聯，而顯出數量意義之爲可變，而可增可減，而在創造與生長之歷程中之一義。

總括我們上之所論，便知所謂一已成的過去的歷史事實之意義，無論是其因果意義、價值意義、性質之同類不同類之意義、時空數量之意義，皆不能說是一成不變，而不增不減的；而實是隨我們將其與其他方生的現在未來的事物，比較關聯起來看，而不斷由人加以發現使之呈現，而此呈現即人所創造出的。一事實之意義，雖似只屬一事實之自身，卻並不由一事實之自身而定，而是由其與「為其因，為其果，具同類或不同類之性質之事物、時空中其他事物，有其他數量之事物」之種種關係，所合成之全體而定。離此諸事物互相關係所合成之全體，則一事實或事物，儘可無此種種意義之可凸顯，以呈現於人心之前。人即亦不能有此種種對其意義之了解所成之歷史的知識。此諸意義，循此全體中之諸關係，而一一由人心之照射以凸顯，以呈現於人心之前，亦如縱橫貫串於所謂個別之事實的天網之線，由天光之照射，而一一凸顯，以呈現於人目之前。就此天網之貫攝過去現在未來之世界以觀，亦可說其上一頭，乃覆蓋於已成的過去的世界之上，下一頭則覆蓋於方生的現在未來的世界之上者，而此下一頭，則初是未定的，開放的。然而此未定而開放的一頭，逐步由新事物之創出而決定，則同時有一一網線之被照見而決定地被知。此即所以比喻已成的過去的事實或諸種意義之被照見而決定地被知。而我們之眞正的歷史意識，亦即須涵蓋此天網之全體，以往來於此兩頭，以看此諸種意義之網線之如何貫穿於此兩頭；而不能只視歷史事實之世界，為已成過去，而彼此獨立，各為唯一無二的一一事實之和；或只去膠固於一事實之自身，而求其所具有之意義。從實際上看，則我們此時愈膠固於一事實之自身，則愈不能發現其意義，而所發現之意義亦愈貧乏。至吾人之膠固至極，兩眼至于只見此一事實之自身，至將其與其他事實之關係，皆全部棄置時；則此事實將一無意義之可言，而將成爲一赤裸裸之混沌。此混沌中，或仍可有此事實之自身之存在，然決不能有吾人對之之知識。此事實之自身卽縱存在，亦對吾人之知識爲不存在。試想我們對於一事實既不知其因，其果，其價值，其性質與其他事實爲同類不同類，亦不知在時空中之地位與數量，則此事實豈不立成爲一混沌，而在知識世界中同於不存在者？故我們如要求知其因果之意義、價值之意義等等，便唯有自此上之膠固中解放，由只面向一事實之自身，轉而面向其他事物與其間之關係，透過此關係以看事實之自身之意義，並透過此意義，以規定了解事實之自身。於是所謂事實，卽化爲一具意義之事實，亦卽在與其他事實之關係之全體中事實，同時爲一涵蓋此關係之全體之歷史意識中之事實，而爲此意識所統攝；非復只是彼此獨立之事實，而非復只爲客觀的自己存在，而實兼爲內在於主觀的歷史意識中之存在矣。此方爲我們對於歷史學之本性，進一步的批判的反省，而有之進一步的如實的深切了解。由此了解，則可使我們對歷史之研究，逐步導向於另一與其本性相應的理想方向。

然而我們之初步的反省所成之習見，則有一頑強的固執性。人總覺人之歷史之研究，是向種種分別獨立而客觀上自己存在之已成的過去的歷史事實之世界，而不願承認此歷史事實之世界，爲人之歷史意識所涵蓋統攝，亦復內在於此人之歷史意識中而存在者。此中之理由之所在，乃由於人之恆發現其歷史知識之錯誤，及人所知之歷史事實，恆非其眞相，人之所知於歷史之意義，亦似恆非其本身具有之意義。而其更深之理由，則在人之不能以歷史的眼光，看其所謂歷史的世界，乃在其歷史意識中次第構想而成；不知此歷史意識之如此如此去次第構想之歷程，亦自有其歷史，恆自創其歷史，而亦在自身之歷史中，自糾正其所構想之歷史世界之錯誤。簡言之，卽此更深之理由，在人之不能眞自覺其歷史意識之本身之歷史性之故。此眞自覺，乃待於人之心思之再翻上一層，而爲一般人之所難。人乃終不免於對於其初步的反省所成之習見，有頑強的固執性矣。

關於人之歷史意識之本身如何構想其歷史之世界，而自有其歷史，自創其歷史，此自全人類言，卽人類之史學史。自個人言，卽其歷史的意識如何形成之歷史，或人之學歷史的生活之歷史。然而人在已有若干歷史知識，已構想成一某種定型之歷史世界時，人恆一念沉墮於其中，便以爲此歷史世界是原已成就，而客觀存在於那兒的世界。但人只須回頭一想，便知人明非生而有歷史知識。人之最原始的歷史知識，乃原於對其過去經驗與其中之事物之回憶，而再分別安排之於一想像的時空之秩序中，而有種種構想，然後人才開始有其歷史知識之世界之形成。由此再進一步，乃有更廣大的公共的歷史世界之形成，此可略如下述。

(四) 歷史意識之向後追溯與向前開展之同一性

人在回憶過去經驗與其中之事物，並分別安排於時空中，以開始構成一歷史世界時，人乃由當前經驗中之事物，次第向過去追溯。然而此追溯之意識，則正是由現在起，以向未來進行。其愈向未來進行，而其對過去之追溯亦愈遠。人對過去之追溯愈遠，則愈遙遠之過去事物，便愈能呈現於此追溯之之歷史意識之逐步創生之中。此中，人如只有若干追溯的歷史意識之創生，即只有若干已經驗之事物之再現。更有若干追溯的歷史意識之創生，即更有若干已經驗之事物之再現。此二者永是兩兩相孚，以合成一渾成之全體。人之求將已經驗之事物，皆一一分別安排於一想像的時空中，而使之具一定不移之秩序，即求「統攝此想像的時空與分別安排於其中而具一定的秩序之事物之一個人之歷史意識」之全體，得以形成者。而此全體之不斷生長，而擴大而發展之歷程，即個人之歷史意識本身之發展之歷史。

個人之將其已經驗之事物，安排於想像的時空，所成之全體之世界，即關於個人之歷史之世界。個人將其所聞於他人之言，所見於書之所記載者，更解釋其意義，而構想一在我個人之直接經驗以外之他人所經驗的世界，我未生以前之一切古人所經驗之世界；並將其中之一切事物，亦分別安排於一超我個人之公共的普遍的時空之秩序中；即形成我們之人類公共的歷史之世界。統攝此普遍的公共的時空，與其中之一切事物之秩序者，即我們之普遍的歷史意識。此中之普遍的歷史意識，與其所統攝之事物，仍是兩兩相孚，而時時合為一渾成之全體。此全體之不斷生長而擴大而發展之歷程，即我們之普遍的歷史意識之歷史，亦即「成就我們對於人類之歷史之知識之進展」之歷史。

普遍的歷史意識，亦我們所有的。然與上說之只安排我個人之經驗於一時空秩序之個人的歷史意識，仍有不同，此乃因其志在安排我個人以外之一切他人與古人之全部經驗之事物。是否上說之關於個人的歷史之意識，能單獨存在，是一問題。因我們可根本不能離開一普遍的公共的時空，來安排我個人所經驗之事物，在時空中之確定的位置。但我們於此，可暫不多加討論。

由我們之普遍的歷史意識，而有我們對於人類之歷史之公共的知識，亦卽歷史學的知識。從我們之普遍的歷史意識上看，此意識之本身，亦是可普遍爲人人所具有。因而我所成就之如此的歷史學的知識，亦同時可爲他人的。他人的亦可同時爲我的。我與他人，今人與古人，以其歷史學知識相傳遞、相補充、相矯正，亦卽可視爲同一的普遍的歷史意識之自身的生長而成就而發展之歷程。亦卽見此普遍的歷史意識之本身發展之歷史。而此普遍的歷史意識之歷史，卽表現於人類之史學之向前發展中，亦卽史學史之向前發展中。人之史學愈向前發展，而人之所知於過往之世界中者愈多，亦愈遠而愈及於上古。此正同於吾人之於今日回憶我一生過往之事，而由晨至暮以及明朝，而過往之事之呈現於我之前者，亦愈多，而我愈能回憶及於較遠之時期如少年幼年中所經歷之事。此之謂歷史意識之向後追溯，與向前開展之同一性。

我們如果知道，無論是關於我個人之歷史之世界或人類的歷史的世界之形成，其賴於我們之歷史意識之向過去追溯，卽同時是賴於我們之歷史意識由現在向未來發展，此二者具同一性；便知我們之求開闢我們之歷史知識時，愈是要向過去與遠古遙望，愈是要求知所謂已成的過去的，在我之現有知識之外的，客觀自己存在的事實之本身的眞相；即愈是要將此在外者攝入於主觀的歷史意識之內，即使此所謂事實之本身之眞相，成爲呈現於此歷史意識之眞相。此亦同於求實現我們之主觀的歷史意識中原有的「欲使此所謂眞相，成爲呈現的眞相」之理想。又卽同於我們之主觀之歷史意識之自求向前發展爲：「能呈現而涵攝此所謂眞相之一歷史意識」，而進一步的完成其自身。我們必需知此義，然後於我們之學歷史之事，乃不復只視爲使我們之心情向遠古沉入，而如只爲發掘化石、殭屍之事；而實見其同時爲自求向前發展我們之歷史意識，而完成我們之當下的博通今古的學歷史的生活之事。

附論：純客觀外在的歷史事實之眞相，爲歷史知識之極限，而不能爲衡定歷史知識之眞理之標準

（此節哲學意味稍重，故列爲附論）

至於我們之所以必須要避免視純客觀外在的事實眞相之爲歷史知識之所對之說者，則以此說涵有此眞相爲一定的已成的，或自己完成的，只待人去加以反映而了解之，便可形成歷史知識之意。然而此從歷史的知識論上細看，實爲人之一最大的錯誤觀念。照我們上之所說，所謂事實的眞相，應卽其所眞具有之意義。然而此意義，並不是只屬一事實之自身而已成的，或自己完成的，此意義乃由人之

將其與其他事物相比較關聯，而後呈現，而此其他事物，則儘多是屬於方生的、現在的、或未來的世界的。而此其他事物，縱為已成，如人未將此事物與之關聯起來看，則其意義亦不得而說。譬如我們要說孔子之生於一定之時間空間之眞相，此卽只能就孔子所生之時間空間，與其他事物所在之時間空間之關係，而說其生於此一定之時空之意義。人能知此意義，卽知其在時間空間中之眞相。然此意義，卻非只一端，而是對不同之人物，亦卽有不同之意義的，因而亦應有不同之眞相可說。如說孔子生於孟子之前百餘年，則孔子之生對孟子之生，顯出早一百餘年相。孔子生於周公之後約五百年，則孔子之生對周公之生，顯出後五百年相。而孔子對吾人，則顯一早生二千五百年相，對後一百年之人，又顯一早生二千六百年相。此皆為吾人對於孔子之生之時之意義之了解。此所了解者，亦一一皆為孔子之生之時之眞相。然此眞相則並非只屬於孔子，亦非自始卽為已成的或自己完成的而只待人去加以反映了解者。乃是待孔子以外之人之生與我們之將孔子之生與他人之生關聯起來看，而後發現，使之呈現。而此呈現則是人的創造出的。如百年之後根本無人，則孔子卽無對之所顯之早生二千六百年之相。我們若不將孔子之生之事，關聯於孟子之生之一事，則孔子之生早於孟子之百餘年縱仍為眞，亦不能呈現於人心之前，而人亦不能知此孔子之生對孟子之生所呈之早百餘年之相，人亦不能有對此眞相之知識。此眞相乃由人之知之而呈現。呈現而後為相，亦卽不能先人之知而自有其相。如說有之，亦只能為在一潛伏之狀態之一可能呈現之相，或上帝之心之永恒的觀照中所見之相。此卽非人心中之相，亦不能謂爲現實上早已存在，已成或自己成就之相也。

至於人之所以喜謂歷史事實有其客觀外在之眞相者，則恒由我們於歷史事實所知之相，常不免自認爲錯誤或不眞而來。亦卽由我們常自認其意見之錯誤，或自疑其意見之爲眞而來。我們旣可自認其意見爲錯誤，自疑其意見之爲眞，則似必應有一超越於我們之主觀之所知或意見以上之客觀外在之眞理標準或事物之眞相爲標準。然實則我們在自認我們之意見爲錯誤時，亦我們已知事實之眞相或眞理，眞理或眞相已內在於我們之主觀之知之時。我們之所以恒自疑其意見之爲不眞，此儘可不必說爲：因我們之相信另有絕對在我之主觀之知之外之眞理標準或事物之眞相；而可說爲：因我們之自感此意見與我們之所知者之有若干矛盾，或自感此意見無其他所已知者爲充足之理由，或當前的經驗之知，爲之支持。我們之自求解決其疑惑之道，亦不必說是賴於我們之知此客觀外在之眞理標準或眞相，而儘可說爲唯賴我們之所知之能有進一步之發展。此發展，可由於我們之自身之將其所已知者加以重組；去其矛盾建立充足理由，亦可由於客觀事物之主觀內在化，而形成之經驗之知之擴充，（如去觀看若干古蹟古物，而有經驗之知之擴充之類）卽可成就。而吾人於此將其所知者，加以重組，與經驗之知之擴充之事，亦皆所以使所謂事物之眞相或眞理，得呈現之道，而使吾人之所知者更合於眞理之標準者也。

對於上文之說，有一最後之疑難，是人於此可說，有許多歷史上的史實，是我們之歷史意識，無論如何向前發展，皆不能知，亦都不能使之成爲內在於我們之主觀之經驗或主觀之知的。如堯舜之相貌畢竟如何，此則於史雖有記載，而我們終不能知其是否必眞。然堯舜之相貌，仍應有其眞相。其眞相之畢竟如何，卽吾人之說其如何之一客觀外在之眞理標準。而此標準便爲永不能由我們之歷史意識之向前發展，而使之內在化於我之主觀之心者。然而此上之疑難，實只緣吾人之歷史意識之發展，在事實上恒不免有其不能越之極限而來。此種極限之不能越，卽在吾人對已知之事實之各種意義之了解中，亦有之。如對一事物之與其他一切事物之時間空間關係之意義，卽爲無窮複雜，而爲人在實際上所不能盡知者。其他之意義，如性質之意義、因果之意義等亦然。總而言之，卽人在事實上恒有其未發展出或不能發展出之知識。然在此種知識，未發展出或不能發展出時，則不只吾人所欲知之事實與其意義，在我現在之知之外；而此可能有之對此事實與意義之「知」，亦在我之現在之知之外。此不是說我們所已知之事實與其意義，在知之之「知」之外，亦不是說在我們不知一事實與其意義時，此事實之眞相，原已自己完成的，先在那兒。如以上述之堯舜之相貌之爲如何，或是指假定人與之相見時，從感覺心所見者之如何而說。然只從人之感覺心之感覺，並不能卽說其是如何。說其是如何，乃說其像什麼，與什麼東西同類或不同類。而此則唯俟於將所感覺之相貌，與其他之物相對照比較，加以關聯時，而後能說。而此對照比較，卽必有一作此對照比較之心之存在，又必有其所持以比較對照之其他事物，爲背景。依我們以前之所說，則世間多一持作對照比較的東西，則原來之事物卽多顯一性質，一意義。此性質此意義，乃在創生之歷程中。則堯舜之相貌畢竟像什麼，並不單由其自身而決定。如我們說孔子之顙似堯，項羽之重瞳子似舜，而堯之顙亦似孔子，舜之目亦似項羽。此皆相貌之所像。此其所像，皆堯舜相貌之所涵之意義。然孔子項羽未生之時，則其像孔子之顙，像項羽之重瞳之二意義，卽不得而說。此二義又不能不說爲其眞相之所涵，而人只從感覺心去看堯舜時，卻又不能直下知其眞相中涵此二義。故人亦不能說由此感覺心卽能得此眞相。而人如以此感覺心之所對，爲堯舜之眞相，以之爲客觀外在之眞理標準，亦實只同於以感覺心之所知，與吾人說其如何，屬於何類，或像什麼之知，互相印證，以觀其是否能相配合和諧，而以有無此配合和諧爲眞理之標準，亦非只以感覺心之所見之相貌，爲一客觀外在之眞理標準也。我們於今日之不能知此堯舜之相貌之爲如何，亦卽非只因我們之不能於堯舜之相貌，有所感覺以知其眞相，而是兼因我們不能將此所假定之感覺之所見者，「與其他之人物相對照比較，以說其如何，而知其屬於何類或像什麼之知」相印證，以觀其是否配合和諧；然後我們才說我們之不能知堯舜之眞相，而獲得關於堯舜之相貌之眞理。則我們之不能得此眞理，不只在於此眞相之爲客觀外在於吾人之心，而是吾人之未能有「對此相貌之感覺心」，與「說其是什麼之心」，與「觀此二者是否配合和諧之心」之三心。唯因此三心，皆外在於吾人之現在之心，爲吾人之現在之心，所未能發展出，此眞理方成外在。反之，設人能逆時間之流倒航，與堯舜相見，使此三心能發展出，使此三心皆呈現，則此眞相眞理亦卽同時呈現。我們今之不能如此，其所證者：非徒為此眞相眞理之外在於人心，而實只是：此眞相眞理，與吾人之知眞相眞理之心，恆俱隱而俱顯，此二者可俱顯，而合為現實境，亦可俱隱，而皆為一超越的理想境；而吾人之歷史意識之發展，亦恆有其未能達之理想境，以為其極限而已。

六、歷史事實與歷史意義（下）

（一）歷史學為發現史實之可能的理想的意義之學

根據上來所講，我們可了解歷史學之一方向，是只注意歷史事實之存在，而此一方向必須兼受另一方向，卽注意史實之意義之一方向之所規約；又可了解由人所構想而成之歷史知識中之世界，原爲人歷史意識所統攝，人向後追溯過去已往之歷史事實之歷程，同時爲人之歷史意識由現在以向未來發展之歷程；而所謂以客觀外在的事實之眞相爲眞理之標準，實卽吾人之歷史意識之發展，恆嚮往於一超越之理想境，而力求達之之謂；則我們對於歷史學之性質，應有下列之諸認識。

第一點是：歷史學乃發現歷史事實之各種可能的意義與理想的意義之學，而非只記載史事之學。此上之言，非謂歷史學可不以歷史事實如關於人物時地之事實，爲起點上的依據。我們所重者，在說世間決無全無意義之事實。在歷史記載中專指一特定事物之固有名辭，如妲己與隋侯之珠、城濮之戰，可能只指一具體事物，另無其他意義。然而凡一般之名辭與動辭形容辭與介係辭所表示者，則無不有一普遍的意義，亦卽皆所以表示一事物性質之屬於某類及其與其他事物之某種一般的關係者。如崔子弑其君之崔子之固有名辭，可無普遍意義，而弑其君之弑，卽表示其事爲以下犯上之殺之一類。弒君即表其所殺者爲君一類之人。古之史家之不書殺而書弒，則又含有貶斥之價值意義。此即見在人對史事之一最簡單的敘述中，皆對此史事之意義，多少有所表達。

不過說任何一史事之敘述，皆對史事之意義，有所表達是一回事。我們能否對一史事儘量求發現其可能的意義與理想的意義，又是一回事。人能有此後者，方得稱爲有史識。於此我們又須知一零散的史事之意義，與許多史事之和之意義之不同。如只書崔子弒其君，與統春秋時代之弒君之事三十有六而言之，其意義便不同。唯由此後者，才表示出春秋時爲一亂臣賊子多於前代之時代。又一史事與由一史事而起之另一史事之意義，亦不同。如史載崔子弒其君而太史書之，崔子殺太史，其弟再書之，再被殺……南史氏執簡往……。此中太史之書之本身，亦爲一史事，而崔子殺太史，其弟再書，又爲繼此史事而又有之二史事。太史書之，乃表示中國史官之不失職。而崔子殺之，則表示崔子之暴，亦表示其畏懼後世之毀。其弟再書，南史氏執簡往，則表示其皆不畏死，而見中國史官之殉職之精神。此一精神，乃西方史家之所未嘗表現，而今日之西方人乃讚美此精神，有如西方宗教家之殉道。由此即又可見中國文化之重歷史，重史官之職之過於西方。此即爲「太史書之，崔子殺太史，其弟又書」等事，所涵之意義。此諸意義，則非崔子弒其君之一事所涵之意義。是可見一事之意義又不同于諸史事之和之意義。吾人能由觀一事之本身意義，至將與此一事同類之事，綜而觀其意義，與由觀一事之意義，至觀與之相緣而起之事之意義，或關係於一更大之全體（如上述之中國文化）之意義；亦即為一史識之生長之例。而謂人有史識，亦即謂人能不膠固於史事之知識，而兼能看一史事與其相關之史事之可能有的意義，與理想的意義之謂也。

畢竟一史事之全幅意義有多少？此意義是否可由一史事本身求之。依我們上列之論，則我們將說一史事之意義，決不能即其事之本身而求之，亦不能預定其有多少。昔王船山讀通鑑論，論漢武帝求馬而無意間通西域。此求馬之事，本非意在通西域而西域通，即一事之意義，恆超過吾人所知之意義之證。如由通西域，而導致東西之交通，其意義之大，又非王船山先生之所知。故一事愈連係於其他關聯之事，則其意義愈大；而我們愈能不膠固於一事而超越之，由其所關聯，以通觀一事之意義，則所知之意義即愈大而愈遠。人若無此一通觀，則一事之各種遠大之意義，即雖有而若無。故吾人說，史家對史事之意義之發見，亦即史家之一創造，而一切史事之意義，亦皆在繼續被發見而被創造之歷程中，而非可預定其有多少者也。

由一史事之意義之多少不能預定，故史家之發現與創造，亦不能預測。如人說世界各國中，史書體裁之多，以中國為第一。西方只有紀事本末體及通史，缺編年體與斷代史。西方近代乃有文化史，而中國則早有志書，而分類較西方之文化史之分類為尤詳，中國之方志族譜亦西方所缺。中國歷史，早重個人與地理風土及其民族家世之關係，而西方之史傳，則恒只以個人之性格為中心。凡此等等，皆見此中國歷史中體裁之多。而其所以然之故，則只在中國史家能由各種不同之觀點，看歷史中之史實。而此中之每一觀點，卽由發現不同事實之某一共同意義而成，而此意義，卽爲一貫串之線索。如我們前所謂編年體，乃以年爲貫串，斷代體卽以朝代爲貫串，氏族家譜以族姓爲貫串，方志以地理爲區劃是也。此外中國史書中之任一體裁，吾人皆可一一加以檢視，而知其爲依何觀點，本何線索，以貫串史事而成。然而我們是否可說中國史書之體裁，卽已完備。此則無人能說。因人能有一新觀點，對不同史事以一新線索爲之貫串，卽可有一新體裁。至於畢竟今後之史家，能有何新觀點，以何新線索、爲貫串之具，創何種新體裁，當其未有之先，亦無人能預測。然吾人決不能謂以前之體裁，爲已窮盡一切之可能，而當信此亦如一切事之意義之發現，皆人事先所不能先知，而皆原有無定限之可能在也。

至各史實之意義，如何交互關係，以顯一時代之歷史之一貫的總體的意義，或人類全部歷史之一貫的總體的意義？此一貫總體的意義，又自何處著眼，乃能發見？則是歷史哲學的問題，非今之所及。此上之所論，乃唯是自歷史科學之立場說。故只論意義之無定限，而未及一貫總體之意義也。

(二) 歷史考證之目標在使「歷史意識之通貫」成為可能

我們對於歷史學應有之認識之第二點，是歷史事實之考證，乃所以貫通我們對史籍所載各種事實之意義之了解，袪除其間之矛盾，而使我們之歷史意識之通貫的發展，成爲可能。

歷史學之發現史實之意義，當然要據眞正的史實，而對所傳史實之眞僞疑似之考證，乃不可少。此所謂史實之考證，包括一般所謂疑書、疑年、疑地、疑事、疑人、疑物之考證。然史實之眞僞疑似，如何考證？此則人或謂必須根據眞正之史實，乃能證其他史實之眞而辨疑僞。欲求有眞正之史實之根據，則唯賴搜集眞正之文字及文物之上史料，由之以知種種眞僞史實之爲何。然如依我們上文之所論，則我們當首先問，我們何以要對若干所傳史實之眞僞、疑似，要考證？因我們明不須對一切史實皆加以考證。我們所要考證者，必我們所視爲關係重大者。然何謂關係重大？即此一事之爲眞或僞，愈能影響吾人對其他之事之判斷者，其關係便愈重大。秦之焚書之事畢竟如何，何以被認爲關係重大？以其能影響吾人之判斷秦政與學術文化之關係，漢代所傳之經籍自古傳下者有多少，何者爲眞爲僞之故。封建之起原，何以被視爲關係重大？因其影響於我們如何判斷古代之政治宗法禮樂制度之實況故。中國學術史上古文尙書之眞僞，老子之成書時代，如何被視爲關係重大？因其影響我們如何判斷整個中國學術思想之發展故。故所謂關係重大之事之須考證者，即「如其眞，則吾人對歷史之其他判斷亦將因而眞；如其假，則其他判斷亦將因之而假」之事。亦卽其眞假與其他之歷史之判斷，有一共存亡共命運之情形，然後其眞僞乃關係重大，而不容人不加以考證。

如果我們之考證，乃以關係重大之事爲對象，而所謂關係重大之事，卽其眞僞與吾人其他歷史判斷有共存亡命運之情形之事；則我們之考證之事，卽不能說只是直接根據對一事之眞實史料而考證，亦不能說是爲一事之本身而考證，復不是眞只在求確定此一事之是否眞有，爲目標。而是爲求確定我們對歷史之其他判斷之眞妄，對相關之史料所記之史事所涵之意義，加以多方面的了解，並求袪除其間之矛盾，使其互相貫通；然後於若干史實，不得不考證其疑似，於若干史料，不得不重訂其眞僞；以冀我們由此而建構之歷史知識之全體，能立於堅固不拔之地。史家之愈能如此者，亦卽愈有駕馭史料，而考訂疑似之史才者。然復須知，人之求其歷史知識之全體，能立於一堅固不拔之地，亦卽同於求我們所知之歷史世界中之事物，能安穩固定下來，以使我們之涵蓋統攝此世界之歷史意識，亦能安穩而不搖，以便向前謀進一步之發展。此可以極小之考證問題，明上述之義。

如史記仲尼弟子列傳，載顏回少孔子三十歲，年二十九髮盡白早死。然史記又載孔子之子伯魚少孔子二十歲。伯魚死時年五十。此卽涵伯魚死時孔子年七十之義，亦涵其時顏回年四十之義。而論語載顏回死，顏路請子之車以爲之槨。子曰鯉（卽伯魚）也死，有棺而無槨」今直就此言解釋，又涵伯魚先顏回死之義，亦涵顏回之死年過四十之歲，遂與史記之言顏回死年二十九相矛盾，而成一歷史考證之問題。此問題，我於十五六歲時，卽自行發生，後乃知昔人早有此問題。今試問此問題又由何而生？此明不直接由於史記論語之書，只分別有此諸記載之自身而來。實唯由我們對此諸記載所涵之意，加以了解後，見其間之有矛盾，乃必求加考證決其疑似，以求其通貫也。而一切歷史上須考證之問題，所由發生，亦可以此爲例，以概其餘。

現在我們試卽再就此簡單之例，略細加分析，來看人之如何求去矛盾而求貫通。如史記正義說，論語所載，孔子謂鯉也死一段話，乃假設之辭。若是假設之辭，則此時鯉實未死，則顏回乃實較伯魚早死，而史記之說顏回死年二十九之言，卽可眞。此是一矛盾之解決法。

然而我們亦可說論語之言，應直就字面解釋，而非假設之辭，則史記謂「顏回年二十九」與「伯魚少孔子二十歲」「顏回少孔子三十歲」，及「伯魚五十死」之四言，必有一妄。而崔述考信錄卽謂史記記弟子之年，原多妄爲說。而實亦只要此四言中有一言爲妄，上述之矛盾，卽可解決，思之自知。

此外我們如假定論語所記之孔子此言不眞，或孔子乃作誑言，此上之矛盾，亦同可解決。

然則此問題畢竟如何解決？此中是否必有眞實之史料，可憑依爲一絕對之標準？畢竟史記中上述之四種年齡之記載，何者爲眞實之史料，此豈能預先論定？論語一書，吾人通常視爲眞實之史料，然此史料之眞實，豈卽能規定我們之如何加以解釋？我們豈不可如史記正義之解釋，謂孔子之此言爲假設之辭？我們又豈不可謂孔子乃故作誑語？

然依吾人之意，則以爲孔子不致故作誑語。何以故，依常情常理孔子無於此作誑語之必要故，孔子之爲聖決不致說誑語故。此當可爲人所首肯。然人何以有此首肯，則並非以史料爲證，而只是以吾人對孔子之言教之了解，而有之對孔子之爲聖人決不說誑語之信心爲證。又依人之常情常理，人非必要時亦不作誑語之信心爲證。若離此對孔子之爲聖人之性質，及人之常情常理之了解，則此信心卽無有，而吾人謂孔子之言乃爲誑語，亦卽未嘗不可矣。復次，吾人亦可說論語所載，孔子此言謂鯉也死有棺而無槨，此絕不能謂爲假設之辭，因此文句之構造明非假設之辭故。又孔子不須於此假設其兒子之死時如何葬法故。然何以知其非假設之辭，則只能以其他同類之文句之構造，皆非假設之辭以爲證。何以知孔子不須於此假設其兒子死時之葬法？因依常情常理言，人亦不致於其所愛之學生之死時，更念其兒子之死，並預先規定葬法故。若人不信同類之文句構造，其表義相同，亦不信此人之常情常理，則謂之爲假設之辭，亦未嘗不可矣。

若然，則吾人唯有謂史記所載之顏回之歿年或伯魚之歿年，或顏回少於孔子之年，伯魚少於孔子之年，四者中必有一誤，而崔述所舉其他旁證，亦足證史公之記年齡之恆有誤。此中史記之誤記年齡，亦遠較論語之誤記言談爲容易。則吾人便唯有信史公之記年齡之有誤矣。至於此四者中，何者爲誤之可能較大，吾人如欲加以討論，仍只有待於除以他事互證外，兼以吾人所信爲人之常情常理、事之常情常理，以爲推論之所據，則無不同。若無此常情常理爲吾人之所信，則只求邏輯上之一貫者，亦儘可對一考證上之問題，作種種可能之解決法。然使吾人考證得之結論，能與一切常情常理不相矛盾，而相貫通，則正爲吾人所求之一最大之邏輯上之一貫。所謂常情常理者無他，亦卽事物之一般性質一般意義而已。人唯待於對此事物之一般性質一般意義，能先有一了解，並信其爲一般事物之所不能悖，而後能作考證，而後能運用史料，以善作解釋，並決定史料之孰爲近眞。則考證卽非只爲先搜集眞史料，據之以辨疑僞之事，而實只是求貫通吾人對於史籍所載之各種事實之意義之了解，而去其矛盾之事而已。

然而我們如果要再追問，我們何以要求此貫通，此貫通後之所得，是否卽歷史事實之眞相，而達吾人之歷史意識之發展之最高的理想境。則我們將說，我們之所以要求此貫通，只因我們之求知之理性，原必要求去除矛盾。唯因我們之歷史意識所涵蓋統攝之歷史的世界中之一事物之有無，如在疑似之間，便不能安穩的存在於吾人之意識中，吾人乃必求對之有一決定之道。此決定之道，則不外看其有與無，孰爲與我們所知於事物之常情常理或事物之一般意義，而對史料之所作之解釋，更能相貫通，以去除此歷史意識中之疙瘩或糾結，以求其心之所安，卽求吾人之歷史意識之安穩而已。至於除求此心之所安，歷史意識之安穩而外，人如必欲問其是否歷史事實之眞相，而達吾人之歷史意識之發展之最高理想境，則我們將謂此問題，乃無歷史學之意義者。當然，對我們所考證之問題，在吾人能得更多之史料，而另分別加以解釋，而使吾人之歷史意識，可有更進一步之發展時，吾人亦可自修正其原來之結論，另成一新結論，而自謂此新結論以所據者之較多，乃更近眞。然此「發展」，並非必須就其更接近於歷史事實之本身，而對之更有確定之知識而言，——如對顏回畢竟何時死有確定知識之類。吾人如以此爲歷史學之目標，則吾人亦可謂爲永不能圓滿達到者。因吾人卽知顏回何歲死，尙須知其於何月死，以至何日死，何時、何分、何秒死。人如愈迫近一步問，則反愈無歷史學上之意義。吾人如謂此亦爲歷史意識求發展之一方向，則此一方向之最高點，吾人亦可自認爲永非吾人所能達。然吾人之歷史意識發展之另一方向，則爲根本不求於此作最後之決定。以致於顏回之年齡爲二十九或四十多，亦只求吾人視爲心安者而已足。或更退一步，只求知顏回爲短命死而已足。乃更回頭於其短命死，不礙其被稱爲復聖，以見其自然生命之短促，不礙其道德人格之成就，亦不礙其對後世影響之大，及足爲後世來年向學之楷模等。此中人所發現之關聯於其早死之歷史意義，儘可容人有不同程度之認識。由此而吾人對顏回之爲歷史人物之意義之認識之增進，亦吾人之歷史意識之發展之另一大方向。人又何必求對顏回之死期求無限之迫進，而求知其所不能知，發展吾人所不能發展出之對史事之歷史知識與歷史意識乎？

依吾人上述之關于考證之理論，謂考證之目標，唯是使吾人之歷史意識得去其內在之矛盾，則吾人一方可說明對一考證之問題，不同其結論之著作，皆可有其本身價值。因只須一考證之著作，能盡量搜集材料，而盡量求一融通的解釋，以重構一無矛盾之歷史之敍述，則此中之功力，即有一內在的祛除矛盾之價值。再一方，亦可說明在有關材料及解釋皆已確定之情形下，只有一在邏輯的推論上爲必然之結論。而此即理想的考證之標準。再一方可使從事考證者，不致以其結論爲離材料與解釋而獨立，以自合於外在的超越之標準；亦不致於材料增多或解釋變易之情形下，仍堅執其結論爲唯一的結論，而固執不化，拒絕討論。故吾人之說，並不因此中之無外在超越之標準可達，而使考證不可能。

乃正所以使不同之結論之考證，皆見其價值，並使人之考證之事，皆成為可討論而逐漸進步者也。

（三）歷史學直接價值，在成就人之學歷史之生活

我們如果知道歷史學，乃發現歷史意義之學，歷史之考證之目標，唯所以成就我們之歷史意識所統攝之歷史世界中之事物之安穩的存在，而使吾人之歷史意識之內部，袪除矛盾，而得成就其貫通的發展；則我們對歷史之第三點認識，是歷史學及歷史考證之工作之直接價值，即在成就一種發現歷史意義，而成就其歷史意識之貫通之發展之學歷史的人之生活。而此生活，乃不能離學歷史之人而存在者。歷史之事實與其意義，亦唯眞實存在於此生活之歷史或廣義之史學史中，故人存史舉，人亡史熄。

欲說明上項之義，我們當先說人之學歷史之生活之價值，乃我們所必須直接加以肯定，而不能說是只為反映已過去歷史事實之自身之眞相，而重現之，或只是去發現歷史事實原已具有之意義，無所謂創造之可言者。而當說此發現中，同時有創造，此反映重現過去者，同時是使之復活再生，而使之存在於現在與未來。並當說一切歷史意識之向後追溯，皆同時是向前開拓，向小處考證，皆是為向大處求貫通。由此方見人之學歷史之事，即人之精神之表現之一形態，亦人所當有之生活。人若無之，則過去者不能再生復活，而存於現在與未來，人之心靈將只局限於平面之現實，而無其生命之厚度，

亦將無以自別於禽獸矣。

世間之只以歷史學爲反映已成之事實，而求了解之者，恆只注目於此事實之自身之最初之存在，而謂其今雖不存在，然在過去總曾存在，而其曾存在之一事實，乃永不可毀；由此而遂或謂世間縱無人之歷史意識去回顧之，彼之爲事實也無所減，有人之歷史意識去回顧之，對之亦無所增。於是人之歷史學，人之學歷史之生活，對歷史事實之本身，亦可視同可有可無之外加之物。然依吾人以前之所說，則此乃大謬不然。因我們已說過歷史事實必有其意義，而意義由人之所發現，亦由人之所創造。而我們今可進而說者，即我們縱謂「歷史事實之曾存在」，永不可毀，然其不被人所知，即其不毀，只在一潛伏之狀態，而非在一呈現之狀態。一呈現之狀態，與潛伏之狀態，畢竟天地懸殊。由其呈現，彼乃重入於當前之事變之流，而顯其規定當前的存在的人之意識之作用。其由無此作用至有此作用，更不能言無所增。反之，則對此增言，亦更不能言無所減。

大率人之只重歷史事實與其意義，爲不增不減者，皆未嘗重視一切人之學歷史之生活之歷史，此卽合以爲一廣義的人類之史學史。如我們知重視人之學歷史之生活之歷史與史學史，則知重視「史實與其意義」之本身之顯海。而此顯海之歷程之本身，亦爲一具重大意義之歷史。我們看一時代的人，或重視此一朝之歷史，或重視彼一朝之歷史，或重視此一些歷史人物，或重視另一些歷史人物，或重視歷史文化之此一方面，或重視彼一方面。人們對歷史之若干關於考證的問題，亦一時重此類問題，另一時重彼一類之問題；對同一歷史事實，有時從此一觀點，去看其此一方面之意義，有時從另一觀點，去看其另一方面之意義。此卽見歷史事實之在人心，與人對歷史事實所認識之意義，無不有升有沉，有顯有晦，而形成人類之廣義之史學史。如果史學史是重要的，則假定爲自己存在之歷史事實與其意義，是否爲人所知，如何爲人所知之一問題，亦是重要的。如果歷史事實與其意義自己存在，而不爲人所知，至少卽少了一種歷史，卽廣義之史學史，而使歷史有所減。反之，人能求知歷史上自己存在之事實與其意義，則至少增一種歷史，卽廣義之史學史，而有所增。故我們決不能說人之是否知歷史事實與其意義，對於歷史無所增無所減。因史學史亦不能不說是高一層次之歷史，而亦爲歷史之一種也。

我們承認了人之學歷史生活之歷史本身，亦是歷史，卽廣義之史學史，我們同時可以說人之是否重某種歷史，與人之是否有學某種歷史之生活，某種歷史之是否存於廣義的史學史中，繫於某種人之是否存在。如世無讀經之人，而經學之歷史不存於人心；共黨重農民之革命，而流寇之歷史見重於世；胡適之欲提倡白話文，而考水滸紅樓夢著述之歷史。「文武之道，布在方册，賢者識其大者，不賢者識其小者」。此皆見歷史中之事物之升沉顯晦與存亡，依於人之存在之證。而我們亦可對於一切歷史之事實與其意義，謂其皆人存史舉、人亡史熄。卽人之研究歷史所成之著作，如無後人之閱讀，而心知其意，亦同歸湮沒而不彰，其在同於不在。此亦可證人存史舉、人亡史熄之義。

我們對於歷史學性質應有之認識四，是人之整個的存在狀態，決定歷史之認識之方向，唯對人之能以光明正大存心者，歷史學乃有其充量的眞實存在的意義。我們在本節所要歸宿到之義，是：必須人之整個的存在狀態，是依於一光明正大之存心，然後人能多方面的發現歷史事實之理想的意義與可能的意義。而對人以光明正大存心者，則歷史知識對其爲人之整個的存在狀態，亦顯出其眞正之力量效用或價值，而使歷史學有其充量的存在意義，而使人成創造歷史者。此中，人之整個存在狀態，於此所顯之關鍵性與重要性，亦即史學家於有史識以知史事之意義，有史才以駕馭綜述事實材料審斷眞僞疑似之外，還要講史德之根本理由之所在。

（四）人之整個的存在狀態與其歷史知識之關係

在不重史德與不知人之整個的存在狀態，決定其對歷史如何加以認識了解的人，恆或以爲對歷史書籍的記誦，而知若干歷史上之人物之行爲如何，一事之成敗如何，即可直接影響決定人之歷史意識之如何，因而亦影響決定人之存在狀態之如何，如人之道德人格及行爲方式等。然實則人之知一歷史上之人物與史事，雖可說直接影響決定人之當前的歷史意識、學歷史的生活之如何如何，然並不能眞決定人之整個的存在狀態之爲如何。而此整個的存在狀態，乃包圍於人之歷史意識、學歷史之生活之外，而決定此歷史意識、學歷史之生活之如何發展之方向者。其中之最重要之理由，則在歷史書中對一切正反兩面人物，如忠與奸、賢與不肖，皆平等記載，人之是否學忠學賢，畢竟是人自身的事。我們亦不能由歷史上之賢者恆受其福，不肖者恆受禍，以使我們必知所鑑戒。因歷史中之賢者亦不必受福，不肖者之受禍，亦非不旋踵而至。人之爲人，開始便只有一避禍求福之動機，亦不能使人成賢成聖。故一人之對古今歷史人物之知識之多，明不必然關聯於其人之爲如何，而記誦之多，以使人只重其所知之對象之人物之爲如何，儘可使人更忘其爲人之當如何。故古人謂求記誦之多，亦爲玩物喪志。然而如所謂志，乃泛指人之作人之方向，則人亦莫不有志。而實際上人之作人之方向如何，正是決定其所以喜歡記誦某類之史事，與其於史事之依何觀點、從何意義，去加以解釋者。故人對其任何行爲，皆可自運用其歷史知識，以古人爲先例，以自文飾。人亦可以對歷史作任何方式之解釋，以種種史觀之宣傳，把人們導向於其所從事之政治社會之運動。此乃由於同一之史實，其意義，原是可容人依不同方向，而加以解釋者。此一切解釋，我們早已說其是人之所發現，人之所創造的。此中居於基層的史實之自身，並不能必然的決定：人之上層的解釋之向何方向進行。而一切所謂史實之考證，對於此中所謂方向之決定，亦是無力的。反之，則在實際上，人之去考證些什麼，於考證時之如何用心、依何觀點、從何意義，去看史料，卻正爲其爲人之整個的存在狀態之方向所決定。人之如何用心、依何觀點、從何意義，去看史料之歷史意識，如電筒電光之照物；而人之整個的存在狀態，則如人手之執此電筒，而決定此電筒之向何方向去照。此歷史意識不過人之表面的意識之一小部份，人之整個的人格的實際存在狀態，則永是廣大於、亦深厚於其表面的意識，而主宰決定此意識之方向的。

我們如果對於上述之義能正視，則知我們要使人之歷史意識之發展，至能多方面的發現史實之意義，直向廣潤通達之方向進行，以求貫徹古今，涵蓋萬方，便唯賴其爲人存心之光明正大，而非邪暗偏曲；而後其對歷史之眼光，方光明正大，其對歷史之事實，方一有光明正大之解釋，而不陷於邪暗偏曲。此中之存心之光明正大，與存心之邪暗偏曲者之不同，不在存心邪暗偏曲者，於史實全無所知，或對史實之意義全無所窺，而在其恆自限於其所知與所窺，而無意去發現史實之其它種種之可能的意義、與理想的意義。乃無意間將歷史之眞，加以掩蓋。而存心光明正大者，則能力求貫徹古今，涵蓋萬方，以求識歷史事實之可能的意義、與理想之意義，而史實之眞，乃得開朗通達的呈於其前。由此而存心光明正大者，亦能知一切偏曲存心者所發現之意義之爲如何，但他同時知其皆須在一更廣大潤遠之全幅的意義之世界中，加以補足修正，以至根本加以轉化。如存心偏曲者，見孔子之三月無君則皇皇如也，便自孔子之急於出仕去解釋；而存心正大者，則知孔子之急於出仕，乃由其濟世之悲懷之不容已。至於何以人當以光明正大存心，不當以邪暗偏曲存心，則此理由不在人之歷史意識之本身，而在人之道德意識與人之爲人之必須求以光明正大存心。此外更無理由。

我們旣已能在第一步開始以光明正大存心，而有多少之道德上之覺悟之後，再來看歷史上之史家之史德，與其他人物之德行；則此時我們所知於此歷史人物之德行，亦卽可眞成爲我們之模範，而爲我們之所嚮往。當歷史人物之行事，爲我們之所知時，亦卽不只規定我當時之歷史意識，而且可眞有一影響決定我之人格、或我之存在狀態之形成的力量。而一切反面之人物之記載，亦有資我之儆惕，而戒懼之用，亦表現一對我之自形成其人格之一似消極而亦積極之影響決定力量。而一切史事中之成敗禍福、治亂興衰，亦皆可在人既已光明正大存心之後，加以如實了知，並試設身處地於其境，以自思其所以處之之道。由此而皆可以使吾人更識取如何處成處敗、受福受禍、振衰起弊、撥亂返治之道。我們之讀史，而如史之眞而了解之，亦卽同時爲幫助我們之如何立身行己，而應世應物，爲政施敎者。此卽中國古人之學史之最後之目標，卽淸代只重考史之史家，亦從未加以否認；而爲西方之視歷史爲專門之學者，與今世之中國人之所忽，乃或視此爲迂腐之論，與歷史學本身，風馬牛不相及者。

然而照我們之意，則一能光明正大存心之史家，既自有其史德，卽必然不能不對過去之史家之史德，與其他人物之德行，有所嚮往。而人之學歷史之事，既只爲其人生中之一事，則對此一事，亦必須求與其整個之人生，發生關係，而表現一對整個存在狀態之效用力量或價値。則以歷史人物爲模範、資鑑戒，於史事中求其人生之一切行事之教訓，豈非最後必然之歸結？而我們今尙可進而說明之一義，卽人之歷史學，亦必須能表現此效用此力量或此價値，然後歷史學之本身，乃有其充量的眞實存在的意義，而使人成爲歷史之創造者，亦使人能創造歷史中之人物與史事之新意義，同時使歷史學之自身之發展——卽史學史之發展，成爲可能者。

我們之所以要說歷史學，必須能對已光明正大存心之人，表現一決定其存在狀態之力量效用，然後歷史學之本身，乃有其充量的眞實存在之意義，此乃依於「歷史學只存於人之歷史意識、學歷史之生活，而此意識此生活只屬於人，只能在整個的人中存在」之必然的結論。因如其要在整個的人中存在，則必須其效用與力量，貫注於其整個之人。能貫注於整個之人，是謂充量的眞實存在於人，而有其充量的眞實存在之意義。此亦結論之必然而無可逃者。歷史學之力量效用，既貫注於一個之人，以使此人之人格行事，因而改變，亦即能創出此人之人格之如何發展、行事如何進行之一歷史。如周公之知三王之歷史而思兼之，即創出周公之歷史。孔子之知堯舜文武之道而祖述之，即創出孔子之自己之以保斯文爲己任之一生歷史。由此而我們可說學歷史之人，即同時亦爲人類歷史之一創造者。而在人類歷史中，凡有一新人物、新史事出現時，以前之歷史人物與史事，亦即呈現一新光彩、新意義。此即如我們前在上篇第三段中之所說。如孔子出而堯舜文武即有一繼承之者，而堯舜文武，即增加一有孔子爲承繼者之意義。吾人再綜觀堯舜文武與孔子之相承，則儒者之史家又於此見一古代之道統之相傳的意義。此道統之相傳之本身，即一史學之觀念。而此道統之觀念之如何發展、如何形成，又自有其歷史，仍可爲史學家之所研究，以增加史學之內容，使史學有此一方面之發展……。然此一切意義觀念與研究之所以有，則又始於孔子之知堯舜文武之道，而即以之爲其一生之行事之道，亦即間接由「孔子對堯舜文武之歷史知識，存在於孔子之爲人，並能決定孔子之爲人」之所創出。孔子之歷史知識之所以能決定孔子之爲人，則又始於孔子之先能以光明正大存心，以知堯舜文武之業之意義。則此下之一切，又間接本原於孔子之爲人之存在狀態與孔子之德行。無此，則此下之一切皆不能有。此皆明顯無疑之事。此人之存在狀態、人之德行、最初之存心，是否光明正大；及緣是而有之歷史知識之如何存在於人，以對人之存在狀態，顯一決定力量，此二事之重要，亦可知矣。

由此上之義之確立，則知人之一切歷史學之研究，決不能止於對歷史事實之了解，亦不能止於原有之歷史事實之意義之了解；而是要使由此了解而成之歷史知識，能對人之人格與行事，人之存在狀態，有一決定的力量，以使人能創造其以後之歷史；並使以前之歷史，顯一新光彩、新意義；再供未來史家之研究，以使史學再有進一步之發展。……；則一切歷史之研究，不能不直接間接照顧吾人今日之存在狀態中所感之社會政治文化之問題，不能不求有助於此類問題之解決方案之提出，並見諸行事，而達我們之精神生活文化生活之充實與提高之目標；人不能於一切史學之研究，無所重輕，而必求其當務之爲急者而爲之，亦不待辨而可明矣。

（五）餘　論

我們以上之所講，皆依一理論上之必然相生的層次，而如此講。如只就結論而觀，則亦實甚簡單。要不外說歷史學之創造性及其與人之意識生活及存在狀態不相離。然而我們之依一理論上必然相生之層次，而一一講下去，則可將此諸義確立，使之無可動搖，而可以之爲評論史家之造詣之高下之標準。昔孟子論孔子作春秋曰；「其事則齊桓晉文，其文則史，其義則丘竊取之矣。」又司馬遷謂孔子作春秋，將以撥亂世而反諸正。我們今日誠難說某一史家，能全達孔子之標準，而今日之研究史學者，亦勢不能不分工，而或重史事之考證，或重史義之發揮，或以歷史爲鑑，而求創造今後人類之歷史。此中每一項之中，又可再分工。然此諸分工之事合起來，仍只有以史事識史義，而使歷史之學助成人類歷史之創造，爲最後之唯一之目標。故無論我們個人之工作如何專門，我們之器識，仍必須能照顧到此最後之唯一之目標，而由此以照顧到他人之工作，以使之直接間接配合，以共達此目標爲準。而不能如若干人之所說，凡任何歷史考證上之發現之價値，皆與發現一恒星一樣的大。而人又或以爲上窮碧落下黃泉，動手動脚找東西，即是歷史學；或以歷史學，只是爲知識而求知識，與人之生活無關，亦與人在社會政治文化中之一切行事上之實踐無關、與人之德行無關者。此皆不知歷史學之本性之所涵之各層次意義，乃必然相生而相連者之故。由此所倡導之歷史研究，即非依於對歷史學之本性之自覺的了解而來，不能自覺求合於歷史學之標準，並必不能互相配合，乃只有歸於零散瑣屑之考證，亦勢有必至，理有固然，而歷史之學乃爲天下裂。悲夫。

（在新亞研究所月會講辭　趙潛、黎華標記錄　一九六三年十一月「民主評論」十四卷二十二、二十三期）

七、中國歷史之哲學的省察

（一）前　言

友人牟宗三先生，有志於寫中國歷史哲學一書，其動機蓋在十餘年前。憶民國三十三年秋，宗三先生自成都來重慶中大任教。巴山夜雨，樂共晨夕。一日談及國事，宗三即料及來日大難，共禍必將無已，而惄焉憂之。即欲寫歷史哲學一書，以昭明吾華族之文化精神命脈之所在，兼示其發展之理則，以貞定國人共信。越年而日本投降。河山還我，萬衆騰歡。人咸以中華之復興在望；而東北之接收，被阻於俄帝，張莘夫遇害於瀋陽。時重慶學生，羣情激昂，游行街市。然教授皆罕有參加者。而宗三獨與學生共行列、扛大旗。吾以是知宗三之志識，超軼乎世俗之教授學者之倫者遠矣。日本投降之後，數年之中，中國政局，波譎雲詭。忽而各黨政治協商，忽而美人調停國共。終在烽火瀰天中行憲選舉。而時論雜沓，人心如坌涌之不可收拾。宗三於此時，乃獨力以校中薪資，創辦「歷史與文化」一刊，躬任校對發行之事。以人禽義利夷夏之辨，昭告於世。其言似迂，其辭似激，而其意也哀。然人多漠然視之，中大學生至詆之爲頑固反動。遂走太湖之畔，再息於東海之濱。吾以是知宗三豪傑之士也。此數年中，熊先生常於信中，感懷國事，由士風之窳敗，文風之浮薄，謂中華子孫將有萬世爲奴之痛。然余素性喜作樂觀想，以為大局當不致有土崩魚爛之事；而對共黨之為害，亦殊無深切之感覺。故於大陸淪陷之前，余所著文講論者，皆及於純學術而止。比南來香江，乃有悟於中國文化，及人道尊嚴與馬列主義之勢難共存，試為文中正論，見民之憔悴於虐政，未有甚於此時。宗三十數年前之所憂者，一一見於今日。吾以是益知宗三之孤懷閎識為不可及也。宗三既去臺，二年而成其歷史哲學。而余於時亦以困窮怫鬱之懷，為當世勉成「中國文化之精神價值」一書。地之相距，千有餘里，所言則殊途而同歸。宗三之稿成寄港。初計共由一出版社印刷，事未成。余嘗試介諸二書局，亦皆不納。余書於前年乃得於正中書局出版。而宗三之書，則遲延至今乃得強生出版社吳笯強先生為之印行。吾以是知中國出版界之庸陋寡識。莊生言大音不入於里耳，詎不信哉。今宗三之書，既與世相見矣。讀者之視之何若，非我之所知。其亦如於歷史與文化一刊之漠然視之乎？或亦如余十餘年前聞其欲寫此書時之淡然置之乎？以宗三之所言與世之治哲學與治歷史者之持論多不類，蓋將不免焉。然吾嘗據吾之所驗，以正告世人曰：宗三所言之異於世者，皆有其真知灼見在。其著書之體例，與其進退古今人物之處，人皆可容有不同之意見，然要有其所真知灼見之處。吾望讀者先信斯義。今更當一本固陋之所及，以略介歷史哲學之義及此書大義於讀者之前。

（二）哲學與歷史之關係及歷史哲學之重要

此書顏曰歷史哲學。然非泛論歷史哲學，乃專論中國自古至漢一段之歷史之哲學。世之言哲學與言歷史者，恒相視爲殊科。言哲學者之以究心於宇宙之普遍大理爲目標，或以名言概念之解析爲能事者皆輕歷史之爲物。故西哲羅素嘗謂，哲學當究心可能的世界，此人類之歷史世界，不過諸可能的世界中之偶然世界耳。桑他耶那於世界第二次大戰時，隱居羅馬城外。新聞記者訪之，詢以對世事之意見。彼曰吾所縈心者，乃永恒之理想，不看報已多日矣。波蘭與奧國，數十年來，歷被瓜分，屢經戰亂之國家也。而今風靡一世之以邏輯解析知識中之名言概念之哲學家，多出於二國。充哲學家之重宇宙之普遍之理，或重名言概念之解析之精神，必不免視人類之歷史，爲宇宙間偶然之事，而於邦國之盛衰危亂之故，無所用心，視如哲學以外之事，此蓋理之所必至也。

世之言歷史者則曰：哲學者，虛理也，吾所研治者，實事也。吾考訂實事之何若，卽從而就其何若，而一一敍述之，則吾之責已盡。實事之考訂，要在以文字器物爲徵驗，不可本哲學之虛理以推知。徒本虛理以推知史事者，必矯亂歷史眞相，而陷於誣妄。且歷史只有已然與實然，國家之治亂與亡，世道之顯晦升沉，人之忠奸賢不肖，凡已爲歷史之事實，卽平等爲歷史學研究之對象。歷史家無心軒輊於其間也。哲學則必明價値，辨已然實然與當然之別。而哲學上所謂當然或價値，罔不出乎哲學家一人主觀之意見。持主觀之意見對歷史之實事人物，加以軒輊抑揚，又必矯亂顚倒歷史之眞相，更陷於誣妄。是以言歷史無待於哲學，本哲學以論歷史，實無與於歷史。此卽昔西方史家如蘭克之視黑格耳之「歷史哲學」爲讕言，今之西方史家視斯賓格勒之「西方之衰落」爲妖妄；而中國之治史者亦於春秋學者所言之褒貶，則唯以經視之，而不以史視之也。

然世之本上列二者之見，而謂歷史與哲學殊科，當離之則雙美，合之則兩傷，而不可有歷史哲學之爲學者，皆似是而實非之論。夫哲學當以知宇宙之普遍大理爲極至，必當從事於名言概念之解析，是也。然以此而謂具體之人生歷史之事，爲哲人心思之可不及，宜居哲學之外，則大謬。哲人能仰觀宇宙之大，其心可謂大矣。然此心終屬於此哲人之爲人，而此人固存在於歷史文化社會中也。則徒騁此心以思宇宙之大者，不如兼能反省此心之屬於此人，此人所在之歷史文化社會，而兼於此運其哲思者，其所思者之尤大也。哲人能解析名言概念之繁，而求其義之所切是也。然名言概念所指者，終爲宇宙人生之實理與實事。則徒細其心以解析名言概念者，不如兼能面對宇宙人生之實理與實事而解析之者，其用心爲尤切也。然則凡謂哲學徒當仰觀宇宙之大，俯察名言概念之繁者，皆自忘其思之屬於其人，其人之所面對之實理實事者也。凡眞人必不忘其爲人，亦不忘其所面對之實理與實事。唯眞人而後能爲眞哲人。吾之爲眞人非偶然，豈有如羅素所謂人類世界翻爲偶然之理？桑他耶那不看報，又果能自遁於烽火瀰天之大戰乎？彼波蘭奧國之哲學家，豈無家亡國破之感？其以邏輯解析自遣，其遇可哀，而其情可憫，其工作亦自有其價值，然不當謂天下之哲學盡在此也。人之治哲學者，以其志力之所專精，不暇於對歷史作哲學的反省可也。必以此爲非哲學，而局限哲學於一隅，則大愚而大惑也。中國之大哲，由孔子至王船山之重文化歷史無論矣。西方由柏拉圖、亞里士多德，至後之康德、黑格耳之哲學，亦無不終於論人生政治與歷史。羅素、桑他耶那固嘗欲自外於此西方之傳統矣，而其情之所不安，仍終不能自已於論十九世紀與西方文化哲學之歷史，亦不免爲文以言當今之世變。此皆非有他故，唯以吾人之哲思，雖可上窮碧落，下達黃泉，一時渾忘吾身之安在，而當吾之神明之旣降，吾終不能自忘吾之爲一人，爲一歷史世界中之一人故耳。吾不能自忘吾之在歷史世界，乃卽運吾之上窮碧落、下達黃泉之哲思，以思此歷史世界之古今之變，卽歷史哲學之所由不容已而自生之故也。故凡爲哲學而不歸於歷史文化之哲學者，其哲學必不究竟。

至於言歷史者之謂哲學之虛理，不足以考訂歷史，本哲學之中當然價值之觀念，以評斷歷史，恆難免主觀意見之蔽，固矣。然吾上已言歷史哲學之所由生，正由於爲哲學者之願面對實理與實事。則本虛理以臆斷史實之何若，亦正與爲哲學者本懷相乖。爲哲學者，固當尊重歷史家之地位，尤不當否認歷史家已證其爲實之實事也。哲學卽事見成事之理。事果爲實，則成事之理，不得爲虛。歷史哲學之所究者，成事之實理，非如邏輯上之名言概念之解析之所陳，可爲思想界之虛理也。歷史家考訂史事之何若，卽一一敍述之，其責已盡，固也。然事之有理，不可誣也。卽事事而言之，事各有分理。歷史家亦嘗於此究心矣。然總諸事而挈之，亦有其統會之理。如總對日抗戰時之一切軍事、外交、政治、文化，及社會民間之諸事，而挈之，其統會之理，卽中華民族之求自拔於日帝鐵蹄之所及之外是也。則總中華民族數千年之史事而挈之，又豈無統會之理可資論列？豈論此統會之理，卽必違於史實之眞相乎？是必不然也。此卽中國歷史之哲學的省察之所爲也。

至於謂哲學家本當然價值以判斷歷史，恆不免主觀意見之蔽，則亦不僅哲學家爲然，歷史家實亦不能自外。歷史家之自謂能捨當然價值之觀念，純就客觀事實以觀歷史，亦實不免於自欺。夫歷史中之事，皆爲往事。夫往事析而觀之，乃無窮之事也。則事事而述之，非人力之所能。歷史家何以選此事而敍述之、考訂之，不選他事而記述之、考訂之，豈無歷史家個人內心之權衡？此權衡，豈能不依於一重要不重要之價值標準？而歷史家之敍述歷史，其於國家之成敗興亡，世道之顯晦升沉，君子小人之消長，又豈眞能無價值判斷之存，或廢書而嘆之事？自歷史家之亦爲一有血有肉之人而言，乃絕不能無者也。此不能無，則其所爲之客觀之敍述，其輕重疏密之間，亦不能逃其主觀意見之蔽也。歷史家之所以恆自秘其價值判斷，蓋亦意曰，吾旣陳此事實，是非善惡之價值，留之天下後世之公論耳。然果天下後世而有公論，則是非善惡之價值，亦當有客觀普遍之標準。則歷史之世界中，非徒有一一之史事人物爲客觀之實在，此一一史事人物中所表現之普遍價值，亦爲客觀之實在。夫事不離理。價值者理也。事客觀，而理亦客觀。求知事之客觀眞相不易，而考訂家之不免於主觀意見之蔽；亦猶知事之客觀價值之不易，論之者之不免於主觀意見之蔽也。然則奈何於考訂史事之眞相之史學，則稱之爲學，而求明辨史事之客觀價值意義之歷史哲學，卽不名之爲學乎。毋亦因其原不深信史事之價值意義之亦客觀；其所謂留之天下後世之公論云云，乃以既不敢自陳其價值判斷，以求貌合於冷靜無私；而又實不相信天下後世之有公論，而只有人各一論之私論，故視論之者爲可有可無也？果其眞相信史事有客觀之價值，天下後世之眞可有公論，則此信心，既存於此當下，其所信有之客觀價值，既與史事而俱在；則己雖不論，亦將樂並世之他人，求知此客觀價值之何若，而亦樂聞他人之所論，不必言待諸天下後世之公論矣。人之爲學，自限於史事之考訂或敍述可也。專門之業，自足名家。然人自限於史事之考訂與敍述，於史事之價值，既以待天下後世公論之言，爲自逸之計；又謂凡本哲學以衡斷史事之價值意義者，皆主觀之意見，爲拒人之計，則此亦治史學者之陋見也。故凡言歷史學爲客觀，而詆歷史哲學爲主觀之議論者，其所謂客觀，皆限於客觀之事實，而忽客觀之價值，是蔽於事而不知理，徒知客觀之一曲，而不知歷史學與歷史哲學之可相依爲用，以明客觀之史事之大全者也。

（三）本書之地位

吾上言歷史哲學之異於一般之歷史學者，在歷史哲學之重明歷史發展之統貫之理，並對史事加以價值判斷，且求此價值判斷之成爲有客觀性的價值判斷。自此而言，則中國過去之歷史哲學，乃卽包含於中國經史之學中。蓋中國固有之學術精神，皆重卽事言理之義，故事實之判斷，恆與價值之判斷相俱。據春秋家言孔子修春秋，其或書或不書，或諱或不諱，皆是以對人或事之價值判斷之不同，而異其敍述事實之文字。是孔子之春秋，「其事則齊桓晉文，其文則史」，其義則中國歷史哲學之祖也。後之左傳重述事。而述事之後，恆繼以君子曰之言，亦皆為價值之判斷之所存。司馬遷著史記，自言意在「究天人之際，通古今之變。」其待「好學深思之士心知其意」者，亦其歷史哲學之所在也。其書之本紀世家列傳重述事，而其後之贊，即明顯之價值判斷也。大率後之修史者，皆寓其對歷史之價值判斷於史書之作法，史傳之序贊之中。後世更有史論，專為史事人物之得失利害善惡是非之價值判斷。顧又多零碎散漫，罕脫策論之習。至王船山乃有讀通鑑論宋論之作，通歷史之全而為論。其書旣即事以言理，復明理以斷事，乃見理之貫注於事中，復超越洋溢於事外，乃眞可語與歷史哲學之論。而顧炎武、黃梨洲之倫，咸亦有即史事以明道，據道以衡史事之精神。然凡此等等，其所謂道，皆中國數千年來文化系統內，大體上為人所共喩之道。故言之不必繁，而聞者已相悅以解。於是人之曲思所注，繁言所在，終在於史事之考證、名物之訓釋。而清代二三百年之學，遂重於事而忽於理，詳於名而略於義。然理不申，則無以御事，學者聞見雜駁而無統，其精神亦不能揚升而高舉。中國歷史之久、史籍之多，又正足使學者沉沒其終身之精力於其中，而不知出。於是百年來中國人與西方之文化系統相遇，見其科學哲學，皆務於明理，其觀念皆明顯而凸出，其系統則綱舉而目張；初則震眩而自餒，繼則以為今只須持其觀念與系統，以貫穿囊括中國學術書籍之散錢，整理中國之歷史，其事即足。而百年來言中國學術者，乃皆歸於襲取西方之科學方法哲學觀念以整理中國之國故；

而言中國之歷史之發展，對中國歷史作哲學之解釋，本馬克思之唯物史觀，以爲論，其事若尤易。於是老師宿儒，亦或爲之低首降心；承學之士，更望風而披靡，而國運亦隨學風以飄搖。唯深研中國歷史者乃知此以西方一家哲學強奸中國歷史之過，乃一一舉中國之史實，不如唯物史觀之所論，以證其非。舉一一史實以證其非，其功大矣。然既以非之，而無以易之，奈何？則或曰以史學代哲學。中國固無哲學也。然此言則未善。蓋世間唯名同而實異者，能相代爲功，故唯正確之歷史哲學，乃能代錯誤之歷史哲學。中國昔亦非無歷史哲學，唯融於經史之學中耳。中國先儒之不詳於歷史哲學，唯以數千年來中國有一一貫相承之文化系統，其中之道之所存，大體爲人所共喻，故不須繁說耳。然今則時移勢易，吾人已與一迥然不同之西方文化系統相遇，則前之所共喻不須繁說者，乃不得不待於重加研察，表而暴之，爲之博喻繁說；則必有繼船山之遺志，面對西方之學術文化之衝激，重自覺中國之歷史文化之道之理之所在，爲中國之歷史文化，作一哲學的說明，以闢唯物史觀之論而易之者，應時而興。此卽牟先生之此書之所爲而作也。

牟先生此書所論者，雖爲中國歷史之哲學。然其所以論之方法與所用之名辭，亦未嘗不受西方思想如黑格耳等之影響。此亦猶如宋儒之用禪宗之語錄體，並取用其本體工夫一類之名，意在便於共喻，亦爲處今之世所不能免。然牟先生論中國歷史哲學之中心觀點，則與西方之歷史哲學家之言大異。彼既非如奧古斯丁之以神之計劃言歷史，亦不如赫德爾、康德之泛論人類之歷史。既不如康多塞、孔德、斯賓塞之據自然之進化，以說歷史之直線進步；亦不如斯賓格勒之以自然生命之有生壯，亦有老死，以喻文化歷史之有末日。既不如卡來耳之以歷史爲英雄精神之表現，亦不如馬克思之以一般社會發展之必然律，預測人類之歷史文化。其以精神之實體或理性之表現爲各種形態之歷程，以說歷史，唯與黑格耳之自理性之表現歷程以言歷史者爲近。然黑氏之言理性之最高表現，已見於德意志之政治與文化。則哲學徒爲事後之反省，如其所喻爲夜間飛翔之鳥；人類未來歷史當循何道，乃不得而論。而牟先生此書，則未嘗以人類之全幅理性，皆表現於過往之歷史，以保持此理性之超越性於不墜。遂得由反省過往之歷史所實現之精神價值之限極所在，而啟人以當循何道以建造未來之歷史，由是而歷史哲學之爲用，乃通乎繼往與開來。此爲本書與黑氏之言大不同之點一。黑氏又以人類歷史之行程，如日之出於東方而沒於西。中國爲歷史精神之始點，而德意志則其終點。此乃以空間之觀念，混淆於在時間中發展之歷史，復視人類一切不同民族之歷史，只在一直線上發展之論，此既悖於史實，而亦無哲學上之充足理由以爲根據。而牟先生此書，則亦絕此病，唯就中西文化之分別各發展其歷史，而言其精神表現方式之不同。此精神表現方式之不同，則上有共同之形上的精神實體爲之根。於是此表現方式之不同者，乃終有融通之可能。此爲本書與黑氏之言大不同之點二。由此二點之不同，則見黑氏之論歷史哲學，仍是觀照之意味重。其所謂理，尚未能洋溢於已往之事外，以爲新生之事之所據，而亦昧於道有殊塗同歸之旨。而深知理之既內在於事中，又洋溢超越於事外，以爲新生之事之所據；及道有殊途同歸之義者，唯中國之先哲爲最。則此書之所以異於黑氏者，卽其所以上承先哲之義者也。

（四）如何了解普遍的精神生命精神實體之一名

吾人旣知此書之上求接契於王船山之論歷史，及其論歷史之觀點與西哲之異同，復當知此書第一章所謂「看歷史須將吾個人生命與歷史生命民族生命通於一起」，並「將歷史視作一民族之實踐過程」，及一「民族生命」乃一「普遍的精神生命」，其中函一「普遍之精神實體」之義。此諸義要點，在言看歷史與看外在之自然不同。看歷史須透過歷史之文字記載，如踴身千載上，而自己生活於歷史之中。吾人自己之生活，乃一嚮往理想，而實踐理想之自上而下、自內而外之歷程。於是吾生活於歷史中，卽將見歷史之發展，亦爲人之嚮往理想而實踐之之自上而下，自內而外之歷程。由是而吾人之看歷史之態度，卽不復如一般歷史家之止於一居今以述古，循流以考原之態度，而爲直下在人之精神理想之泉源處立根，以順流而下觀之態度。此卽哲學之態度。由是而見歷史之步步進展，卽人之精神理想之步步生發，步步爲人所實踐之歷程。由人有精神理想，而人之生命之爲一精神生命。人之精神生命，有相續性，恒日新而不窮其用，是見其泉源之不竭，故謂其蘊涵一內在而超越之精神實體。唯以此謂個人，其言易解。以此謂一民族生命爲一普遍之精神生命，中亦蘊涵一普遍之精神實體，則人恒難相契。因此中夾雜甚多之常識與哲學中觀念上之疑難。然吾今可謂此一疑難之根，自心理上言之，皆在吾人之未能置身於歷史中，而視歷史爲人之實踐歷程。蓋如吾眞置身於歷史中，則吾當首超越吾之小己之形骸，而化吾之自身之精神，爲歷史中人物事件表現之舞臺。而此舞臺本身，亦如將隨表現於其上之人物事件而顫動，而起舞。則歷史中之戰爭，於吾之此精神中戰爭，和平與此中和平，朝代之興衰成敗，於此中興衰成敗，世道之顯晦升沉，於此中顯晦升沉。歷史中一切人物之活動，皆於此中活動。而吾之精神，即一一加以承載，隨之升降，隨之起伏，以體念其理想與價值，而涵容之於一心。則吾之當下之此精神，已爲一普遍化而遍運於吾所知之歷史世界中之精神。吾由吾之置身於歷史之精神，能如是普遍化，再將吾之如是普遍化之精神，客觀化，推而上之，使之彌綸充滿於歷史之長流，再置定此精神之爲超越我而自存。則終將一見民族之歷史，爲一整一之民族之實踐歷程，而中有客觀的普遍之精神生命、精神實體存焉。而此歷史，即皆爲此普遍的精神生命、精神實體之表現其自身之歷程矣。

論歷史之哲學，則民族生命、民族精神、歷史精神、普遍的精神生命、精神實體諸概念，爲不可少。蓋論歷史哲學，乃總持而論，所論者非個人，而爲民族之集團或人類之集團。然在人自然的心習中，恒只見個體事物之一一分散而外陳。一般歷史學之硏究，亦向分的個體事物之硏究而趨，順人之自然的心習以外散。歷史哲學之論，欲歸於統貫之理，則必逆其道而行。其言分皆所以爲合，其論散皆所以成總。遂與人之自然的心習，及一般歷史家之心習皆相違。而歷史哲學之所以終於可能者，則在其所說者，乃人類之歷史。夫人之所以異於其他萬物者，吾常言在其恒能超越其原來之自己，而以他爲自。個人在羣體集團之生活中，其生命精神，乃恒互洋溢，而互流通。個人之爲個人，實外無定殼，而內無定核，而恒隨其相與感通之事，而各融化其氣質之拘礙。其不能融化者，亦隨個人之死亡，而融化於歷史之長流。個人之事，得留存於後人之感念中，而記載於歷史文字者，則必以其有對人之普遍意義，而後得普遍的存在於後人精神之感念之中也。後之個人精神，所以能於其先人之事，感念不忘，亦以其個人精神之能超越其百年內之小己也。故民族之歷史者，民族歷史中之諸個人之生命精神之左左右右，前前後後，交光互映，往復貫通，即多而一，以凝成一整個之普遍精神生命、普遍之精神實體之歷史也。此義不明，人無由以總持之觀點論歷史，歷史之學只有向分散之個別史事人物之考證而趨。義益瑣而言益碎，道術乃爲天下裂，而歷史哲學亦終無存在之可能。而此義之難明，則在人之自然心習皆趨於順而外出，以觀個體事物之外陳而分散。文字書籍，歷史遺物，人以外之自然事物，皆外陳而分散者。其本身皆無吾人所說之精神。以觀分散之文字歷史遺物，及自然事物之心習，以觀人，則亦將只見個別一一之人，而民族集體之歷史之生命精神，乃皆成虛浮玄幻之名言。而實則此皆人之不肯逆其心思，以自覺其精神之所以爲精神之本性，乃「即自己而超越自己」，而以此觀一民族集體之歷史中之人與人精神之即多而一處之故也。

吾以上不厭覼縷，溢乎介紹此書之外，以言歷史哲學之重要，及牟先生此書之地位，與民族精神生命之涵義等，皆以此諸觀念不明，則人之讀此書者，將動輒生滯礙，而無由識其義之所在。此諸觀念旣明，乃得進而略介此書大義於讀者之前也。

（五）本書之中心觀念

此書凡五部。第一部論夏商周。第二部論春秋戰國秦。第三部楚漢相爭，綜論天才時代。第四部論西漢二百年，本書稱之爲理性之超越表現時期。第五部東漢二百年，本書稱之爲理性之內在表現時期。而此書之中心觀念，則見於第三部第二章與第三章。在此二章中，一方面說明西方文化爲分解的盡理精神，一面說明中國文化爲綜和的盡理精神與綜和的盡氣精神。此是對於中西文化精神之一總持之認識。吾昔言中西文化，或由西方文化之爲多元，以說其人文世界之分途發展，而由中國文化之爲一元，以說其人文世界之和融貫通。此是一文化原始之外緣之論法。吾又嘗以中國文化趨於圓而神，西方文化趨於方以智，此是本易傳之言，以兼神智之概念與方圓之圖像之論法。而牟先生之分此三精神則純爲哲學概念式之論法。言圓而神之神，乃通理氣以爲說。言綜和的盡理與盡氣，則分解神之概念以爲說。牟先生意所謂綜和的盡理精神，乃指「由盡心盡性而直貫至盡倫盡制」，由「個人之內聖實踐工夫，直貫至社會體制與所謂外王」之精神。其表現於人格者，則爲聖賢與聖君賢相。而綜和的盡氣精神，則爲一種能超越一切物氣之僵固，打破一切物質之對碍，一種一往揮灑，表現其生命之風姿。其表現於人格者爲天才，爲打天下之帝王。而其所謂分解的盡理的精神，則蓋爲一「以觀解之智，依抽象偏至之理，以自局限其精神，而與其外者形成對立之局；遂爲其外在者之所限，而復卽在此內外之互相限制中，磨練此精神」之一種精神。其表現於文化者，爲神人相距之離敎型之宗敎，爲以概念層層分解對象規定對象之科學，爲個人之通過階級集團而向外爭取政治上之自由人權，以逐漸演成民主制度之政治。此三者皆爲同根而發，而由此以綜攝西方文化之精神於分解的盡理精神之一語。此三種精神，皆人類之向上精神，當同根於合理氣之全的形而上之道體或人之精神實體，而分別爲中西文化之所偏重而表現。而悖此三者之精神，則爲精神之沉陷於物，理泯而氣亦無心於載理，而人之生命之氣，乃糾結成物氣。人以物氣相衝激，此卽天下之亂原。物氣衝激之極，人至欲剷平一切價値之差別，使世界歸向於淸一色之物氣之流行，此在過去之中國，則爲秦代之極權，在今則爲共黨。此則天心剝復之際，神魔交戰之時。而撥大亂以返大正，則在轉物氣以成向上而堪載理之氣，以融綜和的盡理與分解的盡理之二精神，而成一更高之綜和。此卽中西文化自然諧一遠景之所存，亦卽形上道體之全幅彰露於形下之世界。而此蓋卽貫於本書之中心觀念之所存也。

(六) 本書大旨

吾人由此中心觀念以觀本書之論中國文化，則其第一部之論夏商周，實重在明上述之綜和的盡理精神之渾含的表現於中國古文化中。其由相傳之古史，言古代之政治之以修德愛民爲本，及所載史官之地位，以言中國民族之首把握者爲生命，而非外在之自然。中國古代史官之職，包含窺測自然正歲年一面。而此窺測自然正歲年之事，則直接連於「本天敍以定倫常，法天時以行政事。」夫然而其所窺測之自然，未嘗被推出去，而客觀化成爲理解之智之所對，此卽中國之無希臘之科學，而首有重在「安頓生命調護生命」之修德愛民之政治倫理之故。此卽中西文化殊途之始機。順此以往，中國文化歷史之發展之途程，皆得而說矣。

本書旣論史官之地位與中國原始之文化精神，卽轉而言中國古代之民族社會，不向西方式之經濟特權之階級社會而趨，乃形成「宗法之家庭制」，及「等級之政治制」之周代禮制社會之故。而此等級之政治制，則函治權之民主之義。牟先生謂中國後來之政治有治權之民主，而無政權之民主。此乃本中山先生之分治權政權及錢賓四先生常言之中國後世政治中有人民之直接參加政府，而進一步以爲論。故在自由方面說，中國在政治上有黑格耳所謂合理的自由，而無其所謂主體的自由。主體自由卽自覺爲政治之主體以行使政權之自由也。然中國人在政治上雖無主體的自由，而另有道德上之主體的自由，與藝術上之主體自由。此則黑氏之言中國歷史所不知。由道德上之主體之自由，而有盡心盡性盡倫盡制之聖賢學問。由藝術上之主體自由，而有盡情盡才盡氣之天才人物。道德上之主體自由，卽前言之綜和的盡理精神，藝術上之主體自由，卽前言之綜和的盡氣之神之極至也。

本書第二部春秋戰國秦，分講五霸與孔子，戰國與孟荀及秦之發展與申韓。此所論之時代，乃繼西周數百年之周文之構造的時代後，周文之逐漸分解之時代。此中之五霸與孔子一章，分論齊桓、管仲、與孔子。以管仲之尊王攘夷之政治理想，表現當時時代精神之轉進至自覺的求諸夏之親暱，中原文化之保存。而以孔子之通體是仁心德慧，通體是文化理想文化生命，言周文中尊尊親親之價值與意義，之眞正被自覺爲形上的仁義之道；此道亦卽流行充滿於孔子之人格之生命精神中，通過孔子之人格而表現。其意蓋亦卽謂：孔子之一生乃中國文化中之道成肉身之階段。卽「以前之客觀性歷史性之周文之價值意義之內在化主體化，而收攝凝聚於一人之人格，再通過此人格之生命精神以表現而客觀化，而感召繼起之人格，以形成孔門及後儒之人格世界」之一生也。其次論戰國與孟荀，則重在明整個戰國之爲一破裂分散，而人務求盡物力物氣而重物質的物量之時代。而孟子則爲全幅是精神，通體是光輝，表現道德精神主體之人格。孟子之英氣，乃表現其自身人格與時代之破裂與對反。然正由此而後能反顯出人之道德精神之超越的主體性，孟子乃能盡其時代之使命。至荀子，則爲通體是禮義，表現知性主體之人格。荀子之重禮憲，重天生人成，使自然成被治，而人之知性主體，卽凸出而照臨於自然之上。此乃中國古代思想中唯一可通接於西方重知性之精神之所在。然荀子重禮憲而不上本於心性之善，則禮憲純爲外在。外在者皆可去。於是順戰國之盡物量物氣之時代趨向，必有如申韓之思想與秦政者出，而劃平一切禮文與人格之價值意義之差別，而歸於一純物量純數量之渾同漆黑之非精神的精神。而政治歸於一絕對之極權，人君爲陰森之秘窟矣。

本書第三部第四部之西漢及東漢，則首言劉邦、張良等爲天才時代之人物。謂之爲天才者，乃謂其能盡氣而不能盡理。本書以劉邦之反秦，乃代表平民之蠢動其生命於蓁莽大澤中。此爲繼秦之渾同漆黑之精神之普被後，中華民族重見原始生命之光輝。而劉邦之被稱爲能盡氣，則在其豁達之姿，頗能拆散習氣與機括，故亦未嘗不能承受理想，而自覺其限制之所在。止此一點，卽不同於秦政之芻狗一切。故彼可開漢代之國運。至漢武之接受董仲舒復古更化之理想，而西漢之文敎以興。此西漢二百年間，牟先生稱之爲理性之超越表現時代。謂之爲理性之超越表現時代者，主要就董仲舒所言之理性之徹上徹下，上通於天，下通於人倫政敎而言也。

西漢之理性之超越表現於復古更化之理想，及天人相與五德終始之言者，至王莽時代，而益成迂怪膠固之說。王莽亦終以迷信之而自敗。於東漢之二百年，此書則由光武之凝斂的理性人格，及其所團聚之人，又能契合於此理性，能共文理密察以安排政事，而稱之爲理性之內在的表現時代。理性之內在的表現者，理性之下貫而運用，以求落於實際政事之安排之表現也。

東漢之理性之內在表現之見於政治者，爲尙書，宰相，功臣，外戚，宦官皇帝之地位，皆釐淸而成一對列之局。在此對列之局中之精神主體（卽皇帝）能立得住，則此局中之各部，可互相協調而共成其用。當此精神主體立不住，則此「各部門卽頓然下墜，而退處於其自身，以與其外者相抗」。於是此對列之局中之理性的部分、與非理性的部分，即處於鬬爭之狀態。而此卽東漢之末之外戚宦官之爭，黨錮之禍所由生，亦卽氣節之士所由出。東漢之末之氣節之士者，東漢之末之理性與非理性之直接搏鬬所生之精神浪花，而結束東漢之時代者也。於此時代之理性與非理性之直接搏鬬中，自立於其外以全身遠害者，則爲智者之士如郭太等之重美的欣趣。此卽下開魏晉之清談，漸成軟性之物化。然非所以語以求此中問題之解決，亦非能表現眞正道德精神之人物也。牟先生意中國國家政治之體制，則至漢而規模已大定。後代政制之變化皆爲細節。後來中國文化精神之特殊表現，要在社會之學術文化，而不在政制，故本書暫止於此。

（七）知性主體之建立與政權之民主

以上述本書之大旨，乃意在略明本書各篇之關連。而本書有血有肉之具體內容所在，則決非此乾枯之數語所能盡。讀者必須自讀原書。唯原書第一二章及末章，皆徵引較繁碎，讀者氣機不暢，易生阻隔。爲鼓舞興趣計，宜先讀第三部，次讀第二部。此二部乃全書最精彩之部份所在，亦中心觀念所存，而文亦極美者也。然復須知，此書最重要之價值，實在由論中國古代至東漢之歷史，以知中國文化之特殊價值，及其限極與缺點之所在。

本書言中國文化之缺點，在缺分解的盡理精神，由此而缺西方之科學與民主政治。此當補足，吾亦素無異辭。然今之言中國宜有西方科學與民主政治者，多出浮慕西方文化之有此。既罕能極深研幾，就義理當然處說，尤罕能探本溯原，自中國文化歷史發展中本身所遭遇之問題說。而牟先生此書，則其所以讚嘆中國文化，中國古人之人格精神者，既極其肫懇而周摯。復卽於論歷史上生民之禍亂之際，發其不忍之心，以探禍亂之源，而見昔賢用心之所限。此限之所在，要在知性主體之不立。唯知性之主體不立，故自然只爲道德主體所克服之自然，而不成理解所對之自然，而缺科學。唯知性之主體不立，而道德用於政治，如只爲道德之直接的延長。此直接的延長，在盛世則表現爲聖君賢相。在亂世衰世，則表現爲對非理性非道德勢力之直接搏鬪之氣節之士。或退居於搏鬪之外，而成隱逸。否則道德墮落而爲軟性之物化，或硬性之物化。軟性之物化爲名士風流之放縱，硬性之物化，爲夷狄盜賊之殘殺暴亂。於是一治一亂，成中國政治之常軌。而聖君賢相與氣節之士，亦止於更迭而出現於歷史，以供後來者之崇敬。而此中欲「至仁大義立千年之人極」，以開萬世之太平，則惟賴政治上由治權之民主，轉出政權之民主，而發展出眞正事功性之精神，以代傳統之打天下之精神。而此則皆繫於不直接以道德主體呈用於政治，而暫收攝凝聚此主體於內，而外呈冷靜，以透露出知性之主體。知性之主體透露，則我與人與物，皆在並立之格局中，分明起來。而政權之民主，其根據正在使一切人民，連君主在內，皆位於一互相限制、互相規定、互相依賴、互相承認，而互得其客觀化，而並立之格局中。人之知性之主體，亦卽能繼續不斷分別的任持如是如是的並立相依之局，而亦未嘗不內依於仁體者。然在中國文化，以知性主體不透露，故儒者之從政或論政，便止於直接措道德於政治，或本道德反抗政治之一型。於君主與一切非理性的勢力，未嘗思本知性之活動，以照臨其上，求加以安排，而置之於一客觀格局中；使政治之權原，不在君主個人，而在此客觀格局。則政權之民主之觀念，卽終無法轉出。而君位之繼承問題、宰相地位問題、朝代更替之問題，乃終不能有理性上原則上之解決。而諸非理性勢力，不得爲理性所安排，乃互爲消長而相敵對。則一治一亂之循環，乃終無法自拔。是於吾人「至仁大義以立千年之人極」之心，亦終猶有憾。此見知性主體不立而仁亦傷，則充仁之量必求立知性主體，融西方文化之所重於中國文化之中。立知性主體以成政權之民主，而政治上有共認之客觀格局。人在此客觀格局，各以其權利義務相限，亦各居其位，而得分別成就其事功，互肯定尊重他人之事功。則人與人間之大義立。至仁大義立，而古昔賢君賢相不必重來，而氣節之士，亦無須存在，騁物氣物力之暴亂殘殺，更不當再有。此義牟先生於此書恒隨事發揮，精義絡繹。其論中國文化之缺點與昔賢之用心所限，乃動之於悲心，故不過；發之於誠敬，故無怨。其所以取資於西方文化者，卽以承昔先聖賢之志，而解決中國文化歷史中自身之問題，是孝子慈孫之用心，亦卽所謀中國文化之創造，夐夐乎，非當世評中國文化與昔賢者，如秦人之視越人肥瘠，及浮慕西方文化者所能及也。斯義也，吾亦嘗有志而未逮，願與天下賢士共勉之。

（一九五五年十一月「人生雜誌」一二〇期）

八、人文學術與自然科學、社會科學之分際

（一）導言—學術之分際依何者建立之問題

上兩次我們講歷史學之性質。今天要換一題目，講人文學術與自然科學及社會科學之界限。此講之所以放在兩講歷史學之性質之後，講文學哲學之性質之前，是因我們必須至少對一種人文學術之性質，有一較適切之了解，才能講此題。故先講歷史學之性質，以便爲此講人文學術與社會科學及自然科學之界限之根據。不過，我們既已先講歷史學之性質於前，則今轉到此一題目，亦應先由歷史學說來。

從一方面看，歷史學可包括世間一切學問。因宇宙人生全部的事物的變化之流，古人稱爲大化流行者，卽一大歷史。世間實無一事物，在此大化流行之大歷史之外；卽謂上帝創造世界，亦不外創造此大歷史。世間之一切學術之演變，皆屬於各種之學術史，或人類之學術史。故歷史學亦可包括世間之一切學術。我們通常所講之自然科學、社會科學，恆指現代之自然科學與社會科學而言。然學術史中，則可包括任何學術之過去、現在、以及無盡之未來。而學術史之內容，亦卽較我們通常所講之某學術，只限於現階段中之某學術者，更無盡的豐富。又人之學術史以外，尙有其他各種人類文化之歷

史，自然與社會之歷史。則歷史之一概念，應爲具最大之統攝性，以至可稱爲一無所不包之一概念。

然而我們雖可說，歷史是一無所不包之概念，人們通常卻並不因此說一切學術，皆只是一歷史學之一小部份，而以歷史學以外，有哲學、有文學、有社會科學、自然科學等，與之並列。此中仍應有一道理。此道理在何處？是否因世間有必不在歷史中存在之對象？此在我看來，未必能說。因即一切似乎超歷史的東西，若思想中之普遍者，如形數之觀念等，當其爲人之所思想，而成人之學術之內容時，亦即存在於人之思想發展之歷史中，或學術發展之歷史中。要說絕不在歷史中存在，或只有上帝之自身，與尙非今日人類所能認識之世界普遍的眞理或眞相，如佛家之所謂眞如之類。然上帝之創造世界，上已說即創造一大歷史。縱然上帝之自身超於歷史之外，其創造之活動，仍須表現爲一歷史。又上帝如必須通過其創造的活動以存在，則上帝亦於此義上，存在於歷史中。至於宇宙之眞理眞相，如佛家之眞如，則其自身雖能超歷史，然人之證悟之，仍先有一如何去證悟之修養歷程。此仍是一歷史。於此，只能說此修養歷程之最後之一證悟，爲證一超歷史之宇宙眞相或眞如。但此最後之一證悟，必依於以前之修養歷程而有，在人有此證悟時，所證悟者即在此歷程中；則此超歷史者，仍即是經過一歷史以存在於證悟中者。亦即是原能存在於一「由以前之修養到證悟之歷程」一歷史中者。故要說世間有絕對不能存在於歷史中之任何東西，恐不易說。

然則歷史之學與其他之學，其分際由何而定？依我們之意，此只能根據我們成就歷史之學時之精神態度，或看事物之觀點而定。世間一切事物，可皆在歷史中，然而我們卻並不須處處依歷史的態度或歷史之觀點去看他。如我們可以科學的態度、文學的態度、哲學的態度去看他。則在歷史中的東西，我們亦可不把他看做在歷史中的東西。而我們此時所產生之學問，即非歷史學，而是其他學術。至於我們之一切學術，固皆有其發展，我們在反觀此發展時，亦皆可納於學術史之中；然而我們反觀其發展，乃正依於歷史的態度。如果我們根本不觀其發展，則我們雖有學術之發展，仍無學術史之概念，我們亦不會去寫出學術史來。我們寫出學術史，乃是在學術有一段發展之後，再回頭反觀此學術之發展才有的。然而我們在正從事某學術之研究時，卻可根本無此回頭之反觀。則我們於此時，只可說是在研究某學術，而非研究某學術之歷史。我們在某學術之研究中，如我們是本於某一態度觀點，去以某些事物爲研究之對象；則我們亦只能說，我們之某一學術，是以某態度觀點，研究某些事物的。不能說是研究某些事物之歷史，更不能說是研究此研究之歷史的。我們是研究了某些學術，然後才對某些學術之研究之歷史，回頭再作研究，才有所謂學術史。我們亦是先於某學術中研究某些事物，而後發見某些事物之本身有演變、有發展，而說事物有其自身之歷史。此中之層次，不能混淆。故我們亦不是先有一總體性的學術史與事物之歷史之概念，以囊括一切學術一切事物。亦不能於第一步即說我們之研究某學術，即研究某學術史。更不能於第一步即說，於學術中研究事物，即研究事物之歷史。由此而歷史學之爲一學術，即與其他學術，有一不可泯的分際；此分際，乃由於歷史學之態度觀點，只是我們之態度觀點之一種。此外，我們還有非歷史的態度觀點，或尚不及歷史態度歷史觀點的學術態度、學術觀點，故有非歷史的學術。

此非歷史的學術，卽自然科學、社會科學、哲學與文藝。其中之歷史文藝與哲學，皆屬於人文學術。我們此下將先說人文學術與社會科學自然科學的分際。

我們要論自然科學與社會科學及人文學術之分際，一般說，是自然科學以自然爲我們所欲知之對象，社會科學以社會爲我們所欲知之對象，人文學術以人爲我們所欲知之對象。此是直下依於對象之不同，以爲學術之分類標準的說法。然此說法，有一根本之問題。卽世間存在之各種事物，是否眞能界限分明的別爲各類，而更分別劃歸於不同之學術去研究呢？誠然自然界中之無生命的物質事物，與有生命之事物，是不同，而一般有生命之生物，亦與人類不同。然而我們今日又公認，人類初亦由自然而生亦是一生物，而生物之身體，又是物質的東西。而所謂物質的東西或人以外之生物，是否又必不能爲人之社會科學所涉及呢？又是否必不能爲人文學術中歷史文學哲學所涉及呢？此皆可成問題。上文曾說，一切事物均有其歷史，則應皆可爲歷史學之所涉及。卽不說此廣義之一切事物之歷史，而以歷史是專指人類之歷史而言；我們仍可問：我們論人類之歷史時，能不涉及人與其所在之地理物產與人事及天時氣候之關係嗎？此人所在之地理、物產、天時，不是屬於自然嗎？而我們之社會科學研究人類社會之經濟政治法律等社會現象，又能不涉及人類社會所在之地理環境、民族在地理上之分佈、及依於自然之生理，而有之人口之生殖率等等嗎？在所謂人文學術之文學中，又能莫有自然界之山川日月草木禽獸嗎？哲學又能不討論自然界中之物質生命，與一切自然物所依以存在之時間空間等問題嗎？可見說自然科學與社會科學之不同，只是直下由其所研究之對象事物之不同來說，並不是完全恰當的說法。

此種直下只由人所欲知之對象之不同，而講自然科學與社會科學及人文科學之分際之說，其一更大之不妥，是各類事物與存在，既原彼此相關，某一學術研究一類對象，又恆可涉及他類對象，則我們很難由此以建立各種科學之平等的獨立性，而儘可進而以一種學術概括一切。我們上面已說從一義上說，歷史學能概括一切，則一切學術皆可成爲歷史學之一章。我們今亦可以說生物科學能概括一切，因物質東西皆生物的環境，人類之社會文化歷史皆屬於人類，而人不過生物之一種。又可說物理科學概括一切，因上述之生物，亦不過物質之複合之一形態。而說社會科學概括一切亦可，因一切物質的生命的東西，皆人類社會之環境，而一切歷史，皆社會的歷史；人之文學哲學，乃人類社會中之文化之一種，亦屬於人類社會者。而要說文學概括一切亦可以，因文學中亦可描寫一切自然界之事物，與一切人類社會中事物。至於哲學可討論宇宙人生之全而可概括一切，更不必論。由此而任何學問皆可以其自身概括一切，自視爲至上，使其他學術失去其獨立性。而此中之各學術之自視爲至上而生之爭辯，亦同時爲哲學上之理論的爭辯。如以物理科學概括一切者，恆歸於唯物論。以生物科學概括一切者，恆歸於生命主義。以歷史概括一切者，恆歸於歷史主義之類。而任一主義若成立，皆使其他之學術之獨立性，不能保持。若要保持各種學術獨立性，則不能從任一學術之可涉及一切，可概括一切上去看，而只有先從各種學術所依而生之不同態度不同觀點上，去看各種學術之分際。然後再看，在某種態度與觀點之下，有無比較適合的對象，爲其所研究與所最當涉及，或次當涉及者。則所謂本對象之不同，以論各學術不同之說法，亦可包攝於我們之此說下。然而我們卻不能直下即先硬性的將世界之事物，先劃分爲許多互相排斥的種類，而後指派之於分門別類之學術，謂某些事物，是某些學術之研究之專有物，其他事物爲其他學術之研究之專有物；有若世間之財產之分派於各私人，而不能相犯然。我們當說，此中各種學術之分際，初只由人自身之看對象事物之觀點與態度之不同而來。此中之分際，初只是此諸態度觀點間之原有其分際，而不必是因其所涉及之對象事物，原可互不相涵攝，而先自有其截然的分際。必須如此，方能使各種學術並行不悖，而保其獨立性。我們以下，即將先本此義，以講自然科學社會科學與人文學術之不同。

（二）自然科學之態度與觀點，與社會科學及人文學術之態度與觀點之不同

自然科學與社會科學及人文學術之不同，我們可說依於人之看世界，主要有三種態度或三種觀

點。一爲把事物作爲離開或外在於我之爲人之主觀的行爲與精神，而自己存在者來看。由此而有自然科學。二爲視我爲人羣中之一分子，而把我之主觀精神與行爲，客觀化爲人羣中之一分子的精神與行爲，而看此人羣中之各分子之精神與行爲，如何互相關係影響，以結成此人羣之社會。由此而有社會科學。三爲把我之主觀精神與行爲，以及其所對之自然社會之事物，皆攝入於對我們之主體的精神與心靈之「自覺的回顧反省，或自己對自己之反應、自己對自己之感通、自己對自己之行爲中」去看，由此而有人文學術。

此上的話須一一解釋才能明白。

我們說依於我們之把事物，作爲離開或外在於人之主觀的行爲或精神而自己存在者看，而有自然科學云云，即合於我們通常謂自然科學所研究之自然物爲自己如此然、自然而有、自己存在，而非人使之有，或人所創造者之謂。在一般的觀念中，以自然事物與人造事物之間，有一絕對之界限。如房屋橋樑是人造物，地質天文是自然物。然此種分別之所以可能，乃實由人於事物所自生之歷史，先作一反省，而後能說。如我們反省房屋橋樑之所自來，知此中人確曾對自然物，施了一一製造之活動，方謂之人造物。而於人不曾施以一製造之活動者，則稱爲自然物。如離此人之歷史的反省，以看一人造物之存在於自然，則我們是否不可說，此人造物亦皆屬於自然呢？我們豈不可一眼看去，而謂此山川中之房屋橋樑，即自然風景之一部嗎？縱或不如此說，我們試想，此房屋橋樑歷若千年後，自己傾圯爲土石，此豈不仍爲自然之一部嗎？再試想，人類一朝毁滅，一切人造之衣服食物書籍傢具，皆化爲化石，豈不仍歸於爲自然之一部嗎？而人之一切製造之活動，在其最初發生之時，又豈不可說皆依於生理心理之自然要求？則一切人造物，豈不可說亦是依自然而有？那有能與自然眞正自始至終，皆必然的彼此對峙，而並存之人造物呢？我們說有人造物，只因我們人能由反省而知其過去曾加某些活動於自然，以造出合於其生理心理之要求之物；而人之生理心理之要求，雖初是自然發生，然由其發出而造成之物，則非原先之自然界所有。於是，當我們見此人造物，如房屋橋樑，在自然中能保存其自身之形相而存在時，便稱之爲與自然物相對之人造物。若離此上之種種的反省，或只由人造物之最初所自生，或其最後在自然中喪失其形相，而化同其他自然物處看；則世間便只有自然物。一切人造之物與一切其他自然物，同樣服從自然科學中之物理化學的定律，生理心理的定律。而此亦即其皆可視爲自然物之理由之所在。人如只從自然科學的態度與觀點去看世界，則我們便很難說：任何人造之物，以及人類之生理心理，必不包括於自然中，而不屬於自然，或在自然以外，還有任何事物之存在。亦很難說在自然科學以外，還有任何學術之存在。譬如人類學中，有所謂自然人類學；人之心理學，卽有人只視之爲自然科學之一。而由人類之從自然長出及如何存於自然看，人類學中最初亦只有自然人類學，爲自然科學之一支。只不過因我們尙可依其他之觀點，去看人之心理或人類，我們才不以心理學只是自然科學，亦才不以人類學中只有自然人類學。如我們從人之心理乃由個人在社會中，與其他人之互相感應而發生而有看，則心理學，又何嘗不可視爲社會科學呢？社會心理學豈不亦可視爲社會科學嗎？再如我們把人之心理現象，視爲由人之心靈或精神之「自覺地回頭反省他自己，由人之自己對自己之反應與感通，自己對自己之行爲」去看，則心理學豈不可視爲精神科學人文學術嗎？我們如不只從人類之由自然而生，生於自然一面，去看人類，而由其有社會文化一面，去看人類，則人類學中卽有社會人類學文化人類學，爲社會科學之一部了。如果我們再進而從人之能反省其自身在宇宙中之命運處，去看人類自己，則有所謂哲學的人類學，而應屬之於精神科學或人文學術之一部了。然而如果我們一定要專從人類與人之心理之由自然而生，存於自然，去看人之心理及人類，則心理學便只有稱爲自然科學，而人類學中亦只有自然人類學了。

因爲對人之心理與對人類自身，可容我們各種不同之眼光，去看其性質，故一般人不以心理學與自然人類學爲典型的自然科學。一般是以研究物質的物理化學的變化，與生物之生理的變化之物理學、化學、生理學、礦物學、動物學、植物學，爲典型之自然科學。何以此類科學爲比較典型的自然科學呢？此只因我們對於這些東西，似乎可把他們視爲全離開外在於我們之精神的自覺，或離開外在於我們所在之人類社會，而自己存在之東西看；而不必把他們看作關聯於人類社會，或內在於人之精神之自覺的東西看之故。由此而我們亦可說，他們爲較適合我們之用自然科學的觀點來看的東西，而成爲典型之自然科學研究之對象。然而我們卻不能先預斷這些東西與人之精神及人類社會初無關係，並預先指定這些東西，屬於自然科學研究之特有的範圍，特有之對象，謂其他學問不能以之爲對象；復亦不能預斷自然科學必不能有外此之其他對象，爲其所研究，而本自然科學之態度與觀點，加以處理者也。

（三）自然科學之觀點、物理科學與生物科學之觀點之分際

我們今卽以一般所謂典型的自然科學之物理科學與生物科學爲例，合以說明所謂自然科學的觀點態度之爲如何。

我們可說所謂自然科學的觀點態度，卽觀自然之生物、無生物之如此如此，遂直接歸之於其自己，謂此乃其自己之如此如此然，而加以描述及說明之態度。何以知一自然物之是如此如此？此則或由觀察而知，或由實驗而知。而所謂其是如此如此，則或指其性質，或指其數量，或指其在整體時空中之地位，或指其與其他事物之因果共變之關係。此與吾人在常識中，謂一事物之爲如此如此之事物，乃就其性質、數量、因果共變之關係，時空位置之如此如此，而言者無殊。然而在自然科學中，當我們對若干一特定之自然物或自然現象，由觀察實驗，而對其性質等，有一初步之規定後；我們馬上著重本此性質等之規定，去求知道某一類自然物或自然現象之一般的定律或法則，以說明其他特定的自然現象自然物所以如此如此，而不再重視一一特定的自然現象自然物，各爲一單獨的個體之自身。此卽

與歷史學之永要重視歷史上之個體人物、個體事實，而將一切普遍的意義，皆視爲用以說明個體之人物事實，若爲其註腳者之態度觀點，大不相同。

然此上所講中，有一名辭之歧義，必須說明。

我們之看一自然物之自己如此如此然，卽包涵了看其如何與他物發生因果共變之關係；則我們卽同時是由看其他物之如彼如彼然，以看此一物之自己如此如此然；而此物之然其所然，亦卽由其他之物之然其所然而來。則物之自然者，同時是由他而然。唯此「某類之物之如此，必由於其他類之物之如彼」，或「有他類之物之如彼，則必有此類之物之如此」之一整個的物與物間之因果共變關係之爲如此如此，則可屬於此「有因果共變關係之物與物所結成之全體」之自己，而爲此全體之自己之如此如此，故可仍名之爲自然耳。

如果我們所謂一物之自然者，就一義言，亦爲由與其他事物發生因果共變關係而然，卽由其他之物之然其所然而然；則我們可以說，自然科學中之物理科學與生物科學之不同，亦卽由吾人之「觀一物之如何由他而然而知」之自然界之物，可說有二類之不同而來。而此二類之不同，亦分別由吾人看自然物之二種觀點之所發現。其一爲觀一物由他而然時，人於此同時發現此「他」初爲與之原不同類，或同類而相並在之「他」。其二爲觀一物由他而然時，人於此同時發現此「他」，初爲與之原相類之另一物，非與之並在，而其自身卻原爲內在於此「他」中者。前者爲物理科學之觀點，後者卽生物科學之觀點。我們可說一物理事物之由他而然，如水之由電而解，此電卽與水爲不同類者。此水之由彼水之衝擊而流動，此水與彼水卽原相外在者。而生物之由其先代以生，則此先代爲與之同類，而一生物之種子，亦原內在於先代之生物之體內者。物質性之事物之如此然，要在由其外之相異之物之如彼然而然。此如彼然，乃與其如此然異類，或相外在者。生物性之物之如此然，亦可說由其先代之如彼然而然。然其先代之如彼然，則與其自身之如此然相類，而彼又原由其先代之體中所分出。因而可說其自身之如此然，乃由其先代之亦曾如此然而如此然。是卽物質性之物，與生物性之物，所以爲自然之二大類之最基本之分別所在。而吾人觀一物之如何由其外之並在之物之如彼然，而後如此然，與觀一物之如何由其先代之物之曾如此然，而如此生長發展，而亦如此然，如此如此生長發展，亦卽兩種不同之觀物之由他而然之二種觀點，二種態度。吾人今所謂物質性之物與生物性之物，卽分別爲最適合於此二種觀點態度之應用於其上，以加以了解研究者。亦因人本來原能分別有此二種觀點態度以觀物，而後知世間有此生物與無生物之別也。

然而我們雖可由此二觀點態度以觀物，而有生物與無生物之分，仍不礙吾人之專取其中之一觀點，以觀一切之物。如吾人亦可以生物之所以如此然，如此生長發育，不由其先代之如此然、如此生長發育；而只由其種子與其環境中之物，如母體之胚胎及所吸收之營養物，交相反應，而如此然、如此發育生長。此環境中之物與其種子，乃原爲異類之物。而種子之遭遇此異類之物，而生長而發育，則唯由於此異類之物質與其種子之物質間之物理化學之變化。由此而有生物化學、生理化學、生物物理諸新興的科學。此諸新興科學，所以亦可被視爲物理科學爲基，人乃更本此而謂生物學可化爲物理科學之一章者；即由其乃採取物理科學之觀點，由觀爲異類之環境中之物之如彼如彼然，以觀生物之生長發育之如此如此然之故也。

然而我們可否轉而爲謂在生物之體中之物質之化學物理的變化之如此然，由其先代之生物之生長發育如此然，或謂其先代之生物之生後代時，即賦其後代以一其自身之生長發育之範型，以便其後代之種子，吸收異類之物於其體內時，即爲此範型所陶鑄，而使此異類之物產生一種其原來所無的物理化學之變化呢？此亦明爲若干生物學家及哲學家所主張，而非不可說者。若然，則生理化學、生物化學、生物物理，亦即應視爲生物學生理學之一部，而非可視爲屬於在生物學以外之化學物理者矣。吾人如以此觀點，去看一切在生物之體外之環境中之無生物，則亦儘可只視作生物之環境而存在。而謂物理科學之研究此生物之環境，乃所以爲生物科學鋪路，或乃爲生物科學之一導言，亦非不可說者矣。

我們可承認生物之生長發育，有一範型，由先代傳來，並能傳之後代，而生物有自類相生。至對無生物，則我們雖可在其存在時，說其亦有一自身之範型，爲自身之所然。然對此所然之範型，卻不能言其由先代傳來，並能傳之後代，以使其自類相生。則吾人可說無生物之範型，在現在之爲如此如此，並不求自保其如此如此，順之以發育，以及其未來，並傳此範型於繼之而有之後代存在者。生物之範型，在現在之如此如此，則爲生物兼求自保其如此，而順之以發育，以及於其未來，並傳此範型，於繼之而有之後代之存在者。由此而吾人之觀察無生物之受他物之影響而變化，卽亦不須看其如何趨向於保存其自身之範型之意義；而觀生物之受他物之影響而變化，卻須兼看其如何趨向於保存自身之範型之意義。物若無對此範型之保存，則其受他物之影響，卽恒以「他」之使之如何然，而失其原有之自然。物若有對此範型之保存，則其受他物之影響，並不必因他之使之如何然，而失其原有之自然，而恒求保存其原有之自然。乃或更轉而以原有之自然、原有之範型，陶鑄所吸收之異類之他物而發育，以使此異類之物轉變而不然其所然，而化同於其自身生長發育中之自然。於此吾人觀物之所然之態度與觀點，卽明有二種，一種爲「觀此物之所然，而觀此物之因它而不然其所然，而另有所然」之態度。此卽吾人之觀不能發育之無生物之因外力而變化之態度。在此態度中，吾人之用心方式，爲「順一向之因果之歷程，以觀因之生果，與果之恒異於因；因向於果，而果不向於因」之方式。此中吾人之用心方式，卽爲一進向的，往而不返的。另一爲「觀如此然者，通過與不然其所然之異類之物之接觸，而使此不然其所然者，亦然其所然」之態度。此卽吾人之觀生物之以其自力在環境中發育之態度。在此態度中，吾人之用心之方式，則爲「順二向之因果歷程，以觀一生物體之自爲因，以與環境中物接觸而致果，以成其自體之發育；而見因能生果，果以成因，而不異於因；因向於果，果亦還向於因」之方式。因而吾人之用心方式，即爲一進向的，往而再返者。前者之用心方式，如以A→B之圖形表之，後者之用心方式，則應以A⇄B表之。至於關於自然科學中之物理科學及生物科學之態度觀點之其他問題，則今不必多論。

（四）社會科學與自然科學之分際

除了自然科學以外，我們現代人所亦加以重視之一類科學，爲社會科學。如社會學、政治學、經濟學、法律學、民族學等之類。此一般說，皆是以依於人類之心理而有之社會現象或社會之事物，爲了解研究之對象者。但是我們是否可說，只有人才有心理活動，只有人類才有社會呢？我們豈不常聞有所謂植物心理、動物心理之說，又豈不聞蜂蟻社會、動物社會之名？而依若干哲學家之見，則原子分子之相感應，亦可說爲知覺，而其結合，亦可說成一社會。則何可說只有人類才有心理活動與社會，而謂社會科學，只當爲研究人類社會事物或人類社會現象之科學呢？

然而我們之所以只以研究由人類心理而有之社會現象或社會性事物者，爲社會科學，此中最重要之理由，實不在其他存在之物決不能有心理有社會。而在它們之社會，非我自己能存在其中，而與其他社會中之分子，能相感應相交通之社會。只有我能存在於其中，而與其他分子能相感應相交通之一社會，才對我爲一眞實的社會。所以我們才以社會科學之名，專指人類之社會事物或社會現象之了解與研究。

人類社會，雖是我自己存在於其中的社會，然而我之存在於此社會中，乃以其中之一份子之資格而存在。我在把我視作存在於其中之一份子時，此卽前文所謂把我客觀化爲一社會中之一份子時，再來看此社會中之各份子，如何組織成一社會，以有種種人與人之共同而相互影響、感應之社會性政治性法律性之活動、行爲、事業與制度。由是而我雖原爲一具有心靈的自覺之精神的主體，我卻可不須於此自覺我爲一有如此之自覺之主體；而只見一包括我爲其中之一份子之客觀社會之存在，與求加以了解研究之社會科學之存在；乃暫不看見有所謂人文學術或精神科學之存在。於是人亦可以社會科學卽可包括一切人文科學精神科學於其內，如許多人之以歷史只爲研究社會發展之社會科學之一種，卽其一例。

我們如說社會科學爲一以我們之社會性、政治性、經濟性、法律性之人與人之共同而相互影響、感應，之活動、行爲、事業與制度等爲對象之學術，則此中已可見其與自然科學之原則性的不同。此不同，乃由於我們之看此等社會事物之觀點態度，與看自然事物之觀點態度，根本不同。

我們在看典型的自然事物時，我們初步是把自然事物看爲自己如此如此然，進而看其畢竟是由「他」而然其所不然，果恒異於因的，或爲使其所不然者，然其所然，果不異於因的。前者卽物理科學之觀點，後者爲生物科學之觀點。在前者中吾人用心方式，爲一往而一向的；在後者中，吾人用心之方式，爲一往一復而兩向的。此皆吾人上所已論。然而在社會科學之研究中，則吾人之用心方式，可謂爲三向的。因一切社會事物，皆至少由並存於社會之二份子之一共同而相互影響感應之活動而成。詳言之，即至少爲由此二份子活動，交會於某一共同之目的或共同之事物之前，而更透過此共同目的共同事物，以相互影響相互感應而成。此中之二份子，皆同有向一目的或事物之活動；而此目的或事物，亦可視爲引發此活動之因，而以此活動爲果者。此爲我們於此所應注意之一向。而此中之二份子，皆欲使其活動生長發展而完成，以實現其目的於對事物之接觸或改變之中。此爲我們於此應注意之第二向。而此二份子之活動之互相影響感應，即使此二份子之活動之性質內容，於同時或異時，互貫而交徹，同時使二份子，彼此照見對方心目中之目的，與對方心目中之亦有此事物之存在，此即爲第三向。而我們如以圖形表其關係，則設二份子之活動爲AB，其共同之目的事物爲C，則其間之關係應如下圖。此中吾人對A或B之活動，皆至少須循三方向去看，方能了解其所以如此如此之原因或理由之所在。此義思之自知。

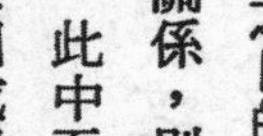

至於各種包括二份子以上之社會性的活動，則其間之情形，誠極爲複雜，然亦皆可說由一份子與其他份子，次第發生相互之影響感應之關係而形成，亦皆可由人之相繼的循此三向用心，而次第加以了解。至於各種社會性、政治性、經濟性與法律性之活動、行爲、事業與制度之不同，亦皆一一可由此中之各份子之相互感應之目的之不同，所接之事物之不同，與其相互影響之形態之不同，而分別加

以界定。以見各專門的社會科學，卽分別去了解社會性事物、政治性事物、經濟性事物、法律性事物之關聯的律則或意義之學。然此則非本文之所能多及。

我們今所最需要討論的，是由以自然科學與社會科學爲對照，以見人文學術之性質，及其依何種觀點態度方式而形成。

（五）人文學術及歷史學之起原

人文學術之所以爲人文學術，我們說是原於人之主體的心靈或精神之能自覺的回顧反省，而自己對自己反應、自己對自己之感通、自己對自己之行爲，並將其所對之自然社會之事物，皆攝入於此主體的心靈或精神之自覺的回顧反省中，而有。原來我們對於自然之事物本可發生若干自然之感應，如遇食物而知食，遇寒知衣，遇危知避。我們對於社會的事物，亦能發生社會的感應，如遇敵知鬪，遇友知親。然人於其自己對自體與社會，所發生之感應與行爲，又能再自覺的回顧反省，以自感而自應。此亦卽人之心靈與精神，對其自己之行爲之表現。人由此而有其內在的心靈生活精神生活；亦由此而有各種人文學術之創造。在人文學術中，人不復把自己只視爲存在於自然之事物看，亦不只把自己視爲社會之一份子看，而是把自然與社會中之事物，與我對自然社會之感應所成之事物，皆視爲我們之自覺的心靈或精神之回顧反省之所對，而自感之，還自應之。由此而我們之心靈或精神，卽開始呈現爲對此所對，超越的涵蓋其上，並能對之自作內在的感應之一自覺的主體。此主體之爲主體，在人從事此人文學術之創造之歷程中，初又只是超自覺的存在於那兒。唯因在一般的情形下，人只自視其爲存在於自然界之一物之習氣之牽掛，人於此乃恒不自覺此主體之存在。此則賴於一哲學之智慧，加以指點，方能眞對其原有之主體有此自覺耳。

由上述把自然與社會中之事物，只視爲心靈或精神回顧反省之所對，而人對之再自感自應所成之人文學術之第一種，卽可說是歷史學。歷史學之原始，我們可說依於我們個人，對已往經驗中之事物之記憶。此所記憶之事，初不外我們在自然或社會中，所已經歷之事。然而我們之只有此所記憶之事，或只任此所記憶之事，自然的重現於心，尚不是歷史學之開始。必待我們之自覺的去求儘量將所記憶的事，一一重現於心，而依其原來出現的時間次序，用文字符號，加以記錄，才是歷史學之開始。而此自覺的要去重現所記憶的事，而去記憶之，則是從當下開始之一「自己去重感自己所經歷，而再回應之」之創造性的自覺的心靈之活動，或精神之活動。我們過去經驗了許多事，而會忽然想及此許多事，此乃依於心理上之前因決定後果，及在自然生命之發展生長之途程中，過去者皆可自然再現出來。在此再現中，可見我們有能保存過去之能力。然此卻不能使我必然的要於現在，儘量的求重現過去的經驗於現在，而依其原來之時間次序，加以記錄。而在一般情形下，人之過去所經驗者之自然的再現的次序，亦不必依照其原來之秩序。則我們之必求儘量的使之重現，依其原來之秩序而安排之於一時間線索中，加以記錄，便只能原自我們當下之創造性的精神活動，或心靈之活動。我們之求儘量加以重現而記錄之，可是求將所記得的，皆儘量加以重現，而安排之於一時間秩序中，加以記錄。而我們在將我們個人若干時期經驗之若干事，皆加以重現而記錄之之後，亦卽完成了我們之紀錄個人之若干時期之歷史之工作。我們於完成此工作之後，卽明白的顯出我們能去重現、能去記錄的心靈精神之主體，爲在此一切所重現、所記錄之事之上之一主體，並非此所重現、重記錄之事物之所能限制，而能超越的涵蓋於其上之一主體。

從歷史學之始於我們儘量求重現我們所經驗者，而依其原來之秩序，以安排於一時間之線索中而記錄之，則其爲一創造性的心靈活動精神活動之表現，是很明白的。因欲依其原來之秩序，而安排之於一時間線索中，並非一蹴卽就的事，而常不免於錯誤的。此中，是恒須待人一番努力的工夫，才能成就的。而文字之記錄之本身，與其所記錄者，亦是絕然不同的東西。文字原是人之所創造，用文字以記錄，亦是一創造。文字之所以爲文字，不在其爲一看得見之形像、聽得見之聲音，而在我們可用此一定之聲形以表意。而一文字之表某意，則只由於我們人之如此如此加以規定。此規定，最初亦是一心靈與精神的創造，故文字亦是人造物之一。然文字之爲人造物，卻大不同於房屋橋樑與一切物質文明之爲人造物。此後一類的東西，可以歷年代而化爲自然物，然而文字則永不能淪爲自然物。文字永賴有心靈有精神之存在，規定其所表現之意，並繼續承認其所規定，然後才能表意。故文字可以因人不用以表意，而不是文字，然而文字永不致淪爲自然物。一切文字的記錄，亦永不能淪爲自然物，而只能淪爲人所不識之文字。故文字與文字之記錄，亦即永只是精神之創造，而不能是此外之任何東西。歷史學之必待有文字之記錄而有，即證明歷史學之爲一精神的東西。一切學術在其須用文字表達時，當然亦同時證明其爲一精神的東西。然而其他之學術，如社會科學自然科學，尙可說其用文字，乃意在敍述說明現實存在之自然物或社會，而此自然物或社會，初並非即精神的東西。然而歷史學之所記錄者，則爲由人精神上之努力，而後再重新呈現以存在於人之精神中的東西。故歷史之記錄之文字，不特其自身爲一精神的東西，其所敍述表達者，亦直接是此由精神上之努力，而再重新呈現以存在於人之精神中的東西。故用文字的記錄而有之歷史，可稱爲一眞正之精神科學或人文學術。

將人所經驗之事物，安排於一時間秩序中，而加以記錄，是歷史學的開始，而非歷史學之成立。歷史學之成立，賴於我們之記錄之留下，而由他人或後人，再加以解釋，或我們之能解釋他人或前人之記錄。由我或我之後人，能將不同的人們之所經驗之事物，安排於一公共的時間秩序中，而能對先先後後的人類所經驗的事物，作一總體之記錄，此方爲記人類歷史事實之歷史學之始。再由此進一步，去發現史實之種種意義，方爲歷史學之正式成立。此爲如前二講之所說。

我們說歷史學是由歷史事實，而求發現歷史意義之學。此與社會科學之求發現各種社會性事物政治性事物之意義，有何不同？對此問題，我們可說，此不同，乃在一歷史事實之爲一歷史事實，其意義皆是多方面的，乃是兼具社會性意義、政治性意義、經濟性意義、法律性意義、民族性意義，以及關聯於自然之地理及自然界之一切事物之意義，與其他一切精神意義或人文學術之意義的。

歷史事實之所以具多方面意義，乃緣於歷史事實之爲一歷史事實，初只由其爲我們將其安排於一公共的時間中，某一段落之一單獨而唯一無二之事實而得名。說一事實爲歷史的，並未規定其只爲某一類之事實。我們於一事實，自可只規定之爲某一類事實，然此只規定之爲某一類之事實，與只說其爲歷史的事實，大不相同。如只規定之爲某一類之事實，則其意義，卽只有屬於某類之意義。而說其爲歷史的，則對其意義，卽初無任何預先之規定上之限制。而由一一事實之可與任何其他類之事實，發生因果上或交互影響上的關係，則要說其意義，其意義卽成爲多方面的了。

我們之論一歷史上之事實之意義，恒要論其多方面對社會之影響。如我們論商鞅之廢井田開阡陌之經濟上的事之意義，便要論其對政治、對社會、對軍事、對禮敎之種種影響。因此有人說歷史是一綜合性的社會科學。但是如有文獻足徵，我們亦可論此事之對自然之土地之影響，對天時水旱之影響；亦可論此事對人之道德生活精神生活，對當時人文學藝術之創作之可能有之影響。則將超出社會科學之範圍之外。此只因文獻不足徵，才不能加以論列。漢人信天人感應，卽於人事皆信其對天變之影響。而我們今日於人之試核子彈，亦論其對大氣層之影響，及對某地之自然生物之影響，與對小說家詩人之影響。此亦亦仍可視爲歷史學之所當涉及。則歷史學實不只爲一綜合性的社會科學，而爲當綜合的涉及一切社會事物與自然事物及精神事物，而應稱爲一能綜合地涉及一切學術之內容，綜合地採取一切學術之觀點，以論一事實之意義之學術。此歷史學術之可涉及一切自然界、社會界、與精神界之事物，亦如文學哲學之可涉及一切自然界、社會界、精神界之事物，而與自然科學社會科學，可歸於只各涉及一類之事物，初不相同者。

然無論歷史學之所涉及之事物如何廣大，歷史學要爲依於人對其所已經驗之事物，加之記錄，並對此記錄，再加以解釋，以了解歷史事實之存在及其多方面之意義之爲如何如何而有。歷史學畢竟爲一依於人之自覺的回顧反省其安排於時間秩序中，已經驗之事物之意義而成。因而人之歷史的世界，亦只爲一呈現於人之此回顧反省之歷史意識中之世界。此即不同於人之社會科學、自然科學之成立，乃依於人之直往觀其所面對之自然世界與人類社會，而求加以了解之學術。此中人所面對之世界之事物，可說直接呈現於前，而非如歷史之世界，唯由人之自覺的回顧反省，乃得再呈現於前者，此如前說。然此言亦非謂人所面對之世界之事物，不能再化爲人之所回顧反省者。亦非謂人所回顧反省者，初非人之所面對者。而唯是因此回顧反省之態度，與直往面對之之態度，有所不同，即有此不同之學術也。

（六）哲學與文藝之性質及人文學術之內在的相引而無窮性

歷史學爲由吾人對其所已經驗之事物，加以回顧反省，而安排於時間之秩序中，加以記錄解釋，而發現其意義之所成。此中所謂安排之於時間之秩序以下之事，皆爲繼此自覺的回顧反省之心靈活動精神活動，而對此所自覺所反省及而自感者，再加上一精神性之創造的反應而成。而其他之人文學術，如文藝哲學等，我們亦皆可說其由於人有一自覺反省之後，再繼以一精神性的創造的反應而成；亦皆同可稱爲精神科學。對歷史學，我們可說是：緣於人自覺反省其已經驗之事，加上「安排之於一時間秩序」，「以文字記錄其事」，再加以「解釋及了解歷史意義」等事，而如此「由事生事，於事上加事」之所成。文藝則可說是：人自覺反省其已有之對境之情，並超出一般所謂時間秩序之安排，而以「文字抒發其對境之情」，再於「文字中自體會其對境之情之意義」，並「由情以生情，而於情上加情」之所成。哲學則可說是，人自覺反省其已知之事與情之理，而超出一般時間秩序，以觀此在時間秩序中的世界中，有永恒的理之表現，以「文字表達其理」，再「於文字中自證悟其理之意義」，並「由理以生理，而於理上加理」之所成。要之，皆爲依於人之自覺的反省，而對此反省所對，再加以一精神性的創造反應之所成之學術。而歷史學中之事，爲具有多方面之綜合的意義之事，亦如文藝中之情，爲具有多方面的綜合性的意義之情，哲學中之理，爲具有多方面的綜合性之意義之理。對歷史中之任一事。人能了解其多方面的意義，便見其爲不定數的其他之事交會之一中心，正如對文學上之情，人能體會其多方面意義，而可見其爲不定數的其他之情之交會之一中心；亦如對哲學上之理，人能了解其多方面之意義，便可見其爲不定數之其他之理之交會之一中心。以此三者，與自然科學社會科學之恒歸於只求知一類自然事物，一類社會事物之抽象意義，意在成就我們之一類社會行爲或改造自然之行爲者，相較而論；則見此三者，皆歸向於「由觀事之意義、情之意義、理之意義之交會於一中心，而成爲具體化之事、具體化之情、具體化之理」。此三者中之文字之記錄、抒發、表達吾人已經之事、已有之情、已知之理，其所以皆爲更進一步之了解意義、體會意義、了悟意義之媒者。則由任一文字皆不止一義，而除吾人所用之義外，兼具他義；吾人卽可緣一文字爲中心，而由一意義之了解、體會、證悟，以更及其他之相連之意義，而文字恒卽成爲開拓意義之了解、體會、證悟之媒。其他科學之用文字，因其意恒在專指一類事物之一類抽象意義，故亦恒只取一文字之一義，於是一文字之有多義，而不止表一理一情一事，反爲障礙；乃趨於用一專表一義之文字，造成專門術語以爲用。然在歷史科學與哲學，則原非只以某一類事物之一類抽象意義之了解體會證悟爲目標者。故一文字之有多義，卽不爲障礙，而正爲人憑之開拓意義之了解體會證悟，以擴大心思，使情連於他情，理連於他理，事連於他事之所資。此卽昔人所以言「情生文，文亦生情」之故。唯今當再補以爲「理生文，文亦生理」、「事生文，文亦生事」二義耳。

關於人可於情上加情、理上加理，此亦如人之可於事上加事，皆原本於人之精神性的自己對自己之一創造性的自感而自應之事。此不同於吾人對自然事物社會事物之感應，必外有所感，方內有所應；外無所感，則內可無所應。如無水則不游，無客則無客禮之類。此精神的創造性的自感而自應之事，乃無所假借於外，而原則上可無窮無盡者。如人之回憶往事，是一事；將此一事記下，又是一事。再解釋此記錄的，又是一事。解釋後再記下，謂此記錄作何解釋，更是一事。此明爲可相引而無窮者。而我們之有一懷遠之悲哀之情是一情，而對此懷遠之情，自加珍惜，又是一情。將此情發抒之於文字而樂之，又是一情。自讀此文而自讚美之，再將此自讚自美之意，抒發之於文，而又樂之，亦皆爲一情。而吾人之知一理是一理，而以他理證明此理，又是一理。再以此理證明他理，復是一理。而吾人之由知一理而知其所關聯之其他之理，亦不必皆可有彼此相推論之關係者。如由正而知反之類。然要亦可爲相引而無窮者。

然此中之事與事、情與情、所知之理與所知之理之可以相引而無盡，關鍵唯在人於其已成之事、已有之情、已知之理上，能再加上一精神性的自覺的反省，而將已成之事、已有之情、已知之理，再綜合的連結之於其他之事、其他之情、與其他之理，方能有此上所說之相引而無盡。此中、吾人之由精神性的自覺反省所及之事情理，綜合的連結之於他事他情他理之活動，在何處截斷，此相引之歷程，亦於何處截斷。吾人固可對人所有之任何之事、所生任何之情、所知任何之理，只視爲自然界發生之一事或在社會中發生之一事實，而視之爲客觀外在之事實。在吾人視之爲客觀外在之一事實時，卽可不視之爲吾人之自覺反省之所對，而吾人亦可不對之作進一步之創造性的自感自應，而可更無直接相引而無窮之事之情之理之生起。惟因吾人視此事此理此情，爲內在於吾人之精神性的之自覺反省中者，吾人方可於對之加以自覺反省之後，再繼以創造性的自感自應，進而引生他事、引生他情、引生他理也。此中如何引生，雖無邏輯上之必然；然此中既是因先有對其前者之自覺反省，爲後繼者之所自而生，而人於此後繼者之所自而生之自覺中，復包涵對先有者之自覺，並知其關聯之爲如何；即見此後繼者之生，原爲一高層次之精神性之創造的自感自應，而不同於不由自覺而生之自然心理之聯想等者也。

由人之自覺其已有之事、已生之情、已知之理，而自己發生之創造的自感自應，可相引而無窮，故記錄此事之相引之歷史、抒發此情之相引之文學、表達此理之相引之哲學之發展，亦原則上可至於無窮者。此無窮，不似自然科學社會科學之發展之無窮，唯由自然社會之事物爲我們所面對者，可無窮相繼的展現吾人之前而來。須知此自然社會之事物之無窮相繼的展現，實亦未嘗不隨時可斷者。吾人信其不斷，唯吾人之信此事此物之有因必有果，此因果相續之不斷。然此信仰並無外在之保證。此信仰之保證，唯在吾人之相信：吾心中之因果必相繼之律則，兼爲呈現於吾人之前之事物之律則；而吾人之緣歷史意識因果意識以觀事物，則事物亦應有其因果相繼之歷史。然何以吾人必須繼續緣歷史意識因果意識觀事物，則似必須待展現於吾人前之自然社會事物之無窮而後可能。然吾人卻不能外在的保證此展現之事物之必然無窮，則吾人亦不能保證自然科學社會科學之發展，必可無窮。然而歷史學文學及哲學之發展之無窮，則並非必待於展現於吾人前之自然社會事物之無窮，而後可能。此中只須人能自覺的反省其已有之事、已生之情、已知之理，即可有相引而無窮之事之情之理生起，以使文學哲學歷史學之發展，成爲無窮。此諸學之可爲無窮，不同於自然科學社會科學之無窮，乃依他的無窮，而兼爲依自的無窮。依他的無窮，在無他可依時，則成爲有窮。故吾人亦未嘗不可假定吾人之自然科學社會科學之發展，一朝達於一對自然社會之理盡知之一日；或宇宙更無自然事物社會事物，呈現於吾人之意識之前之時，則此時自然科學與社會科學，可更不發展。此時人全部自然科學社會科學已往之發展，即一齊化爲吾人之歷史意識之內容，而自然科學社會科學，即全部化爲自然科學史與社會科學史，而屬於歷史。此時，亦另無與歷史並立之科學之存在。而此對科學之歷史的反省，卻又爲可加以重複，而由重複以達之於無窮者。此外，人對於情之反省、理之反省，而新生起之情之理，亦同可由此反省之重複，以達於無窮。此即文學哲學之可以無窮之故。而人欲易於領取此義，以知人文學術與社會科學自然科學之不同，亦可直由學術之層次義上措思。如吾人說自然事物社會事物，爲自然科學社會科學之所研究。則前者居低一層次，後者居上一層次。此二層次不能混同。因自然科學非自然物。社會科學之研究在獨自進行時，其本身亦非即爲一社會性之事物也。人對自然科學與社會科學之發展，加以反省而成之此二種科學之歷史，亦非自然科學或社會科學，而爲歷史學之一部。然歷史學與論述歷史學之歷史之史學史，則雖亦爲二層次，而史學史畢竟仍可屬之於歷史中。此如對文學之批評，亦可是文學；對哲學之反省，亦是哲學。於此即見歷史文學哲學之具有「以其自身爲其自身所反省之對象，以使自己升高一層以創造其自身」之可能。而此所創造出者，又仍屬於其自身。故雖升高一層以創造其自身，仍不失其自身。而自然科學與社會科學則皆不能具有此種以其自身爲其自身之所對，以使自己升高一層以創造其自身之可能。因當其被自覺反省，則成科學史之內容，入於歷史，而非科學矣。知此「科學之由反省自覺而成之學，不爲科學，遂窮其所以爲科學；及歷史文學哲學之由反省自覺而成之學，仍可爲歷史文學哲學，而不窮其所以爲文學歷史哲學」，亦可使人更易於領會上文所謂科學有窮、人文學術無窮之義者也。

（七）餘論

以上所講人文學術與自然科學社會科學之界限分際，乃純由人之觀事物之三種精神態度與觀點說來。而人文學術中之歷史文學哲學之分別，亦只由人之自覺反省其所歷之事、所生之情、所知之理，而再對之有三種不同之自感自應之方式而來。由此中人之精神態度觀點方式，有本原上之不同與界限分際，故此諸學亦有其不可泯之界限分際，而有其平等的獨立性，不能互相代替，而在全幅之學術世界中，可並存不悖。然而此卻非謂此各學術必有其截然分別之對象事物爲其所研究，而不容其他學術之染指之謂。實則人當前所接之任一具體的對象事物，皆未嘗不可由人持不同之態度觀點方式以看之，以使之爲任何學術之所涉及。如此當時之一花，即既可由其有生命而對之作生物學的研究，亦可由其包涵物質之分子，而對之作化學物理之研究，又可視之爲賣花之人所售於我，他人所不能任意奪取者，而見此花之今之屬我乃依於一經濟上之購買關係，及法律上之所有權。至於此花之存在於一定空間一定時間，爲居一定之時空之我之所見所知，則爲一歷史的事實。再自其爲我之所愛、所讚美、所詠嘆，則花爲文學之題材。而我們若謂此花中可見天地之化機生幾，則爲一哲學的命題。故此花之畢竟屬於何種學術，純由我們如何看之之精神態度觀點方式，加以決定，並不由此花之所決定。而此花之所以爲此花，乃爲同時可能成一切學術之對象或題材之一花。然吾人之學術，卻有其不能相淆之界限與分際。此卽將一切學術之分際界限，純移置於人之主體的精神態度觀點方式之理論。本此理論，我們既已論歷史之本性及自然科學社會科學之本性之不同於人文學術於前二講及本講之中，以後卽將再本之以論文學及哲學之本性，及其不同於歷史之本性者何在

（新亞研究所月會講　黎華標、麥仲貴記錄一九六四年二月「民主評論」第十五卷第三、四期）

附錄：說學術研究之歷程及其成果

——學術之顯晦與當前中國學術研究所處之時代情勢

「中國學人」代發刊辭

一切學術的研究，皆必經一研究歷程，而期在有一定的研究成果。但對此所謂「研究歷程」與「研究成果」之諸涵義與諸關係，我們必須全幅加以正視。下文擬將人于此大體上當可共許者，試綜合地一說，提醒大家之正視。

(一) 學術研究之「歷程」及「成果」之涵義與關係

第一是，我們可說學術研究歷程，屬於研究者之個人主觀，而研究之成果，一經發表爲文字報告後，立卽同時屬於客觀之社會。此某個人之研究成果，除可更開啟其個人之進一步的學術研究歷程之外，兼可開啟或幫助其他人之學術研究歷程之進行，以自有其成果。由此研究歷程與其成果之互相依賴爲用，而後有個人與社會之學術生活、學術生命之繼續存在，同時一一學術研究者之個人，得各在其內心，自形成其學術思想之天地，而客觀的人類社會中，則有所謂學術界之形成。

但是，第二，學術之研究歷程與其成果，二者仍有本質上之分別。就成果說，成果皆是一定的、靜態的。就研究歷程說，則對一定事物對象或文獻上之材料作研究，皆可有不同之研究的態度、方法、觀點、假設，待於各個人之選擇決定，以使其研究，向某一方向目標進行；而遭遇不同之問題，亦有不同的加以解決之道路；以及對於以前之學術界中，所公認之其他學術研究成果，亦有不同之徵引運用之方式。由此而任何一定的靜態的學術研究成果，無不可對一一研究者之研究歷程，涵一動態的意義。此動態的意義，又對不同之研究者而有種種，則不能說是一定不移的，而當說是隨研究者之個人學術之研究之方向、目標、及問題等，而自行創造地決定的。但是自另一方面看，則一時代一地域之一羣學術界的人，亦可同研究某類之問題，向同一之方向、目標，用同類之態度方法等，以產生同一類之學術研究之成果，而形成某一學術研究之風氣；而後來之從事學術研究者之個人，卽隨此風氣，以決定其個人學術研究之方向、目標、問題等。則此後來之學術研究者之研究歷程，亦卽可不說是其個人決定的，而是由此學術風氣所決定的。而此決定，則儘可爲一一之學術研究者之個人主觀上所不自覺。

再第三，如我們再要追問何以一時代一地域之學術界人，會不謀而合的研究某類之問題，向同一目標，本同類態度與方法，以形成某一種之學術研究之風氣，而另一時代另一地域之學術界，則有不同之風氣；則我們卽必須將學術隸屬於一時代地域之社會文化之全體去看，而知一時代地域之學術風氣之形成，恒由於其時代地域之一般人，在其社會政治與經濟等一般文化生活上，先有種種之要求、願望、與問題，而期盼由專門學者之學術研究，指出一能滿足其要求，實現其願望，解答其問題之道。而學術界人士之責任感，亦卽恒由感受了此一時代一地域之一般人之所期盼者而引起，更努力求有以副其期盼；遂有某一類之學術研究之產生，某一種學術風氣之形成。至於當此某一種學術研究之成果之價值，轉而為社會所承認，此學術研究與其成果，卽同時在整個之社會文化中，獲得其確立的地位與尊嚴。此某一種之學術研究，卽以其能應合社會之需要，以得成為一時代一地域之顯學。

然而，第四，我們亦不能因上所說，而謂一種學術之研究，不能直接滿足社會之所需要，而解決其問題者，卽無學術上之本身價值。亦不能說一種學術，若非一時代之顯學，不合一時代之學術風氣，卽不當有若干少數之單獨個人之加以研究。學術研究的目標，明可以只是求得眞理。少數單獨之個人，明可自行決定其求眞理之目標、態度、方向、方法等，而不必與時代之學術風氣一致；而學術上之眞理，其在一時代一地域，無滿足人之需要之實用價值者，儘可對另一時代、另一地域之人，有其實用價值。又當學者目光，注視到人類歷史文化之全體時，亦大可更關心於對一切時代，一切地域之人，皆同是眞，同是有實用價值之學術眞理。由此而一學者之學術研究，雖不能直接滿足一時代一地域之社會之需要，使其學成為當世之顯學，而此學者之冥心孤往，以爲舉世不爲之學，亦同當爲社會之一般人所尊重，而亦有權要求社會承認其學術研究之價值。人類社會中之所以有獨立的學院學府之存在，亦可說主要是作爲此類學者存身之地。若對其學已成顯學，而能直接滿足社會需要之學者而言，則其學術事業，儘可不限於學院學府之中，而當下得應用於當時之社會文化之各方面，固不須只存身於學府學院中也。

再第五，由我們以上之一方說一種學術研究之風氣之形成，或某一種顯學之形成，恒初原於一時代社會之要求，一方又說其學非顯學之純粹學者，亦有權要求社會承認其不切當前需要之學術研究之價值，此卽爲一互相對反之二種要求。從一般社會上的人之觀點看，只有學術研究之成果，有實用價值者，是最重要的。而自純粹學者之觀點看，則維護學術研究之繼續進行的歷程，是最重要的。此二對反之要求，卽可互相衝突。在互相衝突時，則一般社會可以只去責備若干學術研究之無用，而若干從事專門學術研究者，亦可只去責備一般社會之庸俗，謂爲不了解純學術研究之獨立的價值。同時在學術界人自覺到此二相衝突之要求時，亦可有人著重社會對學術之要求，而偏尙學以致用，有人則著重純學術研究，而不顧當世之所需。而此二種學者，亦可互相非笑，浸至以「流俗之學」或「無用之學」之名，互相責難。

第六，對於此上之二種相衝突的要求，與二種學者之態度，我們不可輕言綜合。因此綜合恒非一人之力之所能。而自學術文化史上觀之，亦實無最後之一綜合之存在。一時代社會、與學者自身，其對學術之所要求，永不能完全一致。學者之所學，其合時代社會要求者，成顯學，其不合者，亦可稱爲隱學或晦學。任何時代皆可兼有其時之顯學，與隱學或晦學；而任何眞實之學術，亦皆可在一時爲顯學，而在另一時成隱學或晦學。學術之顯晦有時，亦如人之顯晦有時。學之晦於今世者，可嘗顯於古世，亦可再顯於來世。故人之倡古學於今世者，恒卽所以使今世之隱晦之學，成來世之顯學。如韓愈之倡古文，同時使古文爲唐宋以後之散文之正宗；西方十四五世紀之對希臘羅馬文藝之復興，同時下開西方近世之文化。一切人類社會之學術文化之發展，皆原於有人一方發潛德之幽光，引前人之遺緒；一方啟學術之新牖，示來者以坦途。人類之社會文化在變遷中，其對學術之所要求者，亦在變遷中。故凡眞實之學術，而隱晦於一時者，不憂無彰顯於來世，而正合乎來世之所需之時。而擔當學術責任之學者，如眞自信其學術研究之有價値，亦必或自爲舉世不爲之學，以守先而待後；或則知其所學正爲當世之所需，而力求致用於當世，而皆出於一學術之眞誠。此則由於學者之所爲之學術不同，而顯晦之時原不一之故也。世固無一切不同之學術，同時爲一世之顯學之時，亦無任何學術，皆不合社會之需要之時也。由此而我們不能期望一切學術研究，皆可當下致用；亦不能長埋一切學術研究於無用之地。而在任何時代，皆應有當下有用之學術，與當下似無用之學術，同時並存。在人類學術文化史之發展中，正可見二者之更迭的相互爲用。然此相互爲用，只於歷史之發展中見，而歷史之發展，乃一無底止之相續歷程。故此二者之相互爲用，並不能形成一實際上完成的二者之最後綜合。從此無實際上完成的最後綜合看，社會對學術之要求，與學者對其自身之學術研究的要求，亦永不能完全一致。這一永不能完全一致，亦是我們應當加以正視、加以承認，而不容許我們作過多之幻想的。

第七，我們在正視此上所說之二種要求之永不全一致之後，亦不妨礙我們之勉求其一致之道。此則一方賴於一般人必須力求改變其過於重視學術之當下的實用價值的觀點；而學術界的人，亦須知一時代的社會，對學術之所要求之所在，而至少當使一部份之學術研究，與社會之所要求者連繫，而同時保持一部份之獨立的純粹學術研究之存在。於此如專站在學術界的人之立場說，則我們須知：要兼達我們之此二種目標，亦須我們之加倍努力，去求獲得社會之一般人，對於學術研究之價值之承認與同情贊助。要獲得此一承認，並非易事，但亦非無其途徑。而最大的困難，卻常在我們學術界的人士從事一專門之學術研究者，常只求享用現成已有之學術研究工作上的便利，而不知此研究工作之歷程，得以繼續存在的之基礎，在此社會對此種學術研究之價值，所已有之承認；而此承認，則初由此學術研究先曾爲一時代社會所需要而來。今此學術研究，暫不合乎當前社會之所需要，則必當對社會說明其另有一純學術之價值，與對未來社會之實用價值；此說明亦須爲社會一般人所能了解，而有說服的力量者，然後才能獲得此上所謂社會之承認。否則此純粹的專門學術研究之事業，至多只可及身而止，亦並不能有後來者之繼繼繩繩，以待有朝一日之由爲晦學而成顯學。而此專門學術之命脈，亦將及身而斷，形成人類之一專門學術與學者個人之悲劇。此則我們可由觀察東西學術史，而隨處可發見者。

（二）略說中西學術之顯晦與時代社會之要求

我們以上所說學術與社會要求之關係，不外提醒大家注意：（一）、一學術之成爲一時代之顯學，恆由其與社會上一般人在社會政治文化生活要求之應合。（二）、一學術研究，亦可獨立於此要求之外而進行，而有其獨立之價值。（三）、在一時代無當下之實用價值非顯學而可稱爲晦學者，亦可合另一時代之要求而成爲顯學。（四）、人欲維持純粹之學術研究之歷程之不斷，有待於學術界人之向社會說明此純學術研究價值，而取得社會之承認，否則此學術之命脈亦將斷。依此四者以觀中西之學術文化史，則我們可本一般之常識，從大處舉例爲證，以使我們更能正視而念念不忘此「學術之顯晦有時」之一極平凡，而亦極重要之一事實，而後我們才能更知把穩我們之所以處之，而提倡學術研究之道。

自西方學術文化史來說，如在希臘時代之顯學，便是當時之哲學。但希臘哲學之成爲當時之顯學，要在蘇格拉底、柏拉圖、亞里士多德之哲學傳統之建立以後。蘇格拉底之時代，是雅典之政治經濟興盛，一般人尋求知識之欲望強烈，同時有其他知識分子或哲人，以知識教人，而收取學費之時代。蘇格拉底的哲學，雖不必有對當時社會之實用價值，然當時人若不先要求有實用價值之其他知識，亦不會卽注意到蘇格拉底的知識與哲學。又柏拉圖之論述超越的理念界之哲學，與亞里士多德之形上學，雖不必有實用價值；但柏拉圖亦嘗先實際從事建立一理想國而失敗，然後有其對話集中之理想國，及法律二篇之書。亞里士多德亦嘗爲馬其頓王亞力山大之師，他亦可能曾將他之政治學倫理學之若干觀念先敎亞力山大。則他們的哲學之成爲顯學，亦由於其初能關切到當時之時代社會之若干要求。然而尅就他們之哲學之硏究本身而論，則又明只在求純粹之眞理，而有其在學術上之本身價值。此則是超當時之時代，而亦可重見其效用，於以後之時代的。所以西方中古時期之宗敎家，可以用柏拉圖、亞里士多德之哲學，來建立神學；近代之早期生物學，亦可用亞里士多德之分類法；近代之若干數學家，與浪漫主義派文學家，亦可由柏拉圖對理念界之企慕，以得其靈感。由此而他們之哲學遂爲西方學術文化史上之不同時代中之一種顯學。然而我們亦同時不能忽視他們之哲學，亦常在一些時代社會中，成爲隱晦之學。如在希臘羅馬後期，斯多噶之學派之哲學，能對當時之政治社會有實用的意義，而成顯學。然當時之柏拉圖所自創之學院，與亞里士多德所自創之學院，雖依然存在，亦辯論些專門的邏輯知識論之問題；但因此二學院中之學者，不能向當時社會，說明其專門學術之價值，以取得社會之承認同情與贊助，故此二學院所傳之柏拉圖、亞里士多德之學，在當時終於衰亡隱晦。此是西方文化史上學院派學術之一最早的悲劇例證。

希臘羅馬後期之學術思想，伊辟鳩魯學派始於學園講學，斯多噶學派始於走廊講學，都接引了社會上之一般人。新柏拉圖派之傳，亦同時成為一宗教生活的團體。後來之基督教思想，亦始於一羣基督教徒之宗教生活。基督教之神學，是運用希臘羅馬傳來之學術觀念，而建立的。但基督教之原始精神不在此。基督教原始精神，是教人能信、能愛、能祈望，亦是一種「學」。此是一教人升天合神之學。此學之成為中古時期之顯學，當是由於北方蠻族之原富於宗教的信心，亦只有宗教之超越精神，才能馴化蠻族之不易羈勒的自然生命之衝動，使其心靈更進入於文明。基督教對蠻族之原始心靈，加以陶冶之價值，亦是一社會文化教育上的實用價值。正因其有此價值，其學才逐漸成為中古之顯學。由此宗教之學，而有中古的寺院，寺院同時成為神學的學府，再由此孕育出中古時期大學，以為近代之大學之所自始。但到十三四世紀中古時期之神學的學府中，關於神學的辯論，日益歸於瑣碎，不能吸引社會的興趣，亦不關時代社會的變動時；所謂「學人」、"School Man"，便成自我封閉的人，而嘗為顯學的神學，即再成隱晦之學。而西方近代的哲學科學之所以興起，以成近代的顯學，初乃由其能應合於西方近代社會、政治一般文化生活中所感受之問題，而能多少加以解決，亦有史可徵，不必贅說。在近代西方，科學中之自然科學對哲學與其他科學而言，尤可稱為顯學。自然科學中之物理學，物理學中之原子能之學，又為當今顯學中之顯學。此則由其可用以造核子彈，亦助人登陸月球之故。所以人們說此時代爲原子能時代太空時代。但話說回來，物理學可助人登陸月球，不必能使人安居於地上。則物理學以及自然科學，是否能長保其顯學之地位，社會科學以及科學外之哲學、文學、歷史之學，宗教之學，是否必不能成爲下一時代之顯學，正亦是問題。由此以觀，存於大學及研究機關之各種學術，其地位之重輕，畢竟當如何衡量，亦在未定之數，而當定於整個人類社會對於學術之要求之如何轉變。在社會要求的壓力之下，莫有一種自我封閉的學術，能保存其原有的地位。則未來的時代的西方，亦可能如貝加葉夫、素羅金、湯恩比等之所預期，將是一新中古時代，宗教之學將代科學再成爲顯學，而科學以外之學，如哲學文學歷史之學，亦可由科學之失其學術世界之覇權而升起。這些都是未來時代可能有的事。而現代之大學中之學生的普遍不安，亦證明當代之社會文化學術教育中，總有若干問題存在。若干不可知之社會人心之要求，在向當今學術界，要求答案。此答案，亦將同時引起學術風氣之轉變。則若干專門科學，如全不能直接或間接提供答案，亦可不再成爲今後之顯學。然而此專門科學，果是一眞實的學問，在再後一時代，自然仍可能再爲顯學。

此上之文，只在就西方之學術文化史上之常識，來提醒大家注意學術之顯晦與時代社會要求之密切相關之一些事實。此下我將再本我們對中國學術文化史上之常識，指出此同類事實之存在，以更提醒大家之注意。中國之學術，在先秦時代以孔墨諸子之學爲顯學。孔墨諸子之所以能使其學成爲顯學，當然由其時之「王道既微，諸侯力政，時君世主，好惡殊方，以此馳說，取合諸侯」。諸子之學與當時之時代社會要求之密切相關，是顯然的。但諸子之學術，亦如希臘之哲學，而同有其學術上之本身價值，亦有其超時代之實用價值。故其學亦在中國之歷史之各時代中，屢晦而屢顯。孔墨諸子，雖有徒眾，但皆未如柏拉圖、亞里士多德之創立學院。諸子之學者，到秦漢，卽只能爲呂不韋、淮南王之賓客，而亦與他們同其政治上之命運。兩漢之顯學是經學，而非諸子之學。而兩漢經學之得成爲顯學，亦明由當時通經者之亦能致用。然到了東漢末，何以賈逵、馬融、許愼、鄭玄、王肅之辯論經學問題，如此細密，而在魏晉以後，玄學竟代經學而成顯學？除了說此類細密之問題，已與時代社會人心之要求，不相應合外，很難理解。南北朝佛學又代玄學而成爲顯學。佛學之爲宗教之學與基督教同。基督教之馴化西方自北而南之蠻族，亦正如北朝之君主由崇信佛教，而漸化其殘殺之性。此亦卽佛教之主要的歷史價值、社會價值之所在。但到唐中葉以後，佛教之寺院林立於中國，僧徒逃稅免役，天下民窮財盡之時，韓愈卽起而闢佛老，宗孔而亦言用墨。歷五代之亂而戎狄之禍深，孫明復、石介，講春秋尊王攘夷之義，承韓愈而闢佛老。於是宋明儒學，乃又代佛學而爲顯學。及明末之儒者，只空談心性，無補與亡，而顧黃王之務實之經史之學起。而清人乃以漢學樸學爲顯學。宋明儒學遂逐漸隱晦。清人講漢學，由東漢之學而及於西漢之今文之學，而有龔、魏之論時政，康、梁之變法，又重接上時代社會政治之若干要求，而康、梁之學亦為清末之一顯學。當時章太炎劉申叔，承乾嘉樸學之流，而能言民族之史事，以倡種族革命，有助於民國之創建，故章、劉之學亦為一時之顯學。此皆中國學術文化史上人所共知之事實。

（三）當前中國學術研究所處之時代情勢

此上只大處說中西學術在歷史上之顯晦有時，而晦者亦可得而再顯。至於自小處說一家一派學術之顯晦與時運之關係，以及其顯晦之不同因緣、不同程度，則不可勝述。但我們只須本上所述以正視此學術之顯晦之有時之一事實。則知學者之所以自處其學，固當有其道矣。

此學者之所以自處其學之道，不能是只求其學之成顯學，時不至，求顯亦不能顯。曲學阿世，乃自喪其所學，亦非使其學顯。依中國數千年之教，都是說當學不顯之時，學者之唯一義務，是守先待後，而大體上說，在以前之中國社會亦恒容許有此不通世務而守先待後之學者之存在，至多譏其為抱殘守缺之迂儒而已。但學者之懷守先待後之心者，亦非不求其學之顯。待後，即待其學之顯於後世。所以知守先待後之學者，非不知學術與時代之關係，亦非在原則上置學術於無用之地。「學者對學術，不期於當身之實用，而不忘求用」，正是一「中立而不倚」之「強哉矯」的中道。然而此中道，則自民國以來，卻分裂爲一彼此不相容之二種對學術之態度，而造成一曠古未有之學術風氣之大變。

此分裂所成之二態度，一是只以當前時代之最現實的社會政治的要求，衡定學術之價值之態度，而由西方傳來之功利主義、唯物主義、與經驗主義、實用主義，恆助長此態度之形成。一是若干存於當今之學府之學者，全忘卻其專門之學術研究，得以進行之社會文化基礎；而西方傳來之所謂只爲眞理而求眞理、爲學術而學術之說，與分門別類愈分愈細之科學觀點，又助長此態度之形成。現在專就對中國固有學術之研究來說，民國以來之顯學，明已非淸末之古今文之經學，或傳統之重在通古今之變，論當世之得失之史學，而是明標或暗合於以所謂科學方法「整理國故」之考據之學。此種考據之學，作一專門之學來看，其價値原無容否認。但是自五四以來之整理國故之工作，卻初是在一「要求中國社會政治文化之變革之大運動」下，若干學者之欲由疑古反古，以拆散或打倒中國學術文化之傳統，而帶下來的。當時學者之整理國故之根本目標，很可以說只是預備整理完畢，歸檔存案，便不再管它。而初不是要使在當前時代中隱晦之學，重加發揚光大，使之彰顯。然而此一要求中國社會政治文化之變革之運動，卻在數十年之中國社會中，一直進行發展。於是一個一個時代浪潮，不斷的翻過去。一一浪潮，皆以能否合一短時期之社會政治的變革的要求，爲衡定學術價值之標準。到而今，終於整個大陸中國之學府中，作整理國故工作之學者，由爲政治上的主義作註釋，到今所謂文化大革命後之無工作可做。此不能不說是中國學術與中國學者之一最近的悲劇。但是我們亦不能說此數十年之學者，只是被犧牲者，對其所形成之學風，全無責任。若干學者之只言整理國故，而不求在學術文化上反本開新，或只以考據爲史學之全，而忽視了考據之外，中國尚有史學傳統與其他之學術傳統，亦可引申觸類，以通西方之學，而與時代之社會政治文化問題相接觸；即對此學風之形成，有其責任。要之，此數十年之中國學風之大變，是一方有以某種現實社會政治上之要求，作爲絕對標準，以衡量學術價值之態度，所轉成之種種政治勢力；一方亦確是有以考出一個字如發現天上之恒星之功績自詡，而自謂是爲眞理而求眞理之中國學者之故步自封。而二者相反相成的結果，則是使當今之中國學術之研究，只存於中國大陸之海外，其中包括日本、韓國、歐美、與臺灣、香港及其他東南亞地區。我下文所要說的，則是姑略就日本歐美與臺港各地之社會政治文化上之情勢與要求，來看此中國學術研究在海外之可能有的命運。其他的地區，或亦同樣重要，但我們知者更少，暫不說。

先以日本來說。日本受中國文化的影響，遠的姑不說。即近自明治維新以來，日本雖一方面儘量接受西方學術，一方面亦儘量保存中國文化。自明治維新以後，日本人之心願，便一直是要稱霸世界，終於一度征服東亞。此日本人自明治維新以後之繼續研究中國學術，其後面明有一文化上政治上之野心爲其動力。此即見學術與文化政治之關聯。但是日本戰敗以後，美國文化之勢力與反美之勢力二者互相激盪所成之今日的日本，畢竟向何處去，卻成了問題。而今日日本之青年，對中國學術之研究的興趣，顯然日益衰退。則日本過去對中國學術之研究其成果，雖具在，然此一繼續研究歷程，是否能延至後一代之日本青年，則是可慮的。

至於在歐洲，則十八世紀耶穌會士所傳入歐洲之儒家之理性主義，其所以多少有些影響，明是連於當時歐洲人士之對其傳統之宗教政治上之改革的要求。故時機一過，此事即漸爲人所遺忘，而待今日史家之考證。至於十九世紀末之法、德、英諸國之東方之研究，亦明是隨西方政治經濟宗教勢力之由西向東之膨脹而引起。於是由埃及巴比侖之研究，而印度、而中國、越南、日本、韓國；而整個的東西之交通史之研究，亦由此而興。此亦皆有研究之成果具在。至於近二十年美國人對中國之研究，則明與美國對中共之政治外交政策密切相關。其及於若干中國之專門學術之研究，亦初恒由研究中共之現實政治所附帶而及。此亦同有其若干之研究成果。但是我們如眞知歐洲人對東方研究之興趣，原由其政治經濟之勢力，向東膨脹而來，則當今日歐洲人之勢力，陸續自東方撤退之後，其對東方研究之眞興趣，即亦可能日益萎縮；其繼續研究之歷程，能否延長下去，亦同是可慮的。又我們如正視此美國對中國之研究，原由其對中共之政治外交之政策所引起，附帶而及若干中國之專門學術，則當其政治外交政策轉變時，其對若干中國之專門學術，亦即可漸無心重視。比較來說，中國學術之研究，在日本尚可說有根深蒂固之確定地位。其次可能是星加坡、韓國。此乃因日本以前之倫理、禮俗、藝術、宗教等文化生活，同深受中國之影響，中國學術研究之在日本，可直接說明其人民之社會文化生活，故此學術研究在日本，可有其確定的地位。但歐美之倫理、禮俗、藝術、宗教，自成一傳統。他們只在某一種特殊的需要之情形下，才求了解中國，而研究及中國之學術。中國之學術在西方之學術界中，即不能說已有確定的地位。除非歐美人之文化生活，在本質上同時為中國之宗教藝術倫理禮俗所浸潤，西方學府中所講之中國學術，卽仍可只是盆中之幾枝花，而隨時有枯萎殘謝之危。由此來看歐美之對中國學術研究，是否能成一繼續不斷之發展的歷程，亦同是可慮的。

由此再說到臺灣與香港，此是海外之華人社會所在之最重要的二地。華人之社會倫理、文化風俗，在此保存的也比較最多。但臺灣之最近所提倡文化復興運動，明是針對大陸中國之文化革命運動的反響。此不能說莫有政治的意義。若果人們不能由此運動以導向眞實的學術研究，並使此研究不斷，亦未必能使中國文化眞正復興。至於二十年來之香港，則明是以大陸之變色，大陸學者流亡到此，與本地人士合作，而後開始有若干專上學校，及學術刊物之創辦；但今皆依存於香港之社會，而與香港之經濟政治地位，密切相關。如果香港之學術教育，不能與社會文化之要求互相配應，以導至一正大的方向，以穩固香港的地位，則香港之學術界，對中國學術之研究，是否能成一繼續不斷的歷程，亦同樣不是不可慮的。

當此中國學術研究，在整個世界其能否繼續，皆處於可慮的情形之下。喜愛中國學術與中國文化的人之共同發心，求其繼續，是必要的。互相觀摩了解，以使每一人之研究成果，皆能開啟他人之研究歷程，以增強此對中國學術之研究之風氣，亦是必要的。但是卽從一世界的眼光去看學術，我仍須懇求大家眞實承認臺灣與香港，乃是使中國學術研究成爲繼續不斷之歷程之二最重要的地區。其最大之客觀的理由，卽此二地之社會中人之文化生活中，所涵之中國之倫理、禮俗、藝術、宗教之成份，仍比較最多；而生活於此二地之青年，亦必然較其他地的青年，較易接上中國之學術研究之傳統。其所以較易，不關聰明才力，亦不關研究的資料，而關連於青年之生命所感受之若干中國式之文化生活之氣習。此氣習，卽可使其研究理解中國學術之態度方向，比較易於走上正路。誠然，對於一些全靠文獻或實物材料，便能由研究決定之學術問題，人住在月球中，亦可研究。但關係到中國之文化中藝術、文學、倫理、社會、政治、禮俗、宗教、哲學，以及超考據以外之史學之研究，莫有適當的文化生活之氣習的薰陶，以確定其態度與方向之正當，對於同一材料之解釋，則大可歧路之中，又有歧焉，以使人枉用心思。所以西方的青年，要研究中國學術，而未在中國之社會文化中多少生活過，經常感到一些不必要的困難。旅居歐美的中國的教師，自己研究可有成績，但眞有人發心要敎出若干承學之士，亦常感勞而少功。我說這些話，一方是望在此二地之中國學人珍視其當前之所在的地區，一方亦是望旅居歐美之學人，與愛護中國文化中國學術之歐美人士，不要輕易幻想以爲有中國圖書文物作材料，便可立刻將中國學術研究之重心，移到西方。學術研究之歷程之繼續，要在有可能繼起之人。如注意到此繼起的人之問題，大家便應先把目光，移注到香港臺灣之地區。因只此二地區，才比較可望有更多先受中國社會文化生活之氣習薰陶的後起之青年人。他們較易有一正當之方向態度，以研究中國學術，而接續中國學術之慧命。同時我亦希望，在此二地區的人，亦不當只把眼光向外看。就個人之求職業與研究之便利說，任何中國學人得在世界之任何學府，謀得存身之地而不忘本負恩，亦都可說是儲才異域之事。但我們卻不能輕易幻想以一時的因緣，而對中國作研究之歐美學者，會忽然變爲由仰慕中國文化的動機，而研究中國，進而眞從事移植中國文化於西方。以中國今日之國運，學術文化之不振，我們亦尙無資格作此幻想。我們之量力度德的道路，便只能是反求諸己。如果我們自己一代不行，便只能寄望在可能產生後一代的地方。則現在便主要是香港與臺灣，其次是亞洲其他地區，如日本、星加坡、韓國、馬來亞、菲律賓、印尼、澳洲等，將來是大陸中國。只有在中國大陸取消馬列教條，而有中國之學術文化復興以後，然後中國人才眞有資格，談最大規模東西文化之交流。如果文化眞交流了，然後中國學術才眞能以世界學術之一部份之資格，而生根於世界。這當然是一遙遠的路。但此外求切近的路，卻是一對學術與社會文化生活之相互依賴之關係，未嘗加以正視的想法。

（四）學術研究之成果之廣義，及對「中國學人」一刊之期望

我們以上由中西學術在各時代之顯晦，說到當前世界對中國學術研究之情勢，最後歸到望大家承認臺灣香港，仍為最重要之一可能產生後一代之學人，以使中國學術之慧命相續之兩地區。有此後一代之學人之存在，可使學術研究之歷程繼續不斷，亦便可說是我們之學術研究之成果之一。照一般的說法，學術研究之成果，恒指其發表之文字的報告，此成果之義其實太狹，應加以擴大。在本文之初所謂研究成果，亦是狹義。要說其廣義，首先須正視任何學術研究所能引起的其他之學術研究，即是其成果之一。如由中國之文史哲等學之研究，對於世界之史學文學哲學等本身之貢獻，亦其成果之一。其次，學術研究之應用於社會文化，而可能發生之效用，又是成果之一。再次一從事學術研究的人所能開啟之學術風氣，所陶冶出後一代之學術研究者，亦同當是成果之一。中國字中「成果」之「果」字，依其原義，必須能開更多同類之花，結更多同類之果者，才是一草木之果。則一學者之學術研究之成果，當然可包括其所引起之其他學術研究，其對社會文化所發生之影響，以及其所陶冶啟廸出的後一代之學術研究者在內。如果只止於一般所謂文字報告，則此文字報告，如不能引起其他之學術研究，對社會文化無影響，對後一代無陶冶啟廸之效用，便只是一不能再開花結果之死物，不能稱為成果。而我們如忽視了此廣義之成果之涵

義，亦卽忽視了「任何學人之學術研究，皆在代代學人相承相繼之學術研究歷程中存在」之義。而此一義實當在「學術研究之歷程與成果」之全幅涵義之內。此一涵義對我們在第一段所已說之七點涵義來說，可以算是第八點。

我們如果承認了學術研究之成果，應包括對他人之學術研究之陶冶啟廸作用在內，則放開心胸，提高志向而願受啟廸陶冶，亦是從事學術研究者之第一步的事。又不只對一定之題材作研究，才是學術研究，對學術研究之方法、態度、方向、假設、作討論，亦是學術研究，而亦正是研究「學術研究」之得繼續進行之基本條件。再則，在學術研究之歷程中之互相檢討、評論亦是研究。則不當只自以爲是其研究之最後結果，系統的發表，才是研究；卽將自以爲未定之見，零碎之思，嘗試之說，寫出之與人討論，亦是研究。自人類之學術文化史看，一初學者自以爲是其一生研究之最後成果之定論，皆無不可再爲因，以引生其他學術研究之果，此果本無最後；而亦正以其所引生者愈不窮，而愈見是能開花再結果之果。則年長之學者之將其自以爲是其研究之最後結果，所發表之著述，與青年學者之將其未成熟之見發表者，亦只有五十步與百步之差而已。這些都是我們對學術研究之歷程與成果之相互依賴關係，能正視之後，人人所可共見。然而時時加以提醒，亦是必要的。

由此最後說到中國學人一刊之創辦，則其與新亞研究所原有之新亞學報之性質之不同，亦卽在此後者大皆年長之學者將其自謂是成熟之見，佈之文字所成之著述，以就敎當世者。其中彼此討論學術之文，與對當世之學術所作之報導評論，皆甚少。而此一刊，則期望漸以較年輕一代之學人爲主幹。其所發表之文字，亦不期其皆爲成熟之見。同時擬多載對當世之學術之報導與評論，以通中國與世界之學術之聲氣，亦見學術研究與時代之社會文化之關聯，並藉以引發再後之來者之從事學術研究之興趣與志願。此卽同時涵有使大家放開心胸，以彼此之學術研究之「歷程」與其「成果」，互相啟廸之敎育文化意義。而此正爲陶冶出後一代之學術研究者，以使學術之慧命相續之所必需。否則今之年長一代之學術生命，亦將及身而止。至於此刊之所貢獻於世者有多大，則一方要看年輕一代之學人，在學術上之努力，與其表現於此刊者之多少，及此刊之文字，能否對社會說明或證明學術研究之價值爲定；一方亦看此時代之社會對學術研究之尊重之程度，其所要求者是什麼，此刊之能否得此時代之社會人士之同情贊助爲定。依上文所說之學術與一時代之社會文化之密切相關，我們須相信學術之顯晦，必有其時運：晦於一時者，而有學術上本身價值者，亦終有顯於另一時之可能。自大處說，在今之時代中，自然科學是顯學，社會科學已較晦，人文學術更晦，而中國之人文學術又更晦。此不只是晦於中國大陸，亦晦於海外。在臺灣與香港，治中國人文之學者，其在社會上之地位，亦不如學其他之學者之重要。此與六十年前中國人文之學爲中國學術之主流之情形，當然完全不同。此皆關於時運。但此時運之如此，我上已說，數十年來治中國之學者，亦不無責任。但是時運亦經常在轉變。江山不老，代有才人，以轉移世運。古人云「後生可畏，焉知來者之不如今也。」即以此寄望後一代之中國學人，並以此祝此刊之成功。

中華民國五十八年十二月十二日（一九七〇年三月「中國學人」創刊號）

九、文學意識之本性（上）

（一）導　言

在人文學術中，文學與歷史，似特別相連而相近。文學作品，恒同時包涵歷史人物與事蹟之敍述記載，而最初之歷史著作，亦恒兼具文學性。如中國詩經之雅頌，卽爲歷史人物之頌贊，與對各歷史時代之政敎之廢興之敍述。詩經之國風則言王化之所及之地與四方之風化民情。楚辭中之離騷，無異一個人之自傳。漢賦亦恒賦一時代之京都之壯麗與王者之大政等。後來之樂府與古詩，多懷古詠史之作。而杜甫爲詩聖，亦兼爲一代之詩史。詞曲之本事固爲史，而元明以後之小說戲劇之故事，更多取材於歷史。在西方，則文學源於荷馬之史詩。希臘之戲劇，初亦爲歷史故事之說唱。赫羅多塔，蘇息底斯之戰史，亦無異於文學。羅馬之布魯塔克英雄傳爲史書，亦爲文學書。西方之舊約爲猶太民族之歷史，亦爲西方文學之一原。到了近代，文藝復興時代之復興古典文藝之興趣，與對希臘羅馬之歷史之研究與趣，初本不分。而後之浪漫主義時代之文學家如卡來耳等，亦卽多爲歷史之撰述者。西方文史之分途，蓋十九世紀以來之事。而在中國則雖早有文學與史學，史部與集部之分，亦無碍於文人之恒兼治二者，而或取史事爲文學之內容。逮淸代之史學，或以考證爲重，而後文學與史學，乃截然分爲二途。故歷史與文學初密切相連，乃在中西之學術而皆然。在人文學中，文史若爲姊妹，而與哲學，似略爲相遠。

文學之所以特與歷史相連，乃在文學之抒發情志，必對具體之事物而抒發。一具體之事物，初恒存於一歷史之時代與地域。而歷史上之事物之爲人視爲富有意義，值得加以記載者，亦必爲能感動人之情志者；因而人亦樂於以文學之文，一方記載其事，一方抒發其情。然而歷史與文學之意識，其本身仍畢竟不同。此表面易知者，則爲歷史上之人物事蹟，皆必先由文學家本其想像與情志加以渲染、改飾或誇張，然後能入於文學。而文學家心目中之史實，亦儘可爲文學家之一心所虛構。如蘇東坡爲文謂「皐陶曰殺之三，堯曰宥之三。」歐陽修問其何所據？東坡曰：「想當然耳。」文學家皆可以想當然之事爲史實。故以文學中之小說戲劇爲歷史，其史必誕妄而不實，而人若一一本歷史之眞以爲文學，則文學亦將枯淡而無味。又歷史家求往事之實，乃由今以上溯於遠古，而文學家自言其懷抱，則意恒寄望於未來。史家之爲文，宜歸於樸而近眞；文學家之爲文，宜歸於華而盡美。此皆人所共知之文學史學之差別。然吾人如欲求對文學歷史之差別，求一切實之了解，則宜先對文學意識與歷史意識之差別，如實深觀，並本上一講之所論歷史之本性，爲比較之根據，更依一理論之線索，以論列文學本性之各方面，方能有進於上述之一般常識之見也。

（二）文學與歷史中之時空與數量觀念

歷史意識與文學意識之第一點之差別，即歷史與文學雖皆以具體事物爲其所對，然在歷史意識中，我們於一具體事物，必安排之於一公共的時間之秩序中，使其在此秩序中有一確定之位置；同時連帶亦將一歷史事實，安排於一公共的空間秩序中、或地理之秩序中，亦於其中得一定位。因而一切歷史事實，皆爲在某時某地所發生之一事實，而有其在公共的時空中之定位者。而人所見之歷史之意義，則又如爲將諸散據於時空中之歷史事實，加以聯系通貫者。然而在文學之意識中，則並不重將人所接觸之人物事蹟，於公共的時空中求一定位。一文學作品如小說戲劇作品，所述之人物事蹟之發展，其間誠有一秩序，而亦皆爲安排於一小說戲劇之內部之時空中者。然此小說戲劇之本身之結構，卻自成一獨立之全體。此小說戲劇中之人物事蹟，儘可爲虛構，或一部份爲虛構；則此人物事蹟，斷然不能眞視同曾存在於歷史中之人物事蹟，而安排之於一公共的時空秩序中。此即與歷史意識中之一切人物事蹟，皆在一公共時空中有其定位者，完全不同。此亦即小說戲劇中之人物事蹟，不同於所謂眞實的存在於歷史世界之人物事蹟之根本理由所在也。

不特小說戲劇中之人物事蹟，不能在歷史世界之公共的時空中，有其定位。且人欲一小說戲劇之作品能自具首尾，自形成一天地者，正要求截斷其內部之時空與公共的時空之一定的聯系。歷史性的人物事蹟爲小說戲劇所涉及者，文學家恒加以改造，以使之不受其原在公共時空中之定位之限制，而只存於小說戲劇之內部之時空中，所爲安排之任何定位。譬如中國小說之紅樓夢，乃涉及清朝之事，而亦可能實以若干歷史性之人物事蹟爲其背景，而或亦實影射若干歷史性之人物之事蹟者。然紅樓夢之由太虛幻境開始，將主要故事，團聚於一大觀園之空間中，又不指定其事爲何一朝皇帝在位時之事，即將其所敍述之事，與歷史世界之時空截斷，而自形成一內在的時空。七十回本之水滸，亦原有宣和遺事之歷史爲據，而今謂梁山泊之人物皆天罡地煞之下凡，則此一切人物之事蹟，即皆如被一不可見之雰圍所包覆，而升騰入一超歷史之世界。中國歷史小說中之三國演義，其中最有文學意味者，爲劉玄德之三顧茅廬之一段。而此段之所以最有文學意味，正在其爲劉玄德之軍事進行中之一插筆。讀者讀至此，即如被帶入一隱逸者之天地，而與其當時之軍事進行，若在時間上爲相切斷者。至於西方文學中如但丁在神曲中之周歷天堂淨界地獄，而重見古今人物。如哥德之浮士德之假定浮士德之能返老還童，並逆時間之流倒航，以見希臘之美人海倫，而與之相愛，則皆意在逆轉歷史世界之時間秩序，以重定一時間秩序，以安排此劇中之人物。而西方之短篇小說之恒自 Once upon a time 說起，亦即只泛指其在時間中，而不願指定其在時間中之定位之遁辭也。

至於在散文中，以其更不重敍述一事態之發展，則尚不如小說戲劇之重有一內在的時空。散文之述一事、一物、一人、一地，皆可爲憑虛而立，若與其他事物截斷其時空之聯系者。中國人所喜讀而長不及數百字之陶淵明之桃花源記，其文之佳處何在？固人各一辭。然依吾意觀之，則要在其中所及之人物事蹟，皆若有時空之定位，而實又無時空之定位。謂在晉太元中，則若有時間之定位，謂武陵人到桃花源，則若有一空間之定位。然武陵人到桃花源中，則其中之人，不知有漢，無論魏晉。則此時間之定位，於桃花源中之人之意識中，實不存在。而言武陵人忘路之遠近，乃至桃花源，其由桃花源出之後，再往求之，又迷不復能得路，則其地是否在武陵，亦不得而知。而此一桃花源之所記之世界，即成一在現實世界歷史世界中，若有位而實無位之一世界。後人讀之，亦即如超拔於現實世界歷史世界之外，而達於忘卻一切時空之區劃之心境。此蓋爲桃花源記一文之眞正佳處之所在。若只謂其表示淵明一人之隱逸之志，或其藐視秦漢魏晉之政之心，與對其理想社會之一懷慕，蓋皆不足盡此文之佳處，亦抑不足說明其何以爲一切人之所喜讀之故也。而西方文學之寫無日曆之孤島中人之生活者，亦同此一類之情調之寫作也。

至於在詩歌中，則對事物在時空中之定位，尤須加以超拔。詩歌與小說戲劇散文之不同，在此後二者皆假具體之人物事蹟，以寄作者之情志；詩歌則直接以抒發作者之情志爲事，而天地間唯此一情志爲重要者，其情志所及之天地間之事物，皆爲此情志之所潤澤所覆涵，而位居此情志之下，以內在於此情志之中。如李白詩所謂「興酣落筆搖五嶽，詩成嘯傲凌滄州」，杜甫詩所謂「落筆驚風雨，詩成泣鬼神」，皆同言此一義。由是而凡此爲詩人之情志之所及者，亦無遠無近，無古無今，皆在當下。陸機文賦所謂「觀古今於須臾，撫四海於一瞬」也。又由此而一切歷史性之人物事蹟，一經詩人之歌詠，其原來在公共時空中之定位卽皆活轉，而遠者如近，近者如遠，古者如今，今者如古。故詩歌中之詠史之詩，實不同於歷史之傳記。歷史中之古人卽在古代，而詠史之詩中之古人，則在作詠史之詩人之懷抱中。詩歌中之邊塞之詩，亦不同於歷史地理之記邊塞之事。歷史地理中之邊塞，遠在京都之外，而邊塞之詩歌中之邊塞，則天涯若比隣。懷古則古爲所懷而非古，懷遠則遠爲所懷而非遠。東坡赤壁懷古一詞謂「遙想公瑾當年」，公瑾當年在昔，而遙想則在今，卽以今攝昔。杜甫詠懷古跡詩「悵望千秋一洒淚，蕭條異代不同時」。悵望千秋乃懷古，由懷古而洒淚，則在今。今古之人蕭條於異代，若不同時，而杜甫之知此異代不同時之今古之人之蕭條，而寄之於一慨嘆之中，則此不同時者，皆未嘗不同時矣。至如陳陶隴西行，「可憐無定河邊骨，猶是深閨夢裏人」。此言在無定河邊死者之骨，卽今日夢中之人，則遠者皆在近地，已死者亦如尙生，而此詩句之所以佳，亦正在通今昔與遠近而生其情也。

在詩人之心，其貫通遠近古今之道，或直接以其心之同時念古今，念遠近，而將遠近古今納於當下之一念；或憑一當前之物，爲古今遠近之人之所見，而爲古今遠近之人之所知，乃卽其物以貫通遠近與古今。如李白把酒問月詩：「今人不見古時月，今月曾經照古人，古人今人若流水，共看明月皆如此。」此當前之月爲古今人之所見，則詩人可憑此當前之月以念古而兼念今。沈佺期詩「可憐閨裏月，長在漢家營」。杜甫詩「今夜鄜州月，閨中只獨看」。此又皆為以一月之兼照當地與所懷之異地，而使人之情兼通於遠近。再如詞中：「妾住長江頭，君住長江尾。日日思君不見君，共飲長江水。」則是緣於見此江水之貫於江頭與江尾，以為相思之意、往來於其間之媒。而人所共見之自然界中之日月星，及往來於世間之雲、水，與人間之舟車與道路，及古物如古碑古廟古松，長壽之龜鶴，名垂宇宙之人物等，其所以皆為詩人之寄興之所，亦皆由其為能通遠近與今古之物，而為詩人之心賴以通今古遠近之媒，以得不為現實世界歷史世界中之一般事物之時空之定位之所限制之故也。

詩歌不重一事物在時空中之定位，詩歌亦不重一事物在時空所佔之數量之正確的敍述。詩歌中之數目字，幾乎全莫有關係的數字，如「大於」、「小於」之類；亦無表示確切之量，如「十九」「七十三」之類的數字。如詩人問：夜來風雨聲，花落知多少？此亦不須管多少，因其問落多少而實不求知數之多少也。如詩人問：春花秋月何時了？此亦不須答若干時，因問其何時了，實不知若干時也。在詩歌中，即其所用數字之似確定者，亦恒不確定。如詩中謂人生百年，而一生未必百年。謂百尺高樓，而樓高不必百尺。千秋萬歲、千里萬里，皆只所以狀時間之長、空間之遠，而非定限於一千一萬之數。汪中釋三九，謂詩文中用十以下之數字，則九即所以表多，三即所以表少。實則九非即限於九、三亦非專指三。故居三里之城者非必即三里，九曲黃河，亦不限於九曲。一日不見如隔三秋，秋未必即三，腸一日九廻，廻未必即九。郭璞詩「青溪一千仞，中有一道士」，有欲作詩勝郭璞一倍者，成詩二句曰：「青溪二千仞，中有兩道士」。此卽爲笑談。又有詩曰：「無事此靜坐，一日似兩日，若活七十年，便是百四十」。再有仿之者曰：「無事此靜坐，一日似三日，若活七十年，便是二百一。」此亦爲笑談。因詩中時間空間之量度，皆不能當眞而爲之計算也。此詩文中之不重事物在時空所佔之數量之確切的敍述，亦卽由文學意識中之事物，在時空所佔之位置，原自渾涵，而不須加以確切之數量規定之故。反之，隨文學家之情意之所趨，又恒視短時如長時，長時如短時，視狹小如廣大，廣大如狹小。古詩「生年不滿百，常懷千歲憂」，是視短時若長時也。張惠言詞「千古意，君知否？只斯須」，是視長時若短時也。呂嚴詩「袖裏乾坤大，壺中日月長」，是視狹小爲廣大也。孟郊詩「出門卽有礙，誰謂天地寬」，是視廣大爲狹小也。然在歷史意識中，則事物在時空中所佔之數量，卽皆須有一確切的規定。年壽九十九，不能謂爲百年，行軍七十里，不能謂爲百里。此卽因在歷史意識中，人必對事物之在時空中之定位，求有一確切之規定之故也。

詩歌之運用表示時空數量之觀念之字，更有一趨向，則趨於運用表示無限之數量之時空，或週遍一切時空之名言，與不定時空地位之名言，以寄意。如中國言千古萬古，卽義同於無限之時間。言處處、天地，卽義同於無限之空間。故「與爾同銷萬古愁」，卽銷無盡時期之愁，「天地一沙鷗」，卽無限空間之只此一沙鷗。而詩歌中之喜用「何處」、「不知處」、「何日」、「無日」，亦所以見詩人之情懷，恒必歸於忘處所忘時間。如王維詩「深山何處鐘」？韋應物詩「落葉滿空山，何處尋行跡？」

杜甫詩「今夕復何夕？共此燈燭光。」東坡詞「不知天上宮闕，今夕是何年？」此皆同爲有問而不可答。答之，即成對於時地之知識，而非文學。「只在此山中，雲深不知處？」則有處而無處。「君問歸期未有期」，則有期而無期。此皆文學之語言，而大異於科學歷史地理之語言，必求處所與時期之確定者也。

（三）時空定位之超出與想像及情志之關係

以上講在文學意識中，人恒有超出歷史意識及一般意識中之時空之定位之觀念，及時空觀念之自身之趨向。此不止由於一切文學之創作中，常有由文學家之想像而虛構之成份，而不能將事物安排於歷史意識及一般意識中之統體的公共時空中而求其定位之故。此更由於文學家在其創作時，其想像中所對之境相，無論爲虛境，或初爲實境，皆爲此想像之所攝，而一切文學之想像，皆有文學家之情志上之嚮往在後面推動之故。由此情志之嚮往，推動此想像，即同時將其所攝之境相，向上拔起，而加以凸出，並加以持載；於是此境相，即必然與一般意識之公共時空中之其他事物其他境相，若相截斷，而自形成一文學家心目中之一世界。而此一世界爲想像之所攝，情志之所持載，亦如爲此情志想像所懷抱，而內在於此情志想像，以與之合爲整體的世界。此世界屬於文學家之精神主體，即不能納之於一般所謂公共時空之歷史之世界。誠然，一文學家之從事於其某一創作之事，可說乃在某處或某時。此處此時亦必屬於一般所謂歷史之世界。然當文學家在正從事創作時，亦並不想到其創作的時間地點。故此從事創作之事之時與地，亦不在文學意識中存在。由是而文學意識，卽成超越一般所謂歷史意識之一獨立的意識，每一文學作品中之世界，皆自成一獨立的整體，而宛若絕對無外矣。

在各文學之體裁中，小說近於歷史中之紀事本末體，戲劇近乎紀傳體。在小說與戲劇中，作者不直接表現其自己之情志。其自己之情志若自隱藏於其所述之小說之故事及劇中人物之對話之後，而卽透過此故事與人物之對話，而間接表現。此中之故事之發展，與人物之對話，亦自有其內在的時空之秩序。小說與歷史中之紀事本末之不同，則在歷史中之紀事本末，乃純以事爲主，而述及事所牽連之諸人。而在小說則以人物爲主，而敍其所發生之諸事。至此人物之所以有諸事，則由其原有其本來之性格，有其情志之要求。而小說中人物所遭遇之諸事，亦卽其性格與情志要求，在小說家所想像之一一不同之環境下之當然而必然的發展。文學家自己之情志之要求之各方面，卽賴其所想像之人物之本來的性格與情志要求之如何發展，如何遭遇其命運，再承受此命運，等處，間接得其表現。故小說仍不同於歷史中之紀事本末，只以紀述客觀之事爲目標。至於戲劇與小說之不同，則在戲劇中之人物之性格，乃主要由劇中人自己之言語態度而表現。小說中之人物性格，尙多只賴其行事以表現，此行事之如何，乃由小說家加以敍述，而常非由此人物之自己之言語所敍述者。劇中人則由其自己之言語，表現其性格，亦兼由言語自道其情志之要求。而當其由言語自道其情志要求時，則此情志，卽直接內在於其當下之言語中。而一簡短之言語，亦可表現其一生之長時期之所要求，又若自將其長時期之經歷，加以鑄造、縮短、凝歛而成。而一戲劇之表現一人物之一生之性格要求與經歷，亦儘可只擇取其一生之少年、中年、老年幾段事中與人之對話，卽全部表出。故一劇中之各幕，只須表現若干時間的截面中人物之言行，而此諸時間截面間之時間流逝，乃隱而不見。由此而小說中所較重視之人物之行爲之時間的連續性，在劇中卽如被斬斷，成爲節節之時間截面，而只存其中數節之時間截面。此中，卽見在戲劇中對於一般意識中之時間觀念，有更多之超拔。戲劇中人物之直接由其語言表現其性格、情志、要求、經歷等，亦可稱爲分別的在不同的時間截面中，間接表現劇作者之自己之性格、情志、要求、經歷之多方面於文學者。

文學家自己之性格情志要求等，只能由小說戲劇中之人物之行事對話以間接表現。此中由於文學家之性格情志要求，長隱於後之結果，亦可使其只以表現所想像之人物性格行爲之自身之發展爲目標，而更不求以其他方式直接表現其主觀之情志。在此情形下，文學家卽專以想像人間之實有或可能有之性格，及其實有或可能有之情志要求，與緣此性格要求而當有必有之行爲對話爲事，若其自身，乃全無情志要求等，亦無任何特殊之性格者。然無論如何，此形態之文學家，在次第形成其文學的想像之歷程中，彼仍必須隨時自同化於此小說戲劇中之人物之性格與情志要求。而此卽無異於隨時以之爲自己之性格與情志要求之所在，亦無異於隨時自化爲具不同之性格與情志要求之人物，而自加以表現。仍不能說此中無作者之性格與情志要求之表現也。

至於散文詩歌與小說戲劇之不同，則在作者之情志要求，於此不須透過所想像構造之人物而表現。而散文詩歌之表現作者之情志要求，乃由此散文詩歌之內容，直接加以表現。此中之散文之敍一事一物一人一地，乃更爲將其孤立而觀，以與其他公共時空中事物之聯繫，暫時加以截斷，亦與其他事物所佔之時空之關係，暫時加以截斷，以使此一事一人一物一地，宛如憑虛而立者。故以散文與戲劇較，又表現一時間觀念之一更高之超拔。此中之散文與詩歌之不同，則是散文仍是由敍述客觀之人事物地，以寄其情志，而詩歌則直接以抒發情志爲事。情志所及之事物，皆爲此情志之潤澤覆涵，而一般意識中之時間以及空間之定位觀念，乃於此有一最高之超拔。此乃前節所已論，今更爲提及，以使大家對於小說、戲劇、散文、詩歌之文學內容與作者之情志之關係，及時空之定位觀念之關係。於此得加比較，以形成一完整的了解。

（四）文學意識中之「類」與「不類」

文學意識與歷史意識第二點之重要的不同，可從二者對於人物事蹟之性質之同類不同類之看法去了解。

在歷史意識中之一人一物一事之屬於何類或不屬於何類，可純從其實際上所表現之性質去看。又於一人一物一事，如我們已定其屬於何類者，則不能更屬之於他類，亦無屬於某類者能兼屬於其他之任何類或一切類之情形。如君子之類非小人之類，貨殖列傳中人不能屬於隱逸傳中人，君王類之人，不能同時爲乞丐。此亦如人類之不能兼屬於鳥獸之類與植物山川之類。由此而史家紀國家政治類之大事，不能雜以兒女之私情，關於廟堂之禮器之記載，亦非關於兵器與戰爭之器之記載。此皆見各種人之類、事之類、器物之類之必須嚴加分別，而爲歷史上之人與事與物既屬於某類，則不能再謂其屬於他類之證也。

然在文學中，對於各類之人、物與事，則不似史家之就歷史事實之眞相，而據其性質之不同，與以斬截之劃分。如當吾人將歷史中之人物納之於一小說戲劇中，則其初之屬於此類者，可改而屬於他類或兼屬他類。而其畢竟屬何類，唯由小說戲劇家所設定之其人之性格，在種種情形當有必有之種種發展以爲定，由是而此人物卽可由其性格之發展而由此一類移入於彼一類。最堪爲小說戲劇之題材之故事，亦正恒爲關於一人物之性格，在種種情形之發展，可由此類以入彼類或相反之類，或由彼類與相反之類入此類之故事，所謂傳奇是也。故人之生而聖者或念念皆君子者，可以入史傳，而不可以入小說戲劇。初爲天眞之孩子，經引誘而入邪惡，再返於善良之故事，則可入小說戲劇。一人生而治生產，老而由積累以致富者，如史記之貨殖列傳中巴蜀寡婦清，非小說戲劇中人物。而陶朱公之從政而兼業商，終泛舟五湖，類同隱逸，則可爲小說戲劇中人物。繼世之君，守其故業，數十年太平無事，不能入小說戲劇；而開創之主，起於平民，歷經艱困，再爲天子，則可入小說戲劇。而西方戲劇中有丐與王子貌相似，得入宮庭遂爲王子，眞王子乃流落人間而爲丐者，則使人特感一傳奇之意味。傳奇之所以奇，由於其爲一單獨特殊之個體的事。然一事之所以成單獨特殊的個體事，卽恒由其中之人之初屬於某一類，而更屬於迥不相同之異類以見。又小說戲劇之敍事，亦恒於一類之事中雜敍他類之事，或於一類之事中，初只敍其隱含不同類或相反類之事，繼則敍其如何轉而發展爲另一不同類或相反類之事。故於敍國家政治之事時，可雜以兒女之私情，而或藉以見一國家政治之大事，亦實不能外於此一兒女私情之事。小說戲劇中之重伏筆，卽於敍一類之事時，隱含他類之事之謂。此中人所不經意之處，恒卽爲人後來所意想不到之事所由生，而讀者乃終於對此拍案驚奇。在歷史家之述某類事卽某類事，了然無奇，而不可更易者，則可以見史家之正直，而不見有小說戲劇家之巧思。此外，人以外之物之中，歷史家心中之廟堂之禮器卽禮器，而於禮器中之暗藏兵器，或化禮器爲兵器，則近乎小說戲劇中之物矣。要之，一般言情敍事之小說戲劇中之人、事、物，皆非自始至終決定屬於某類，而恒是自此類以化爲彼類，或再還入某類者。惟此中人事物之所屬之類之如何轉化，則或緣於人之性格與要求之發展，或緣於人對事物之如何作預先之安排，而各有其當然必然之理由。故雖初爲人所意想之所未及，而仍終未出乎情理之外也。

至於小說戲劇之及於神怪者，則其事似恒出乎常情常理之外。此乃由於作家之「欲將一般之人物事蹟，變化其所屬之類」之意識，更充量發展而成。在神怪之小說之封神傳中，人中之妲己可爲一非人之妖精之化身，而周武王伐紂之事，即化爲截教與闡教爭意氣之事。在西遊記中，與唐僧同朝聖之徒弟，乃爲花果山之猴王，而玄奘求佛經以助其對佛經之眞實了解之史事，即化爲師徒數人歷九十九難而得道之事。封神傳中之糞桶之物，可化爲混元金斗。西遊記中之芭蕉扇之物，可煽熄數百里之火焰山，有如北冰洋之寒流。一切神怪小說之想入非非，要不外依於將一類之人、事與物，皆變化其性質功能，以同於世間所有或想像所構之他類之人事物之意識而生。然神怪小說之神怪，有一限度，而人亦不能充量發展其變化人物事之類別之意識，以至乎其極。此則原於人對一人一事一物之屬於某類之自性，仍不能不有若干之尊重之故。因如一人一事一物，全無其屬於某類之自性，則亦無由此類化入彼類之可言。故世間亦不能有至乎其極之神怪小說。如至乎其極，則一物應可頓時化作一切事物，一人頓化成一切人，而人亦可頓化成物，物亦可頓化成人。則世間一切人事物，皆混而爲一。此可爲玄學之一境界，而不能成小說戲劇之創作也。

文學家雖不能眞將一事一人一物所屬之類，任意加以變化，以使之一時頓化爲一切類或任何類之人物事，然文學家必在一方尊重一人或一事一物之原屬於某一類之本性之心境下，一方儘量求擴展一人或一事一物所能屬之類的幅度。此幅度，乃必然遠較歷史家之就一人或一事一物，所實際已表現之性質，以定其所屬之類者爲寬。此則由於一人或一事一物之本來所可能有之性質之表現，原較其實際表出者爲寬，其實際表出者，亦原不能代表其內在之本性之全之故。文學家於此恒善能透至對各種人事物之內在之本性之了解，以想像其在種種情形下可能有之當然而必然之表現；而此想像之世界中之人事物所表現之性質，亦因而遠較歷史家之就事述事、就人述人、就物述物者，有更大之天地，可供馳驅。此亦卽一切小說戲劇，皆可有其虛構之成份之根本理由所在。至於詩歌散文中，則人固可無對於故事人物之虛構，而初只對人所接觸之實境加以敍述，以自寄托抒發其情志。然人之求使一人一物一事，不只屬於一般常識或歷史意識中所指定之類，而使之兼屬於他類之要求，仍不能斷絕。此中，人之滿足其要求之道，卽爲對一類之人事物，取他類之人事物爲比喩，而視如他類之人事物，以超拔於一般常識與歷史意識所指定之類之外，由此以擴大轉移其所屬之類；而吾人上述之欲變化人事物之類之要求，遂得其另一形態之滿足矣。

人之欲變化人事物所屬之類之要求，若不由小說戲劇中之變化人物事所屬之類，得其滿足，則必如詩文中之以種種異類之比喩，以得其滿足者；此仍當推本溯原於一切文學皆由作者之情志上之要求所推動之義。原來人之情志上之要求，皆無不求現實事物之有若干改變。此亦卽要求此現實事物變化其所屬之類，以由屬此類而屬彼類。人之情志之要求，並非必然皆處處要求見事物之由壞者變爲好者，亦要見壞者之如其本性，而在一情形下將其壞之本性表現爲一新形態，以見此壞者之由屬於此類之壞，而變爲屬於彼類之壞。如吾人願見一小說中奸詐之市井之徒，在其爲官時變爲一貪官汚吏。亦願見一善良而有悲劇之性格之人，由得意之人變爲一失意之人，以自承擔有其性格所導致之命運。至於吾人最後之望此貪官汚吏之終被懲罰，或此悲劇性之人物之靈魂升天，則此只代表吾人之情志要求之最後一段而已。由此而吾人可說一切小說戲劇中人物之如其本性，而在種種情形下之發展，亦皆依於小說家戲劇家之情志要求其如此而後如此，即皆由此要求，在後推動之故。然在散文與詩歌中，則人之情志要求，非藉所構想之小說戲劇中人物之事之發展，以間接表現；而是直接表現於對一事一物一人一地之描寫與敍述，及胸襟懷抱之抒寫，而於此中自寄其意，或由之以見其喜怒哀樂之情，與心所嚮往之志。因在此散文詩歌中，人之情志要求，乃直接對境物而呈現。此情志要求，即欲直接由觀當前之境物之依其本性而發展，以得其滿足。如當前之境物之本性爲可好可愛，則望觀其如其本性而發展，彰顯其可好可愛之意義；如當前之境物爲可惡可恨，亦望觀其如其本性而發展彰顯其可惡可恨之意義；更以吾人之愛之好之惡之恨之之情涵攝之。緣是而其可好可愛之意義，可惡可恨之意義之發展與彰顯，便不能由所想像事物之自身之變化以獲致，而只能由吾人對此諸意義之體驗與了解之增強以獲致。由此體驗與了解之增強，則必兼見此諸意義之實爲不同類之可好可愛之物，或可惡可恨之物之所共有。於是吾人之意念，即改而注視此不同類之物，自然往取彼不同類之物比喩，以求更發展彰顯其原具之可好可愛或可惡可恨之意義於吾人之前矣。

以上所說稍嫌抽象。實一加舉例，即自然明白。譬如吾人在小說戲劇中欲敍述西施眉清目秀之美貌，我們可通過由此美貌而引致之事，如其由越溪之女而成爲吳宮妃之事，以見其美貌之如何動人。此中西施之由爲越溪之女而成爲吳宮之妃，即其所屬之類之變化，亦卽關於西施之故事之一發展。吾人聞此一故事，而西施所具有眉淸目秀之美之意義，即更彰顯於吾人之前。然今假設西施長爲越溪女，則試問吾人將如何使其所具有之美之意義得發展而更彰顯？此則只能由吾人對此眉淸目秀之美的意義，加強其體驗與了解而獲致。由此體驗與了解之加強，則吾人自可創出種種之比喩，如眉似遠山橫黛，眼如秋水凝眸之類。而此亦卽其眉淸目秀之意義，賴之而得其發展與彰顯之另一道也。

在散文與詩歌中，詩人皆初以實境爲其所對，故不假想一故事以求境中事物之發展爲他類，以便彰顯其本性。於是其情志之要求，卽或對此實境，而向上興起。此在詩中，卽表現爲「興」。在此與中，吾人之情志又可一方專注於實境之本具的意義，及情志所嚮往之理想的意義，而一方亦對此諸意義，求加強其體驗與了解，樂見此意義之能貫通於其他「初視爲不同類而所關聯之情志實又相類」之境物，吾人遂卽自然往取之爲比喩，是卽詩中所謂比也。「由興而比，比以寄興」，於此卽可得一簡單而切實之說明。而詩與散文之差別，卽在散文中人之情志，恆於冒起之後，卽隱於一事一物一人一地之平鋪的敍述之後，而其比乃多爲顯比，其顯比亦不能太多，只求使人知此一事一物一人一地之何所似爲止。而詩歌中之興，則原自人情志之冒起之後，卽一直上升，以充實瀰漫於所對境物與可相比之境物之上以運行，而其比乃多爲隱比，而隱比則儘可稍多；而相比之境物之本身的與理想的意義之相類而相貫通，即見於此隱比之中。故「不義而富且貴，於我如浮雲」之顯比，只是散文，「十室之內，必有忠信；十步之內，必有芳草」之顯比，只是散文。詩經中之反復以參差荇菜，左右流之；參差荇菜，左右采之；參差荇菜，左右芼之，隱比君子好逑之意。楚辭之反復以蘭蕙芳草美人隱比君子，以及如元人馬致遠之以枯藤、老樹、昏鴉、古道、西風、瘦馬，隱比斷腸人在天涯之蕭索之情，則更是詩。

由詩文中之有比，在一般常識歷史意識中視爲屬於某一類之人事物，即由其所具之意義之爲其他不同類之人事物所共具，而可以相比。而在隱比之中，則所取爲隱比之人事物，在詩人心中即爲可以之代原來之人事物者。而通過其共同之意義，以觀此原來之人事物與用以比之之人事物，亦即若無二無別。由此而在人與物相比之中，則楚辭中之君子即是芳草，即是美人，即是蘭蕙。白居易詩「在天願作比翼鳥，在地願爲連理枝」，則夫婦即比翼鳥連理枝。在人之事與物之事相比之中，杜甫詩「感時花濺淚，恨別鳥驚心」，則人之感時即花之濺淚，人之恨別即鳥之驚心。李白詩「請君試問東流水，別意與之誰短長」，此人之別亦即水之流。陶淵明詩「眾鳥欣有托，吾亦愛吾廬」，則淵明之愛其廬，即眾鳥之欣其有托。在歷史上人與事物相比之詩中，杜詩言「許身一何愚，竊比稷與契」，杜甫此時即稷與契。邵康節詩唐虞揖讓三杯酒，湯武征誅一局棋，則唐虞揖讓之事，即在今日此三杯酒互讓之事之中，湯武征誅之事即在今日一局棋之勝敗之中。曹植言當世之文人之自視其文章，「人人自謂握靈蛇之珠，家家自謂抱荊山之玉」，則當時之文章即化爲靈蛇之珠、荊山之玉。東坡詩「若把西湖比西子，淡裝濃抹總相宜」，則當日之西子之人，即今日西湖之物。由此而歷史意識所重之諸人物事之時代之差別，固不存於心，而原相別之人與事物之類，在此皆以其所具之意義之相同而無別，而屬於此類者，亦皆可視如屬於彼類。則杜甫是詩人之類，亦於聖賢之類。唐虞揖讓，湯武征誅，是國家大事之一類，亦飲酒圍棋之小事之類。文章爲精神之表現之類，亦爲可寶之珠玉之類。而西子是美人之類，亦是與西湖同爲淡裝濃抹總相宜之類矣。

何以一類之人事物可以異類之人事物相比，而使在一般常識與歷史意識中所視爲屬於一類者，乘屬於他類？此唯因諸異類而可相比者，仍有其共同之意義之故。而其有共同之意義之處，亦即其在另一層次上，亦可稱爲同類之處。然此所謂同類，畢竟爲何種之同類？如此同類者，亦原爲異類，則其爲同類乃其可以相比之根據，其爲異類，即應亦爲其不可相比之根據？何以我們於此只依其爲同類，而言其足以相比，不就其亦爲異類，以言其不足相比？則我們當說：此原爲異類者之所以有其共同意義，而亦可稱同類，乃原自吾人對人事物之情與人事物之本身之情之相同；而不在此中之人事物之形相或與其他之人事物之形相之相同。形相相同者亦有相異處，則可相比者亦皆可說不可相比矣！故君子之可比美人蘭蕙芳草，實非以美人蘭蕙芳草之形相相同，而唯因此三者同爲世所希有，並同爲人所珍愛，吾人之珍愛之情於此三者同也。杜甫之可以比稷、契，亦非杜甫與稷、契之形相同，而唯因其對國家之忠忱同也。以此推之，唐虞揖讓與杯酒揖讓之情同，湯武征誅之情與棋盤上征伐之情同，人之寶愛其文章與寶愛其珠玉之情同，故皆可相比。而吾人之以鳥之有托與人之愛其廬相比，以比翼鳥連理枝與人間之夫婦相比，亦由吾人之設定鳥之有托與人之愛其廬之情相同，比翼鳥之相依，連理枝之相連，其間之情與夫婦間之情相同。至於別意與流水之可相比，則在別意原於人之分離，如流水之原於水之分離，西湖與西子之可相比，在西湖之色彩可多可少，如西子之色彩之可多可少。眉與遠山眼與秋水之可相比，在眉之形似山，眼之清澄似秋水。此則雖皆若在相比之事物之形相等之相似，然亦兼在吾人對此可相比之物，皆有大體相類之情。如西湖西子皆人所愛，眉與遠山，眼與秋水，皆人之所美。又人之不願與人相別，亦如其不忍與物相別，人充其不忍與物相別之情，至乎其極，則於流水之別離而去，固亦原可有情，故人之離別與流水之去可相比也。若謂唯形相之類似，方為相比之根據，則最可相比者應為形相最相同之物，而最相同之物卽一物之自身，或一物之最接近之前一時後一時之狀態，則二月之春光應與三月之春光相比，今日之流水應與昨日之流水相比，而人對之之情不同而相狀最相似者，又應皆可相比。則人何不以陽貨比孔子，西湖之裏湖比外湖？以橄欖比眼，又豈不較遠山與眉為相似？足見只泛言形相之有相似處，非卽可為文學上之相比之根據。而此外純由事物之關係之相同而相比者，則雖可助人之理解，然若此中若無情上之相同，為其比擬之根據，亦不能成為文學上之比喻。如人或將原子中之核子與其外之電子之關係，比如太陽系中太陽與行星之關係。又或將人身中之循環系統比一國家之交通系統，人身之營養系統比一國家之農工商，人之神經系統比一國家之政府，此皆未嘗不有切合之處，而亦可助人之理解。然皆不足以稱爲文學上之比喩者，以其無情志上之相同爲比喩之根據也。而事物之在形相上及與他物之關係上爲異類者，其本身之情或吾人對之之情，則正可有共同之意義，而使之成爲同類。此卽一般所謂異類之物在文學上常爲可相比之物之故也。此情之相類，卽爲屬於另一進向，以橫跨諸異類之物，而貫通之之另一原則。而此情之相類者，於此卽可說其意義同，其性質亦同。故吾人欲由此情之相類，以見異類之物之性質之相類，卽須於此異類之物中見此不異之性質，又必須以諸異類之物相比喩，然後能將此不異之性質，加以表現。由此而一般常識及歷史意識中，對於事物之類所劃分之界限，卽必由此而打破。而人乃於此不求比喩於吾人初所視爲同類者，而往求之於吾人初所視爲異類者矣。夫然，詩人乃於人之君子，見其與植物之芳草蘭蕙之相類焉，而與同爲人類之小人，反不言其相類。於夫婦之情，見其與連理枝比翼鳥相類焉，而與其他之人倫關係，反不言其相類。此則文學意識中對人事物之性質之類與不類之觀念，大異於一般常識中及歷史意識中言事物之性質之類與不類者也。

十、文學意識之本性（下）

（五）文學意識中之因果觀念之特殊性

文學意識與歷史意識第三點之不同，應從二者中之因果之觀念之不同上去看。文學與歷史中之所述之事物之因果關係，原皆同爲特殊單獨之具體事物間之因果關係。故皆異於自然科學社會科學之求事物之因果關係，重在求知一類事物、一類現象，與他類事物他類現象間之因果關係，冀得一抽象普遍的關於事物之因果定律或因果法則之知識者。此中之例，如「水遇電則分解爲氫二氧一」，「物體間之吸引力之大小，與質量成正比，與距離之平方成反比」，「兩物之摩擦增加，則所生之熱量增加」，或「需要增加而供給不變，則物價上漲，供給增加而需要不變，則物價下落」。「國家之中央政府之權力增加，則地方政府之權力減少；地方政府之權力增加，則中央政府之權力減少」之類，皆爲科學中之普遍抽象的因果法則之知識。而文學歷史中所述之因果關係，則皆爲特殊具體的事物間之因果關係，如殷以周而滅，項羽以兵敗於劉邦而亡。林黛玉以家道衰落而投賈府，林冲以火燒較場而落草之類。然此中之文學意識與歷史意識中對於具體事物之因果關係之觀念，又明有不同。其顯而易見者，是歷史事實間之因果關係，乃公共時空中所實有之事實之因果關係。歷史上凡以一事爲因，其後必有他事為果。此中由因果相續所成之事之串系，乃為自古及今，以迄未來，未嘗間斷者。文學意識中之事實，則多為虛構，不能在公共時空中得其定位，只在文學作品之內在時空中存在者；而在此內在時空中之諸事物間之因果關係，亦初由文學家之構想而成。此諸事物，對此內在時空以外之公共時空中之事物，並無眞實的因果關係。故在一文學作品之完結之處，最後所敍之事物，亦更不再生果。於是其所述之事物之因果相續之串系，即不再相續而自然斷絕。如紅樓夢寫賈府衰敗，寶玉出家以後，於賈府中之人物之後事如何，寶玉出家後唸何經書，何時成道等事，即更無所述。而其後之作者所為之紅樓圓夢，續紅樓夢，欲於此下文再加以構想者，即屬於另一文學作品。而此文學作品之仍應有下文，非其所能一一交代者如故。於此吾人只有把一文學作品之本身，隸屬之於實際之歷史——如隸屬之於歷史上某時代之某一文學家，方能謂此某一文學家之有某一創作，有其身世環境上之所感受者為原因，而此因復有因，以至無窮。又自此創作之影響於以後之另一文學家，或一般讀者與後世之學術文化社會風氣、人生觀念者言，亦可謂其果復有果，以至無窮。然此非直就文學中之事物之因果關係，而言其因果相續，永無斷絕之謂也。

其次，文學中不只有虛構之人物事蹟，為因或果，亦常有於一般常識及歷史意識，視為無因果關係之處，或非眞正之因果之所在者，視為因果之所在之情形；或顚倒一般事物之因果秩序，而加以敍述之情形；再有於一事言因，則更不言果，言果則更不言因之情形；以及求根本自因果之觀念中超拔，或似在追問因果，而實不求知因果，而只求一境界之呈現之種種情形。此皆為文學之詩歌中所常見者。如張子壽詩：「海上生明月」；杜甫：「四更山吐月，殘夜水明樓」。此中之明月實非海所生、山所吐，樓之明亦由於月光而不由於水。此即以一般所謂無因果關係者，為有因果關係，以一般所謂非因果關係之所在，為因果關係之所在也。杜甫詩：「磨刀嗚咽水，水赤刃傷手」。憶我在兒時，於小學中，老師讀至水赤，而問我何以水為赤？我未讀下文之三字，即不知所答，而恍然若失。實則此乃由下文之刃傷手而水赤。在一般之因果之次序中，刃傷手為因，水赤為果。如先因而後果，則人皆易解。然杜甫詩則先言果，而後言因。好似有果而後有因，果為因而因成果，故我當時不知所答也。詩文中之先果而後因，使人產生一果為之印象者，隨處皆是。而小說戲劇中，亦恒有先定一事之果，而再述其因者。如封神傳之先定封神榜上人物之名，再述其如何死而為神。至如詩中之言啼痕不再說悲來，是言果則略因也。言悲來不再說啼痕，是言因則略果也。至於詩文中之求根本自因果之觀念中超拔者，則如鮑照之蕪城賦之「孤蓬自振，驚沙坐飛」之類。在一般觀念中，孤蓬決不能自振，驚沙亦不能坐而飛，此應有風吹。然此處則決不說風吹，而使孤蓬之振，驚沙之飛，若為無因而至。又如納蘭性德詞謂：「德也狂生耳，偶然間緇塵京國，烏衣門第。」實則其「緇塵京國，烏衣門第」必有原因，豈是偶然？又如王冑詩謂：「庭草無人隨意綠」，實則草之綠，必有因，豈能隨意？再如中國詩中多言「自」字，如「芳樹無人花自落」，「明月自來還自去」。而在一般之觀念中，則所謂「自」者，皆爲由他而自，如由花開已久，而後花落，以地球太陽之吸引，而有明月之來去是也。然而文學中則不須如此說也。此外在詩文中之似問因果，而實不求知因果之例，則如：「君自故鄉來，應知故鄉事，來日綺窗前，寒梅著花未？」此寒梅之因是否有花之果，即問而不求答者。又如「春草明年綠，王孫歸不歸？」此即問見明年春草綠時，是否有歸之果，此亦不必答者。至於問因，如李白詩：「春風不相識，何事入羅帷？」此亦不求答。再如李白詩：「問予何事棲碧山，笑而不答心自閒」。即明謂此因之不可答，而自述其不答者也。

我從前因特喜愛文學之完全超出因果觀念的詩文，故嘗以文學之最後之目標，只是直接呈現一具體之境界。此具體之境界要呈現，便須與其前之因其後之果相截斷，亦與前後之時間相截斷，而只有純粹的現在一境界之直接呈現。今乃知此語，仍說得太快。因文學中似亦明有對許多事物之因果關係之敍述。如在小說戲劇中，其前事與後事間，亦實有因果關係之存在。而詩歌中於一般所謂無因果處說因果，顛倒因果之秩序、超出因果之觀念者，固多有之。然善能表出事物之眞實的因果關係，而後爲人所傳誦之詩句，亦多有之。如杜詩：「細雨魚兒出，微風燕子斜。」此中魚兒之出，實因細雨；燕子之斜飛，實因微風。然人或只將雨細與魚出，風微與燕子斜，各視爲並在之二事，而未見其各爲相連而有因果關係之二事，則其所見，不如詩人之用心之密。再如杜詩有「入簾殘月影，高枕遠江聲」之句。此中月影之殘，乃因其入簾；遠江聲之得聞，乃因高枕。此亦爲人所忽之因果關係也。再如駱賓王詩：「霧重飛難進，風高響易沈」。此乃借咏蟬以自況其出處之難。而即就此二句而觀，亦爲因果之敍述也。此外，如「天遠暮江遲」之句之所述者，豈非一「因事物之相距之遠，而其速度之呈於人之知覺者，卽變爲緩慢」之一物理生理上之因果關係？「雲在意俱遲」之句所表者，又豈非「因人心之著意於雲，而雲不動，則意亦留於其上」之心理的因果關係。此與科學上之言因果，豈不亦有類似之處？而詩文與小說戲劇之寫作，其賴於作者對事物之因果關係之細心了悟，亦正有類於在科學與歷史學中，對事物之因果關係之須細心了悟。文學中一般雖不用因果之字，然亦非絕無。如「細數落花因坐久，緩尋芳草得歸遲」。前句有「因」字，後句之得，卽得一果也。由此觀之，則一下便說文學以超越因果觀念，直接呈現一意境爲目標，亦說得太快，而尚不能盡此中之問題之曲折也。

(六) 文學中之因果之必然性、當然性與目的性、與因果相涵

對此問題，要有更深之解答，應先從文學中之因果觀念，與一般常識及歷史意識中之因果觀念之本質上的分別，加以探究入手。於此，我們當說一般常識及歷史意識中，所述之事物之因果關係，乃實然而非當然，偶然而非必然，乃因果相繼，非因果相涵，而因果之事之相繼中，其間恒有暗昧之處，非互相依賴，彼此透明。而文學所述之事物之因果關係，則恒爲當然而必然，因果相涵而互相依

賴，以彼此透明者。而此二者之所以有此不同，則關鍵在一切歷史之敍述，皆以歷史事實爲歷史意識之所對，而自外敍述其在公共時空中之關聯，而非「透入於一人一物一事之本性，而觀其在種種情形下之當有必有之發展，而如何如何地彰顯其本性所涵之意義」之故。

譬如在一純粹之歷史著述中，我們可以敍述武王於某年誓師牧野，於某年滅殷，於某年武王逝世，周公攝政，某年周公禪位成王，此皆爲歷史意識中所安排於一公共的時空中之諸歷史事實之外在的敍述。然而我們於此，卻並不眞明白武王，何以必要誓師之理由，何以殷必被滅及周公必攝政，後又必禪位之理由。要明白此理由，我們必須知道，武王是如何一個人，其本性爲如何如何的惡紂之無道，乃能知武王之必要誓師。我們又必須知牧野之戰中，殷周兩方兵力之強弱，民心之向背，作戰之形勢之如何如何，乃能知殷之所以被滅。又必知周公之爲人之明德，乃能知其何以先不顧嫌疑而攝政，亦必終於遜位成王，以使其心事爲天下所共見。然而吾人何以知武王之本性，實惡紂之無道，彼之伐紂，非出自其個人之野心？又如何知周公之攝政與遜位，皆原於其爲人之明德，而非由於其初原欲篡位，後因勢不可能，乃只得遜位？則此只能以史籍之記載爲憑，而以史籍所載之武王周公之其他之事，周公所作之訓誥與詩，以及周代之先祖之祖德祖訓，對於武王周公當有應有之影響等，互相考校，方能定武王周公爲如何之人。則我們所知於武王周公之爲人之本性者，仍非原自我們之直接了解，而是透過種種之記載爲據，對之作解釋與作推論，而後了解者。然我們於此武王周公之本性之如何表現於武王之誓師之具體情形，周公之攝政及遜位成王之全部的具體情形，以歷史無記載，我們卽無法加以想像而眞正明白。因我們之欲知往古之事，惟憑記載，則記載之所不及，自非我們之所能知。一切歷史上所記載之一切相繼之事之間，皆應尙有其中間之事，則歷史之記載，必不能完全而不能無缺漏。由是而在此所記載之事之後，何以必有後事之故，遂終對吾人爲暗昧，而不能爲吾人之所眞明白。吾人今卽可由此義以說一切歷史中所記之事，恒只爲實然，而非當然，偶然而非必然。偶然非無因之謂，而是謂由吾人所知之事爲因，並不能推定爲果之事之必有之謂。如吾人只知武王誓師牧野，並不能推定其必能滅殷，以我們不知此戰中兵力多少等之全部的實際情形故也。我們亦不能由周公之明德之表現於其攝政，卽推定其必將再遜位成王，因我們不知周公之攝政，至遜位成王之全部的心理之轉變過程故也。我們亦不能由武王之惡紂之無道，卽推定其必誓師牧野，因如其只惡紂之無道，而無師可誓，亦不能有誓師牧野之事。而武王之如何由惡紂之無道，至覩其有師可誓之心理轉變過程，亦非我們之所知故也。夫然，故我們於歷史上所述之事之相繼，如要說其間有因果之關係，恒只能說有因果之相繼，而無因果之相涵。而此相繼之因果之事之事相，乃各自獨立，而非互相依賴的，以吾人知其有因，並不能使吾人卽知其果之當生而必生也。

然而在文學如小說戲劇之敍述中，則我們可說其中所述之事，有眞正之因果之相涵，其因果之事相間，有眞正之互相依賴之關係。而一切事之相繼而發生，皆有吾人所先巳設定之人物之本性上的理由，而其發生爲當然且必然者。此乃原於歷史上之事，非歷史家所能盡知。而文學家中所敍述之事，則爲文學家所盡知。因如非其所盡知者，則不能成文學之內容也。故於歷史上之事以相繼，吾人恒必求知其中間之事之如何，而於此缺記載，卽使吾人感有所不知之苦，並覺歷史中之暗昧處之存在。然今將此事之相繼，化之爲文學作品中之事之相繼，則事與事之間，卽另無他事。而依於吾人所設定之人物之本性，則我們亦可說其在何情形下，必當有某事之相繼而生。而此卽同於謂：以人物之本性，及所遇之情形爲因，卽必當有某果。如在一小說戲劇中之武王，我們只須設定其有惡紂之無道之本性，又念其有師可誓，則其誓師伐紂，卽爲當然而必然。於此我們卽不須如在歷史意識中之另求知武王之由惡紂之無道之心情，至誓師之全部心理轉變過程。因此全部之心理過程，卽盡於此小說中之所述矣。在純屬虛構故事之小說戲劇中，此義尤顯而易見。如西遊記中之花果山之猴王，依其最初直率的不怕天不怕地之性格，則其他猴子要其上天偷蟠桃，彼必斷然會上天宮去，旣上天宮而天帝封之以弼馬溫之低位，則彼亦必斷然會鬧天宮，方合於此故事之自然的發展。此發展中，卽有必然當然之因果相涵之關係可說。而此因果相涵之關係，乃作者所盡知，亦讀者所盡知。至於此猴王之如何上天宮之路程中，經過些什麼，如何由前一段路，至後一段路，則我們卻並不求知。因在此處，乃是小說家寫了什麼，卽經過些什麼。如不寫，卽無所謂經過些什麼。他一觔斗十萬八千里，就一下過去了，中間根本無可分爲段落的路程。而由封爲弼馬溫至鬧天宮，其中間之心理過程如何？亦小說家說有多少，就只有多少，不多亦不少。小說家只須說他念及此弼馬溫之封號，與其所自封之齊天大聖不相應，他卽必然會在天宮鬧起來。此外更無中間之心理的考慮過程。如他要先考慮鬧天宮會不會失敗，反與其性格之直率不相應；而此考慮過程，對之亦不當有，而亦必不能有者也。

我們由此例，便知小說文學中所講之事物之因果關係，比一般歷史中所講之因果關係，實更嚴格。歷史中之因果關係，只說到事之相繼而發生之實然，而不能說出事之相涵而發生之當然。實然者，有因不必有果，而果之繼因爲偶然。當然者，有因必有果，而果之繼因亦爲必然。此文學與歷史二意識中之因果觀念，所以有此差別，則在我們對歷史中之人物之本性，不能先知，而至多只能本於已有的對相繼之史事之記載，而加以解釋，以推知。我們亦只有對此相繼之史事，經次第之了解後，乃能有更確切之推知。而小說家戲劇家對於其所述之人物之本性，則在其創作時，卽已先知，方進而述其在種種情形下必當如何表現，而發展爲種種之事。如謂小說戲劇之中人物之事之發展，可如何，亦可不如何，必因吾人對此人物之本性之規定，或所遭遇之環境之敍述，有所改變之故。然在改變此本性，此所遭遇之環境之情形下，此人物之事之發展，仍須爲當然而必然者。否則必非眞正之好文學作品。由一眞好的文學作品，其中所述之人物之事之發展爲當然必然，則所述者雖爲一個體特定的人物之事，而自有其普遍性，而皆多多少少可成爲一典型。反之，則此文學作品中所載之故事之相連，卽只爲無必然當然之故事之相繼，而同於一般歷史之只記事之相繼，而無事之相涵者。而歷史之撰述中之近乎文學者，則爲其所記述之事之相繼者，同時有事之相涵之意義，而見事之向一方向作必然當然之發展者。如史記之刺客列傳之荆軻傳，最近於文學。此卽因司馬遷不僅先知荆軻爲人之本性，且將發展出不惜身入虎穴，以酬知己之事。而荆軻之於易水作歌曰：「風蕭蕭兮易水寒，壯士一去兮不復還」，所表現之懷抱，亦卽見其有事不成必死之志。由此而其以劍擊秦王不中，而死于秦庭，卽事之當有而必有者。因史遷之述荆軻傳，能將其所知于荆軻之本性，先暗示指點于人之前，則其所述之後來之荆軻之事，皆此本性在種種情形下之必然當然之發展，于是此傳乃特顯一文學上之趣味。此外一切眞有價値之小說戲劇中之故事，亦無不見其故事之發展，乃依于其所設定之人物之性格，在種種情形下必當如何發展者。由此而一作家無論在一創作或多創作中，其所寫之人物愈多，人物所遭遇之情形愈複雜，則欲使其故事之發展，處處皆見其爲當然必然者，亦愈難。此亦卽小說中之紅樓夢水滸傳，莎士比亞之戲劇，所以爲夐絕也。

吾人于此若尙欲進一步追問，何以小說戲劇中人物之事之發展爲當然與必然者？或何以其前後事間，有一因果相涵之情形？則此最後必歸至：小說戲劇中之人物之事，皆有一目的性的意義，亦卽皆自始依于人之情志之要求而有者。卽皆以人之情之志要求或所懷抱之目的爲因，而以依之而有之事爲果者。此種因果，可稱爲一內在的目的性的因果，而能表現人物之個體性者；乃不同於外在條件性或外緣性的因果，不能表現人物之個體性者。如荆軻之所以必死，卽因其原有重然諾酬知己之性格，卽自始懷有事不成卽死之目的。如其初未懷抱此目的，則其事不成，亦可求逃走或投降。然因依其性格與目的之先已決定，則此中無逃走或投降而不死之可能，而其死乃爲當然而必然，以表現其個體人格之卓立於天地間者。西遊記中花果山之猴王，亦以其原具一直率而不怕天不怕地之性格，並原有爲齊天大聖之目的，故於天宮受辱而必鬧天宮。此中一切必然與當然，皆同時是小說戲劇中之人物之自己之本性之所決定，故亦爲其「由自己」或一「自由」之決定。此中因果之所以相涵，乃由因自始卽向于果，以得果爲其內在之目的，而因皆爲內在的目的因，果則爲所以貫徹此目的，而實現此目的，而使此目的之內容，再成爲現實之果之內容者。夫然，乃有此因果之相涵，而可說其因果之關係爲當然必然之關係也。

然吾人若眞知小說戲劇中之所述之前事之發展爲後事，其間之因果關係爲一「目的之貫徹實現於果，以成果之內容」之因果相涵之關係，則於此謂因果爲二事可，謂之爲一事之始與終亦可。此中之始終之關係，卽始以成終，終以備始之關係。吾人於此若再進一步，卽可於一事之始中觀其終，於其終中觀其始，而只見其爲渾然之一事。吾人固亦可於讀荆軻傳西遊記之後，只視荆軻之刺秦王爲一事；花果山猴王上天而鬧天宮爲一事也。旣視爲一事之後，則此一事卽可爲一獨立自在，而另無因無果之一個體事矣。由此推之，則整個之西遊記，亦只是述一唐僧取經之一事，此事亦無因無果。唯吾人於此一事，通常不能直下把握其全體，只能分爲多事而觀，遂只有視之爲因果相涵之一串事，而賴吾之曲曲折折，以次第了解之，於是此所謂直下把握其全體，而使之顯爲無因無果之一事，便只爲吾人之一超越的理想，若唯上帝或吾人成佛時，乃能加以實現者。然在詩文中之全無故事，而不須曲曲折折以次第加以了解者，則吾人亦未嘗不能直下把握其所陳之境界，而直下達於因果觀念之超拔，此即詩文之所以兼能實現上述之超越的理想也。

（七）因果相涵而互相內在與整體境界之形成

吾人以下，卽當略說前所謂詩文中之「於所視爲無因果關係處，求發現其因果關係」「顚倒一般之事物之因果秩序而述之」，以及「于一般視爲無因果關係處爲有因果關係」等等，實皆意在求達此上的說之因果觀念之最後的超拔，以見在小說戲劇中，吾人不能達之理想，由詩文則庶幾能達也。

我們可說，在詩文中，人之欲求細心認識吾人平日不注意之事物之因果關係，乃意在使人先由平日所注意之其他因果關係中，先行超拔，進而將其所細心認識得之二事間之因果關係，亦視爲一全體之事看。如杜甫詩：「細雨魚兒出，微風燕子斜」，此本身爲一細微之因果關係之發見。吾人平日豈不注意雨之落於湖上，使湖上生漣漪？又豈不注意微風之使草木動？然只對此加以敍述，則不成詩。吾人今則注意因雨之細，魚兒乃不畏雨而出；因風之微，燕子乃不撲地，而斜飛。此一注意，卽使吾人自平日所習之關於雨與風因果觀念中超拔出來。由此一超拔，吾人卻又並不歸於視雨細與魚兒出爲兩事，風微與燕子斜爲兩事，因此魚兒卽出於細雨之中，燕子卽斜飛於微風之中。於是此中之因果關係，乃如因旣生果，而果亦在因中，宛如因果相涵，互爲內在。而因果二事，卽可合爲一事看，而成一境界矣。今假定是說因雨細風微，而我決定出門訪友不打傘，此則雖於「雨細風微」，亦認識其與「我之決定出門不打傘」之事間之較複雜的因果關係，卻不能說其爲一詩境。此則因我之「決定出門不打傘」之果，與此中之雨細風微之因，乃在時空上被視爲互相外在之二事。而此決定出門不打傘之決定，又可自爲因，而其果則尚不存在者。於此決定，便不能與雨細風微，合以構成一自完自足，而宛如因果相涵而互相內在之一境矣。其他之例，如上舉之「高枕遠江聲」等，不另作釋，讀者可自思之。

至於文學之修辭之言因而略果，言果而略因，則意在攝因於果或攝果於因，而使因果合爲一事，其義易明，不須詳說。此下只再略說明詩文中之恆顚倒一般之因果秩序而加以敍述，亦恆是爲有此顚倒，方更易見因果之相涵，以合之爲一事。譬如就吾人前所舉之例，而說刃傷手，故水赤。則刃傷手之一事在先，水赤在後，二事卽爲二，而不直接合爲一境。今先說水赤，後說刃傷手，則人於此，必須透過此中之果，以觀其因；則因在果中，而二事自合爲一境矣。此與小說戲劇中，或先寫果而後寫因，乃意在使人透過果而看因之用意同。又一切文學戲劇，無論其是否先說果，然最後亦必要求透過其果之終結，以看其原始之因之意義，則亦未有不歸於使人透過果，以看因者也。然此惟在有最後之果爲終結之文學爲然。若在歷史中，則其所述之事實之因果之相繼，以因又有因，果復有果，永無終結，則吾人便將不免於自束於此因果之鎖鍊中，以上下而求索。而歷史所記述之事之因果關係，又非皆能見其當然必然與因果相涵之義者。則吾人自難於此透過果以觀因，以知因果之可合爲一事，以成一整體之境界矣。

（八）無因果處之因果與詩文中之當下的整體境界之形成

上文說在詩文中又恆有於一般視爲無因果關係之處，視之爲有因果關係者。如上所舉之「海上生明月」，「四更山吐月，殘夜水明樓」之類。吾今將借此以說明文學中所謂因生果，恆爲自其「能使一果，得呈現於吾人之心目之前，或在吾人之主觀之心目之前，得一呈現之處」而說。於此，凡能使果得呈現，或得呈現之處之一切條件，皆可稱爲果之因。此所謂因，遂大不同於一般所謂在客觀上有力能致果之因者。如海上何以能生明月？因明月乃呈現於海上，海上爲此明月之呈現之處也。山何以吐月？以山初蔽月，使月不得呈現，今不蔽月，即吐出其所蔽，而使之呈現也。水何以明樓？因月光既入水，則爲水之光，水之光照樓，樓即呈現於水光中，而明於水光中也。

吾人如知在文學中，凡能爲一境物之呈現之條件者，皆可爲因，則當進而知在一境界中一切事物，皆可互爲其呈現之條件，即皆可互爲因。而此中之一切事物之互爲其呈現之條件，又以事物之性質之爲同類不同類，而有疏有密。此即見文學之境界之充實豐富與空疏貧乏之別。所謂一境界中之事物，皆可互爲呈現之條件者，卽如在上述「海上生明月」之例中，此明月之呈現，固由於有海上，而海上爲明月之生之條件。然海上亦明月之所照，由此照而海上乃得呈現，則明月亦海上之呈現之條件，而此明月之呈現與海上之呈現，卽互爲因果。又在山之吐月之例中，則月之出固由於山吐之，而山之呈現其爲山，亦由於月之照。在水之明樓之例中，樓之明固由水光照之，而人之知有水光，亦由樓之明。此卽皆爲一境界中事物，可互爲其呈現之條件之例。至謂此中之事物之互爲呈現之條件，有疏有密者，則我們之意是：如在一境界中之事物，皆爲同類，或全爲異類者，則其互爲呈現之條件之關係反疏，而其爲同而異或異而同者，則其互爲呈現之條件卽較密。譬如一境界中，只有高山萬仞，則山上與山下大約相類，此似彼，彼似此，皆若一，而此境界乃貧乏。今爲詩曰：「一片孤城萬仞山」，則萬仞山與一片孤城對照，而山之萬仞與孤城之一片，如皆彼此撐開，而皆得如實而呈現於吾人之心目矣。孤城固原建於山麓，而與山之麓同屬於一地，以相異而又同者也。再如李白詞：「西風殘照，漢家陵闕」，人皆嘆其氣象之闊境界之大。近人王國維先生更特舉爲詞當重境界之例。然此氣象之闊在何處，境界之大者在何處？則當深察。依我們之意，此蓋當說是在：此中之西風、殘照、與漢家陵闕，乃同在一天地間，而互爲其呈現之條件，以共顯於人心之前。而其所以能互爲其呈現之條件，卽在此諸物之相類，而又不相類，不相類而又未嘗不相類。西風者一年之秋之風，殘照者日暮之照。一日之暮，在一日中之時間地位，正如一年之秋在一年中之時間地位，此其同類之處也。西風吹葉落，殘照只餘暉；而漢家陵闕亦往逝之朝代之陵闕，正有如紅日之餘暉，夏蔭之落葉，此又其相類處也。然西風殘照者，自然之物；漢家陵闕者，人世之遺，此則不相類。又西風自是風，殘照自是光。又不相類。言西風殘照，只言當時之所見；言漢家陵闕之屹立，數百年而尚在，則兼懷古之情。此亦不相類。然此懷古之情，又由當前所見之陵闕而生，此西風殘照之所照，即是此懷古之情所自引起之陵闕，又見三者未嘗不相類。由是而此西風殘照，漢家陵闕八字所彰顯之一境界，即爲相類而又不相類、而未嘗不相類之三物所合成之一全體，亦依其中之相類處，與不相類處之錯綜，而顯爲有結構之具個體性的境界。此中之三物之相類而不相類，正爲此三物之所以互爲其呈現之條件之理由之所在。由相類以知其通，不類以知其別。通故一，別故異；別故各有其界，通故合爲一境。通與別爲異，故又不一，一與異相通，故又不別。由是而後其通別一異，亦皆得彰顯而呈現於人之前矣。再因此漢家原爲大朝代，其陵闕又屹立於今，卽合以見其莊嚴。西風過之，殘照照之，而此莊嚴卽因而彰顯。西風殘照在天，陵闕在地，漢家之大朝代在當前之懷古之情中，皆一一呈現於人心之前，卽能合以顯一涵天蓋地、貫徹古今之壯闊氣象，偉大境界矣。

吾人如知一文學境界之形成，乃由境界中之事物之能互爲其呈現之條件，則吾人可改而說文學中之境界，決非一直覺的平鋪之境界，實乃其中之境物，能各居其所，而又依其性質之類而不類，不類而類，以相依相涵而互相照明，所合成之一立體之境界。此中之各境物爲一度向，各境物之相類爲一度向，不相類而各與其自己一類之物爲類，又爲一度向。合此三度向，以成一立體之境界。而此境界則爲吾人對此境界所生之情志之所涵覆，以合爲一整體。此中，依於境界中之各境物原所引起之情志之不同，則境界亦不同其類。如當前境界中所有者，爲西風殘照漢家陵闕，與所有者，細雨魚兒，微風燕子，此中吾人對之所生之情志，自卽有一分別。然要之，一文學境界中，絕不能只有一單純之境物，而必爲由若干境物，依其異而同、同而異之關係，所合成之一整體。其中境物如只是同，則必歸於單調，只是異，則必歸於淩亂。又其中之一種之同而異，異而同之關係，亦復須有同有異，以相彰顯。如其無異，則又反覆而無味，如其無同，則離散而失體。此中，學文者自有重重無盡之工夫在，而爲無論其依何情志，以狀寫何境物之所不能外。此卽屬於文章之規矩與法度或技巧者。然文章之境界之高低，則繫於其情志之高低，與境物所可能引生之情志之高低。此則屬於文章之神韻氣勢，與所顯之胸襟或識量者。神韻依於情志之超拔於所對之境物之上之高度。氣勢依於情志之貫徹於所對境物之強度。胸襟識量，依於情志所涵攝之境物之廣度。高而後強，強而後廣，而情志之向上而高舉，以有其高度，卽一切文章之境界，得超升一層之本原所在。此則屬於專門之文學理論，非此所能一一及者也。

吾人如知在一文學之境界中，其中之境物，必具同而異之關係，以互爲其呈現之條件，境物又必內在於人之胸襟識量之中，爲文章之神韻氣勢之所環繞；而胸襟識量與神韻氣勢，又皆原於人之情志；則知一文學作品之內容或境界，實爲人之情志與其境物之內內外外之各方面，互相照明，而交輝互映之一全體。由一文章之內容，爲一內內外外各方面，互相照明而交輝互映之一全體，於是我們可說文章爲一自覺的心靈精神之表現。我們在上一講已說，自覺的心靈精神之特性，在自己能對其自己之反應，再作反應。此自己對自己之反應再作反應，即自己以自己之活動爲所對所涵，而將其加以自覺，加以照明，而再對之活動之謂。此自己對自己之自覺與照明，乃一方超越原來之活動，而一面保存之，以便繼之而更有一活動者。而文學之所以產生，亦即初由人之對其所對之境物，能加以自覺，並使此中之境物與情志之內內外外之各方面，皆相依相涵；而互爲其呈現之條件，而互相照明以生。吾人今若專自其爲互相照明之一整體處看，則其中之每一方面，如情志之每一方面，境物之每一方面，其意義皆遍於此全體。一明則一切明，故「數點梅花天地心」；一暗則一切暗，故「一片飛花減卻春」。由是而吾人可謂一文學境界中之部份與全體之關係，即爲一眞正之有機的關係。唯此有機之關係，非生物學的，而全幅是內在於吾人之精神之自覺中者耳。

(九) 文學意識中之價值意義

最後我們再將歷史意識中之價値意義，與文學意識中之價値意義，作一比較，以見文學意識之本性。此所謂文學意識及歷史意識中之價値意義，一是指此意識之所對之事物之價値意義；一是此意識本身之價値意義。

如從歷史意識所對之事物，看其價值意義，此除歷史意識所對之事物之本身之價值意義，與反價值意義外，主要者，卽歷史上之前事能爲因，以導向後果之價值意義。此前因導向後果之價值意義，在本質上爲一功效的意義，亦卽前事爲後事得以發生之條件或工具的意義，而後事又可爲更後之事之條件或工具。古詩有云：「一片春山景色幽，前人田地後人收，後人收到休歡喜，還有人收在後頭。」由此而吾人若從歷史事實之相緣而生，無最後之事實以觀，亦卽無最後之目的性的價值意義可說。而由歷史之相繼所展現者，卽爲一切有價值之人物事之升起歷程，與再沉淪之歷程之和。升起終歸于沉淪，故歷史之流行，卽如大江之東去而不斷，以其浪，淘盡千古風流人物之一切風流之事。而歷史之價值意義，亦卽爲有而若無。此卽足以助成歷史家之所謂歷史中只有事實，或只有事實之時空意義、因果意義、種類意義，而無所謂價值意義之歷史觀。依此歷史觀，則人之歷史學，亦只以知事實之眞爲目標。在人得歷史之眞理時，固可說人之歷史意識，得實現一眞之價值，此外便更無其他矣。對于所謂歷史事實無價值意義之說，吾人于論歷史意識之一講中已表示異議。依我們之意是：至少在我們之歷史意識中，我們總可肯定歷史事實之有價值意義。此乃本于歷史中之事實與其價值意義，雖其自身爲不斷升起而不斷沉淪者，然吾人曠觀千古之歷史意識，則爲能同時把握此一切沉淪與升起者。再因吾人之歷史意識之後，可有一道德意識爲之支持，而由此道德意識爲之支持，吾人復可自求創造歷史。由此而歷史之事實與其價値意義，雖若爲不斷升起而沉淪者，吾人仍將珍愛其中具有價值意義之事物，而厭棄其中具反價值意義之事物，並本此珍惜與厭棄之情，以規定吾人自求創造歷史之行爲之方向。又因有價值意義之事物爲吾人所珍惜，則此事物與其價值意義，卽保存于吾人之創造歷史之行爲中而得復活。反之，因具反價值意義者，爲吾人所厭棄，則此事物與其所具之反價值意義，卽爲吾人之行爲所排棄，求在吾人之意識與吾人之行爲中加以超拔化除。由此卽見吾人之創造歷史之行爲，亦卽爲歷史事實與其價值意義、反價值意義之生死存亡之地。至吾人之歷史意識與創造歷史之行爲，雖亦有其歷史，而有其升起與沉淪，然知其有歷史者，仍是吾人之歷史意識。此意識若得道德意識爲之支持，仍爲一能保存「吾人之歷史意識與創造歷史之行爲」之價值意義，而超拔化除其所具之反價值之意義者。無論如何，歷史世界只能在歷史意識中存在，而歷史意識乃可以道德識爲之支持者。故吾人只須能時時建立其道德意識，亦卽能時時保存歷史事物之價值于不墜，並時時去作超拔具反價值意義之歷史事物之事。吾人之道德意識，于此亦儘可只有升起與發展而無沉淪。在此情形下，則一切歷史事物之價值意義，卽得一最後所保存之所。一切歷史事物之反價值意義，卽有一最後的能超拔之者，而此道德意識，亦卽具有無限之善的意義者。讀者如于此有不清楚之處，可復看前講自明。

然爲人之道德意識所支持之歷史意識，雖能超拔于具反價值意義之事實之上，卻終不能根絕其存在。因歷史意識于一切歷史事物，皆須爲之在一公共時空中安排一定位。而此一定位，乃既定而永不可移者，亦永不能加以抹殺者。由是而其所具之反價值意義，卽在此義上，爲只能加以超拔，而不能加以化除，以去其存在者矣。

但在文學意識中，則對其中之事物，吾人可根本不在一公共時空中爲之安排一定位。在文學意識中，人除想念其當下所對之事物——此或爲一小說戲劇之內在的時空中之事物，或爲詩文之境界中之事物——之外；可根本無對其他事物或其所在之公共的時空之想念。于此，其他事物及其所在之公共的時空，卽可如頓時「大地平沉，虛空粉碎」。而吾人當下所對之一花，卽一絕對之世界，一沙卽一絕對之天國。由此而吾人不僅能超拔歷史中之具反價值意義之事物，亦能當下忘此諸事物之存在，而使之不存在于吾人之文學意識中。此亦卽其本身在吾人之文學意識中之不存在，而使文學意識得有一更純粹之正面的價值之體驗者也。

誠然，在吾人之文學意識中，亦可有一對具反價值意義之事物之厭棄之情。然此厭棄，與歷史意識中之厭棄一具反價值意義之事物，有一不同。卽文學意識中之厭棄，乃一直接以此厭棄，貫徹入所厭棄之事物之厭棄。而在歷史意識中，則吾人雖可本道德意識，而亦對一具反價值意義之事物，加以厭棄，吾人之目標卻只是在：使吾人之創造歷史之行爲，不爲其所具之反價值意義所感染，以使吾人恒存一超拔於其上之意識爲止。此厭棄，並不能眞貫徹於所厭棄之事物之自身。卽此厭棄尙非一親切的厭棄，而只爲一遙遠的厭棄。由此而吾人之一面厭棄之超拔之，乃不能否定其存在於吾人之歷史意識中。而在文學中，則吾人之厭棄一具反價值意義之事物，卽爲直接以厭棄貫徹於其中，而爲一親切之厭棄。由此親切的厭棄之貫徹於所厭棄者之中，則吾人之透過此親切的厭棄，以觀此所厭棄者，此所厭棄者卽對吾人之意識直接爲一被銷融的存在，或無位的存在，而非復如在歷史意識中之仍有其在時空中之定位者矣。

在歷史意識中，因吾人注重看前因對後果之工具的意義，與功效的意義，又以因果相續之無盡，此工具的意義功效的意義，便無最後的保存之所，而只能保存於爲道德意識所支持之歷史意識中。然文學意識，則自始爲一情志之要求所推動。人之情志要求，則自始爲具道德意義者。人由情志之要求所推動，而想像一故事，或呈現一境界，皆直接以此故事或境界，爲其內容。而此故事與境界，卽有其本身內在的價值意義，而另無工具的意義或功效的意義之可說。至多只能在所構想之故事中，謂此故事中之人物之前之所爲，對其後之所爲或他人之所爲有一工具的意義，或功效的意義而已。然此乃依於將一故事分爲一因果相續之歷程而觀之故。然文學意識之所對，乃爲一整個之故事，吾人卽不能眞將此故事截斷分離而觀，以論其中人物之前之所爲，對其後之所爲或他人之所爲之功效的意義，或工具意義矣。

又在實際上，吾人縱將一文學中之故事，截斷分離而觀，其前之事亦不能對其後之事，只有工具或功效之意義。此則由於前文所論文學上之前事，恒爲暗示指點後事，文學上之爲因之前事，恒卽是人之向後事之情志，而其後果則爲此情志之實現。由是而此前事，卽爲後事之眞正之目的因之所在，其價值亦卽目的性之價值。此便不同於歷史上所敍之前事，恒非後事之目的因之所在。吾人固不能直接由歷史上所記載之前事之如何，以知人之爲此前事者之目的之如何。則此前事，只能爲導向後事之一條件，而只對後事有功效之意義或工具之意義，而不能爲有目的性之價值意義者矣。讀者於此，可重覽本講第六節所說，以自思之。

由文學中之故事與境界之全體，只有其本身內在的意義，而不能說有對外之工具意義功效意義。文學中之前事對後事，亦非只有功效意義工具意義者；於是吾人欲認識文學意識之價值，卽只須由推動此文學意識之情志要求，與此意識中之故事與境界之爲如何以觀。此情志要求必有或高或低，或大或小之道德意義之善。情志要求之高低大小，亦卽直接決定文學意識之高低，與其所創作之文學作品之高低之一條件。又此故事中之人物之情志及境界中之境物所引起之情志，本爲文學家之情志之直接或間接之表現處，故其中之人物境物之價值，卽合以構成文學家之創作此作品之整個情志之價值。至於一故事在分爲各段之事時，其前後之間，是否眞有當然必然之關係，與是否眞能因果相涵，以表現一故事之發展；及一境界中之各境物，是否眞表現一異而同、同而異之關係，以形成一具有機結構的整體，則爲文學作品之有無客觀表現的美之所繫。此各境物所表現之異而同、同而異之關係，又卽各境物中之眞理。唯此眞理，非抽象的被了解之眞理，而是具體的被體驗之眞理。如吾人之謂月如眉，此中月眉之同而異處，卽被吾人所具體的體驗，而非抽象的了解者。故文學之美之客觀表現的一面，即包涵眞理。然人之情志，在其由文學中之故事與境界，加以表現時，此情志亦卽寄託於此故事境界中。在此故事之境界與其中所寄託之情志，爲人所同加以自覺時，此故事及境界之結構之美，亦同時反照回映於人之情志，而見其同時爲此情志之結構之美。此爲文學之美之客觀表現的一面，再主觀內在化於人之情志的一面。綜上所述，吾人可謂文學家之情志之道德意義之善，乃爲原始者。文學之美的意義與其中所包涵之眞的意義，則由情志要求之欲表現於故事境界而形成。至此表現於故事境界之美的意義，再主觀內在化於人之情志，則爲其美的意義，再反照於情志之善的意義，以成爲內在的再構造此情志之善且美的意義，使之更充實而有光輝者。合此三者，卽爲文學意識所表現之價值之全體。

（十）文學之價值意義釋疑

依我們上之所說，文學意識自身之價值，兼具眞善美之三方面，此與歷史之價值，只具「知史實及其所涵之意義之眞」，及「歷史意識本身中之善」二者，便有不同。我們之說法以文學乃原於人之情志之要求，此要求乃有道德上之善的意義，及文學中之故事與境界，有其結構與眞理之說，與一般之說，皆頗有不同。

在一般之說，或以文學可只以敍述客觀之事物爲事，更不及於主觀之情志。如現實主義自然主義之文學觀。亦可只寫一心靈之直覺靜觀的境界，與情志無關，如直覺主義之文學觀。又或謂欲言文學必表情志，此情志必涵善的意義，則妨礙純美，亦不能說明何以罪惡之事物之可以爲美，如波得萊所謂惡之華。此爲唯美主義之文學觀。再或謂欲重文學之道德意義或善的意義，則文學應皆志在明道或載道，如傳統之文以載道，文以明道之說，則文學之內容，應大爲減少，而純粹之自然山水之文學等，卽不足言文學。又或以爲只須有文學上之技巧，則一切事物皆可入文學。此說謂：若依吾人之意，謂文學要在表現情志，則人之情志對事物或境物，必有選擇；而此似必須設定若干事物或境物，在未經以文學技巧加以表現以前，已有文學上之價值意義。此乃難明者。故不如謂一切事物或境物，原無文學上之價值意義，而任何事物或境物，但經有文學之技巧者，加以描寫，卽皆可有文學上之價值意義。此可稱爲技巧主義之說。凡此諸說，皆非我們之所取，今可一一加以解釋，以袪疑滯，以回證上節之所論。

照我們之意，世間決無純粹以敍述客觀之事物（或境物）爲事之文學。因文學之敍述，必有選擇，卽非一切客觀之事物，皆可入文學。此義原自易明。而旣明此義，則一文學家之選擇此事物，而不選其他事物，卽便只能由文學家自己之情志加以決定。此決定後之寫作，卽表現其決定之爲如何，亦表現其情志之爲如何。故謂文學不表現情志者，實無是處。

然世間亦似確有文學作品，其內容純以客觀社會之人物之敍述爲事，如一般之小說戲劇，而作者之情志若全不可見者。此與詩文自道其情志感想印象者，便有不同。後者如稱爲主觀之文學，前者則爲客觀之文學。但此亦實非謂客觀之文學，不表現情志之謂。而是人之情志之表現，原有二形態。一種爲一方有情志，以向其他之人物，一方自覺其情志之存在，而說出其情志，亦使情志爲文學之內容之一部者。一種爲旣有一情志，以向其他之人與事物，卽順此人物，以此人物之情志爲其情志，如吾人在第三節中之說。在此情形下，則人卽只樂觀此人物之自身之順其本性，而有之必然當然之生長發展，而渾忘其自身情志之存在。如忠臣之忠於君者，卽樂觀君之成其德業，而於一切君之所命，皆受之而不辭；君之所爲，皆順之而不易。此非彼無忠之情志，而實是因在此忠之中，人原可以君之情志爲其情志也。故小說戲劇之只順其中之人物之性格之發展，而加以陳敍，或只依境物中之本相而加以描述者，亦卽其此時之情志，乃表現爲「旣向於某人某事物，而卽順之之形態」者也。如實而論，於此，實當如吾人於第三節所說，謂此小說戲劇所描述之人物之性格之發展等，卽作者之情志之間接表現。此自與人之有情志，而卽自覺其情志，自道其情志，而直接表現其情志之詩文，不同其類。而非與其主觀情志全無關之謂也。

至於謂文學，可只寫一直覺的靜觀的境界，則此在一義上自可說。吾人說，一切文學皆原於人之自覺的依其情志之所向，而構想一故事或境界以成。此故事與境界，在人之自覺中，固皆可說爲人所靜觀，而加以直覺者，因其皆直接呈現於其自覺，而一一皆爲如其所如，而無所謂動者也。然吾人卻不能因情志之爲動，便謂在此靜觀直覺之境界中，無情志之運行於其中。亦不能以有情志之運行於其中，而謂此中之故事與境界卽不如其所如，而不能爲靜觀的直覺之所對。此中之要點，在吾人須知，一文學之故事與境界，雖各如其所如，然亦自有其開拓生長與發展。若無此開拓生長與發展，則此故事不能進行，而境界卽將縮小於一點。此開拓生長與發展，若無情志之運行於其中，亦卽成爲不可能。如「大漠孤煙直」之句，爲一境界。此境界由大漠之大與孤煙之直相映而成。然詩人由作此句，進而再作出「黃河落日圓」之句，則爲一境界之增加，亦原來之境界之一開拓、一生長、發展，而合成一更高之境界。此後句中黃河之流，與落日之圓，固相映而自成一境界。黃河之貫於大漠，又使原來之大漠與黃河，皆新增一意義。因而使其所具意義之全，有一生長、一發展。至於落日之圓與孤煙之直之相映，亦使其原來之意義，有所增加，而各有一生長與發展。合此四者，方有一更高之新境界之形成。然而吾人之所以能由「大漠孤煙直」之境界，開拓出「黃河落日圓」之境界，則縱此諸物皆一時頓見，其呈現於文學意識，亦不能一時頓呈，而只能是依序而呈。如先呈「大漠孤煙直」之一境，再呈「黃河落日圓」之一境之類。此中由前一境至後境，卽不能不先有一向前開拓之情志，否則何能有此開拓乎？

人之言文學只須形成直覺的境界而忽視文學中情志之存在之根本理由，恆在其對於情志，只知有積極的情志，而不知有消極的情志。積極的情志，卽一般有確定之所向或有目的，而求實現於外在世界之情志。而消極的情志，則恆爲自一般之積極的情志超拔之一種情志，栖栖皇皇，是一種積極的情志；歸去來兮，則爲一消極之情志。向一境界，而欣之趣之，是一種積極之情志；超拔舊境，而淡焉若忘，是一種消極之情志。凡人之趣一境，莫不多少以超拔一境爲先，亦卽須以超拔吾人原來對一之情志爲先。唯由此超拔，乃有境界之開拓與生長發展。人亦可只超拔一境與原來對之之情志，而更不趣於新境，而卽以此超拔一境之活動本身，與原來對之有情志之此境，互相結合，以成一新境。此卽由忘境、無境而成之境。「空山不見人，但聞人語響」，卽有人聲語，而忘人形、無人形之境。此境亦爲「一忘卻對有形之人之一切情志」之一境。由此而吾人似卽可說，此中之文學，只呈現一境界，或只表出一胸襟、一神韻，而若與人之情志無關。實則此境界之呈現，正由於人之對原來之一般人間世俗之境與對之情志，另生一超拔之情志而後有。此超拔之情志雖爲消極之情志，仍是情志，不能謂其非情志也。

至於謂重情志及其道德意義或善之意義，必妨礙文學之純美，亦實未必然。因文學旣必依情志，而有其故事與境界，則文學所述之故事與境界之美，必不能離人之情志。人之情志，原不能無一道德意義與善的意義。而世間之倡唯美主義者，是否能決無其道德標準，以分別善與不善之標準，亦爲一問題。因其如以驚世駭俗之事爲題材，彼卽以描述驚世駭俗之事，以反世俗爲善、爲道德。如尼采之反世俗之奴隸道德，卽主一超人之道德是也。如王爾德倡爲藝術而藝術，實亦非謂藝術全不表現人生。彼實只是欲倡表現人生之另一面之藝術。而此人生之另一面，卽其所認爲値得表現，而無意間視爲善者也。波德來謂罪惡亦有華，誠然誠然，如妓女與盜匪，亦有其光輝。然此光輝之自身，仍代

表一生命之價值與人格之價值，不能謂全無善之意義或道德之意義也。罪惡之有華，乃由罪惡之兼包涵特定類之善之意義，或道德之意義而發，並非純依其爲罪惡而發也。至人之描寫罪惡，至於窮形極相，而仍可爲一美的文學者，則此美乃文學之技巧之美。此美乃係於其能通觀罪惡之因相果相，及其同相異相，而表出罪惡之世界之內在的結構。此通觀之本身，仍依於文學家之心靈之通達，能不偏不蔽於罪惡相之一面，而恒自如如，以運行於罪惡相之各面，方得遂其描寫罪惡之志。此心靈此志，固不能說只是罪惡，而全無善的意義或道德的意義也。以此言之，則言文學之依於情志，情志有其善的意義、道德意義之說，固未必礙於文學作品自身之具純美，而亦正所以說明此純美之表現如何可能者也。

至於吾人之此說，與文以載道、文以明道之說之關係，則依吾人之意是：人之情志既有道德意義、善之意義，而一切文學又皆依於情志之有所嚮往而有，則必然皆有其所載之道，所明之道。道卽情志之所嚮往者也。故世間原無全不載道、全不明道之文。然人之情志之所嚮往，則確有高低大小。其情志之大而高者，則道大；其情志之小而低者，則道小。依此道之大小，而文學作品之價值，卽不同其類。人應嚮往於道之大者高者。而傳統之文以載道明道之說，卽謂文人之爲文，應嚮往於道之高者大者之謂。此義之無可逃，亦卽由文之原無不載道明道而立。因如小道爲可貴，則大道自應爲更可貴，大固小之所積而成者也。如卑道爲可貴，則高道更可貴，高固卑之所積而成者也。人豈可自安於卑小之道，而不求高大之道乎？人又豈可以由人之嚮往高大之道之情志而有之文學之價值，與由人之嚮往卑下之道之情志而有之文學，皆一例而觀乎？至於由文學家之嚮往高大之道，是否卽歸於只重直接講道之文學，此亦不盡然。因人固可將其情志所嚮往之道，由文學以間接表現；而人之消極的情志之表現，固可歸於只求一境界之得呈現於前也。此觀前文自明，毋須更論。

文學所自生之情志，與其所嚮往之道之大小高低，雖爲文學之價值之所係之一方面，吾人仍不可說文學之價值，只係於其此一方面。而人之如何表現其情志於文學中之故事之安排、與境物之敍述，仍爲文學表現之本身之價值之所在。於此除故事之前後，須表現因果相涵之發展，及境物須表現各種同而異、異而同之關係，以合爲一有機的全體之結構，乃屬於文學之技巧一方面者外；此中之故事或境界中之人物之本身之價值之高下，亦爲決定文學之表現之本身之價值之高低之一因素。而此則恒爲重視文學之技巧，而不重選擇題材者之所忽。

吾人須知世間之人物境物，皆原有其本身所具有之文學的價值意義。此卽文學之事實上並不能以任何事物爲題材之理由所在。如自然之文學中，人恒以風雲水月爲題材，而不以糞便垃圾爲題材；以梅菊爲題材，不以草菌爲題材；以雲鶴爲題材而不以猪爲題材；以英雄美人爲題材，而不以凡夫俗子爲題材；以傳奇爲題材，而不以日常之瑣事爲題材。此中若干之物之所以不成題材，並非只由人之習慣使然，或缺文學之技巧加以描寫使然，而實因此若干物之本身原缺乏文學的價值意義使然。此所謂文學的價值意義之高低大小，乃人之只從科學的眼光與歷史的眼光看，皆為不可說者。然在文學意識中即可說。

何以在文學意識可說人物境物之本身，有不同之文學價值意義？此乃係於以此諸物為媒，所導出之吾人之情志之高或低，大或小，及此諸物之自身之各部及其與他物配合而成之境界中，是否有最豐富之同而異、異而同之關係，是否能合為一有機的全體之結構。如吾人何以說梅菊之文學價值高於草菌？此只因草菌不成一結構，而梅菊之高於一般之花，則在其花之生於秋冬，一般之花，生於春夏。故世間必有花之生於秋冬者，花乃得縱貫於四時，而為四時之景物之所共有。梅菊則為成就此「花之縱貫於四時」者。又因氣暖開花，乃花之常；梅菊以氣寒而開花，則表現一超拔於常花而迥異於常花之性質。故人以之比喻其傲骨堅貞之氣概。緣此種種，故梅菊於此即表現一「與其他之花既同各有其所開之一時，亦有其與其他之花異之性質」。此言自不足以盡梅菊之文學價值之所以高之全部理由，然要亦為其一，而不容否認者也。

此外吾人之所以說雲鶴之文學價值高於猪，此則一方因猪之身體之內在的結構，以身之臃腫而不顯，一方因其動作呆滯，而不似雲鶴之往來於雲間，而可與其外之長空雲霞，以及所經之林木，隨處隨時結構成一境界。而詩人之詩如「夕陽芳草見遊猪」，之所以亦為詩，則只因此時之猪，正在夕陽芳草中，而與之成一結構，此結構原為美，而不在猪之本身之為美也。

此外如雲水風月之物之所以其文學價值，高於糞便垃圾，此固可直由後者之爲人之情志上所棄以爲說。而前者之所以爲人情志上之所喜，則由其爲往來貫通於不同時空之在天之物，而爲吾人意識得憑之而連繫今古與遠近之事物者，如吾人於第二節之所說。而因此諸物有此使吾人意識得憑之而連繫今古遠近之其他事物之功能，故吾人縱不實際上由之而見及今古遠近之物，吾人對之亦有喜愛。而其本身亦卽成爲更有文學價值之事物矣。

此外，英雄之人物，爲無論其居於社會之何階層、何職業，皆能不斷表現發展其英雄之性格者。美人爲其容光煥發於一切不同類之人之前者。此皆爲能於異類之事、異類之人之前，而自顯其英雄性格之常在與美之常在者。故吾人卽不念一英雄美人之具體事蹟，而只提及英雄美人之二字，亦卽覺其爲本身具有文學價值之人物矣。

合上所論，則一文學作品之價值，如分解而觀之，應以三端衡量。一爲其所依情志及情志所嚮往之道之價值——由此而文學家必不能無道德上之修養，以提高擴大其情志之義卽確立——一爲文學之故事之各段與境界中之境物，是否能因果相涵及表現種種同而異、異而同之關係，以成一有機的全體的結構之價值。三爲文學所涉及之人物境物之本身之價值。而此人物境物本身之價值，亦實由其涵有一自身之結構，或具有「能與其外之事物，結構成種種境界或故事之發展之功能」而來。然其自身之結構功能，儘可不實際表現，亦可暫不爲吾人所見，則此價值卽可說爲屬於此人物境物之自身，而此類人物境物，在文章中之被提及，人雖不加以描述，亦爲增加文章之美之一條件也。

（在新亞研究所月會講，麥仲貴、黎華標記錄，一九六四年八、九月「民主評論」十五卷十四、十五、十六期）

十一、中國文學與哲學

今天我要來和諸位講的題目，是叫做「中國文學與哲學」。這個題目，記得在三十二年前我也用它來寫過一篇考試論文。後來我又換一個角度寫過一篇性質類似的文章，在一雜誌上發表，但都覺得不甚滿意。現在我在三十年後再來講這題目，乃再換一角度來談一談。此題本太廣泛，亦無一定的講法。在今短短的時間中，只能提一些意思啟發大家的思想。現在我擬從兩層意思來講：（一）是就形式方面講；（二）是就內容方面講。就形式方面講，我們可從中國文字與中國文學、中國哲學之密切相關處，各提出四點來說一說。

（一）中國文字都是單音的，而音與形都有意義。即不僅音表義，形亦表義。因此要了解中國的文字，一方面要了解它的音，一方面又要了解它的形。此了解文字意義之方式，是要耳目並用。譬如日暮之「暮」字。說文云：「莫，日且冥也。從日在茻中。茻亦聲。」而「莫」「夢」「悶」「懣」「暮」是雙聲，意義也相近。莫、勿、不、弗、沒、是疊韻字，意義亦相近。大家知道中國文字中之雙聲疊韻字，意義多可相通。由此而一字之聲韻即無形中暗示了許多義相通的字。此即宜於文學，因文學即要重暗示。又因一字之聲變韻轉所成之字義多相通，所以為適合一定之音律，我們亦易於找著互相代用的字，以綜合的照顧到文學的形象性與音律性。但其他的拼音文字，卻只能從其聲音方面知道它的意義，而不能從其形體方面，來察其意義。我前一些時看卡西納之論語言哲學的書，提及西方字之字母，初亦象形，但此乃遠古之事。今之西方文字，明是拼音，而以異音表異義，不能兼利用形之異來表示義之異。因而亦不能有二字同音的情形。又拼音文字一字恆有多音節，故一字多無與其義相通之其他雙聲疊韻字，亦不易直接暗示其他意義相通之字。在詩文中，亦不能用變音轉韻的方法，以聯想同義的字，而自由加以組織運用，以適合音律的標準。而拼音文字又缺乏直接之形象性，只有透過意義之了解，而有之間接的形象性。由此而我們可說，中國文字之兼重形與聲以表義，使人易於兼顧到文字之直接的形象性與音律性，是更適宜於文學的。

(二)中國文字因兼表形而具直接之形象性，而形象與形象的聚合，即可將其間之抽象的關係意義，亦寄於其中。於是抽象的關係意義，亦即由具體的形象之聚合，加以表示。中國文字造字之法，象形以外，尚有會意、指事、形聲等，初亦都意在形成綜合的形象之結構。而寓關係意義於形象之結構中。譬如：「上」字篆文作丄，上本是抽象的關係，今置「·」於「一」之上，即成一簡單的形象結構，亦同時將此抽象的「上」之關係意義，寄寓其中，而表示出來。又如：「然」字，由狗在旁，對著火上之肉，結構而成。而此結構，即將狗喜歡肉之意義表示出來。由此「然」字引申爲一切「喜歡」或「贊成」以及「以爲然」「以爲是」的意義。然在西方文字，則多用介詞、連結詞之類的字，來表示抽象的關係。表示關係的字，卻不表示形象。而字與字之連結，亦賴介詞、連結詞。而中國文字之連接，則常不用介詞、連結詞，將其間之關係，隱而不表。譬如江淹別賦之「春水綠波」，在英文應說「綠波 of 春水」，以表此關係。中文則不需要用一 "of"，來將兩辭連接起來。由此而只留下表示形象之「春水綠波」之四字之如此排列。文學原應多表示具體的象形，少陳述抽象的關係，此與科學不同。所以中國文字之寄寓關係於形象，不重介詞連接詞之運用，亦正所以使中國文字更適宜於文學。

（三）因中國之文字音形皆表義，故中國地名與人名等皆有其意義，而無純粹的地名與人名。西方之人名地名固亦有兼表義的，如人名中之 Lovejoy goldsmith.，地名中之 New Haven。但因西方文字乃表音，故亦可拼音成字，成專用之地名人名。而若干人名地名，可除爲一人一地之名外，可別無意義。然中國文字中之地名人名之字，則皆原另有其意義，便不僅是一人地之名。因其原另有其意義，便可引起種種聯想與情意。所以中國的地名人名，亦大都可以入文學。如唐詩「姑蘇城外寒山寺」。姑蘇原是地名，寒山是一僧名。然「姑」「蘇」「寒」「山」都原有其他意義，可引起種種聯想與情意，便可入詩。東坡詩「綠楊城郭是揚州」。揚州是地名，但揚字原有義，揚與楊音近而義亦通，便可融成一詩境。除人名地名外，連商店名亦皆有意義，如商店中之藥店名同仁堂，成都有一酒家，名不醉無歸小酒家。故中國之商店皆可入文學。西式之商店名如 Henry's store，便不能入文學，至多入小說而不可入詩。在推廣來說，歷史上之每一朝代名，如「漢」「唐」，年號名如「開元」「天寶」，園名如獅子林，房屋名、書齋名、以至街名，亦都有其意義，而可引起人之聯想與情意。這些例子不勝枚舉。如我們學校附近之天光道、農圃道，也是很富有詩意，而譯名的彌敦道則不能入詩。

（四）中國文字之動辭本身無過去式、現在式與未來式之語尾變化，亦不因主辭之人稱爲多數少數，以及主動被動等，而有語尾之變化，代名辭亦不因格而變化。因此有人以爲中國文字之意義不清楚。但實際上在文學的境界中，並不必須處處求分清楚的。如：「我是」(I am)「你是」(You are)，同此一是，何必一定要分別而說？又如一定要表示過去或現在未來的時間性，亦可用「過去」「未來」等字眼來表示的，不必一定要變動辭之語尾。我們可說在科學的語言，或愈能將多數少數、主動受動、過去現在未來、主體客體加以分別愈好。但在文學的語言中，正常需要忘卻此種種分別之意識。譬如論語中的「鳳兮鳳兮，何德之衰也。」如要問：此畢竟是一鳳或二鳳，便只是一笑話。又如方才引的江淹別賦「春草碧色，春水綠波，送君南浦，傷如之何？」人如一定要問：此送是過去送、現在送、未來送、正在送，亦是笑話。此送是我送。但我之主辭尚可隱去，更不必使此送字，隨我之主格而變化了。被送也罷，送人也罷，此中所重者，在說別離之使人黯然銷魂，則亦用不著在送字上分主動被動，再去分，對文學意境並無好處，反有壞處。因此處根本不應該去管誰主動誰被動，人亦無暇去注意誰主送，誰被送。而文學中爲要表示一純粹之境界，亦正常需要忘去一切你我他之分別。如李後主詞「問君能有幾多愁？恰似一江春水向東流！」此君是你呢？他呢？我呢？都是都不是，因我們根本就不當於此去作分別。

至於文字中之分主客位，如："I" "me" 之類，亦同是在文學中爲不必須的。如李白詩之「問余何事棲碧山」一句，其中之「余」字，似是居賓位，但誰問余呢？亦可能卽余問余，則余是主位亦是賓位。我在中學時曾見胡適之先生之文，說在古代「吾」是主辭，「我」是賓辭。但此語未必然。在文學的境界中，我們常需要在物中對象中看見我們自己，如在春水之流之不盡中，看見我之愁之不盡。故主在客中，客亦在主中，Subject 在 Object 中，Object 亦在 Subject 中。此處正須於主客之字不加分別，才能與文學之心情相應。而中國文字之無主客位之變化，便亦正是使中國文字，適宜於表此類文學的境界的理由者。

以上講了中國文字與中國文學之密切的關係，下面我再講到中國之哲學與中國文學之關係。而中國文學與中國哲學之所以密切關係，亦可從其皆是由中國文字，加以表達來看。今亦分四點，更簡單的說明幾句如下：

(一)因中國文字是兼用形音表義，須耳目並用。能耳目並用，耳聰目明，謂之有智慧。而此聰明智慧，則自始便是綜合的方式之聰明，因自始便須耳目並用故。中國之哲學思維之方式，大體說亦字之形象所暗示。

乃表月光入窗之意。而「明」表一哲學之觀念時，卽爲一心靈的光輝通達內外之義。而此義亦卽爲明之哲學的語言，亦富於暗示性、形象性，而近乎文學。如我們學校校訓中之誠明之明，原從囧從月，不長於分析，而較長於通觀與綜合。又以中國文字之聲音，皆富暗示性，重形而有形象性，所以中國

哲學不重抽象關係之分析，而重將抽象關係隱涵於具體事物之連結中，加以指示之態度，可說互爲因果。由此而中國哲學重卽器見道，卽事言理，卽事卽物以喻理。如以水之原泉不息，喻性體之流行，以鏡喻心之類，此亦使中國哲學近乎文學。

(二)中國文字之寓關係於形象之結構之中，與中國文句之組織，不重寫出介詞連結詞，及中國

(三)中國之人名地名朝代名等皆表義，而此義中，亦可有哲學之義。故中國人之哲學思想，亦可說無所不在。我們每人把自己之名字一想，此中幾皆有哲學涵義。中國的都城名，如長安、建業，紀元名，如開元、建安，城市名之保定、永寧，北平故宮殿名，如太和殿、文華殿，書齋名，如養性齋、遜志齋等，堂名如同仁堂、永安堂，皆處處是人文，亦處處有哲學，而哲學在具體之人地之名中，亦卽類似文學。

(四)中國文字不因時間、格位、人稱、多數少數，而有語尾之變化，中國哲學亦重講普遍於各時代，對你我他，對一人與多數人，對主體客體同眞的道理。中國哲學喜講常道而非變道，喜講「人」之道而非「個體自我」之道，喜講天人合一之道，而非主客對峙之道。中國文學亦樂描述萬古不易之

常情，而非怪異特出之情，喜表達你我他相通之情，而非我與你他相敵對之情；喜表達主客天人物我合一之境，而非主客天人物我對峙之境。而依中國文字之無此種種語尾之變化，亦實宜於表達此種哲學之理趣與文學之意境。此種哲學之理趣與文學之意境，亦原是相通的。

以上我們是從形式方面講了中國文字、中國文學、中國哲學三者之密切相關之處，現在我再從內容方面指出，中國文學與中國哲學之一點密切相關之處。此一點亦可說是由前所提到中國文字之第一種性質，而聯想到的。

在我們講中國文字之性質時，我們講到中國文字之聲變韻轉所成之新字，其義亦相通的情形。今我們可以臆造二名辭，於一字之聲不變而韻轉，以成新字時，名之曰「化」，如由「莫」化為「夢」；於一字之聲變而韻不轉以成新字時，名之曰「生」，如由「情」而「清」而「琴」。故凡雙聲字皆可相化，疊韻字皆相生。生表示韻之來復，化表示韻之轉變。中國文字無不有其雙聲字，亦無不有其疊韻字，故皆可相生相化。諸位學中國文字學音韻學，皆可知道。而中國哲學中之一大道理，我們可說即是生化之道理。中國哲學以儒道二家為主流，佛家可與道家合為一類儒道二家都講生化、但我們可說儒家所長者，偏在講生，道家所長者，偏在講化。生是相繼相續，此是生命之韻律之來復；化是轉易變化，此是生命中之韻律之轉變，合以成生命之節奏。稍多說幾字，我們可說儒家思想善於講如何使宇宙人生之莊嚴的一面，能生生相續下去；道家思想善於講如何從宇宙人生之平凡庸俗的一面，超拔轉化出來。孔子言四時行、百物生，孟子言生則惡可已，易傳講生生，是重生的意思。老子言反復，莊子言變化無常，游於變化之途，是重化的意思。而中國之文學，如從內容上看，亦可說或受儒家之影響，或受道家之影響。至於法家墨家名家等，則對中國文學之影響，可謂全說不上，不必說他。我們今只擬講，大約受儒家影響者之中國文學，多善於表現「生」之情，而以性情勝、氣象勝，受道家影響之中國文學，多善於表現「化」之意，而以神韻勝、胸襟勝。此又各可分爲四種形態以說之。茲先講表現「化」之意之四種道家型之文學。

(一) 超塵俗以自化于自然

這一類的文學，是屬於道家思想的形態。如陶淵明亦有儒者之心情，有儒者型的詩，此以下再講。但他似更富於道家的心情，如他所作的田園詩，就多是表現道家型的超塵俗的精神，而自化於自然的心情者。他這類的作品是很多的，如：「久在樊籠裏，復得返自然。」（歸田園居）「白日掩荆扉，對酒絕塵想。」（同上）「採菊東籬下，悠然見南山。」（飲酒）「嘯傲東軒下，聊復得此生。」（同上）這些詩都是歸田園家居的生活下寫出來的，都表示一種由塵俗中超拔，或化除種種塵想，以返於自然的心情。又如王維稱詩佛，但其詩文亦多同於道家之情調。如「下馬飲君酒，問君何所之，君言不得意，歸臥南山陲，但去不復問，白雲無盡時。」歸臥是超塵俗，說白雲無盡時，即心自化於白雲，以與白雲俱無盡。如說此白雲無盡時，是浮雲蔽白日之意，此又暗示讒險當道。此便又是回念塵俗，就不是表示一超拔塵俗之心情的詩了。再如李白之「我本楚狂人，狂歌笑孔丘。」此是假定孔子還在世俗，故要笑他。李白笑孔子而嘯傲於自然，然卻並不去答覆他何以要嘯傲於自然？故有詩說「問余何事栖碧山，笑而不答心自閑」。然他雖不答，他卻亦知「桃花流水杳然去，別有天地非人間」。此非人間而寄情於別有天地，即一超塵俗以自化於自然之心情也。此如莊子所說「君其涉於江而浮於海，望之而不見其崖，愈往而不知其所窮，送君者皆自崖而返，君自此遠矣」。同是人超離塵俗自化於自然的心情。

(二) 化自然物之質實以歸于虛靈

這一類之文學之形態，亦是一道家的形態。這一類的文學，重在將一一質實之自然物，化於空靈的意境中。如王維之「空山不見人，但聞人語響。返景入深林，復照青苔上」。錢起之「曲終人不見，江上數青峯」。蘇東坡詞之「時見幽人獨往來，縹緲孤鴻影」。在這些詩中，詩人乃將實在之人，都化爲一聲音、一影子、一似有還無的東西。這就形成一空靈的意境。此如莊子齊物論之化莊子爲蝴蝶，又化蝴蝶爲莊周。於是莊周蝴蝶，皆似有還無了。

（三）取美化之自然物與人物以入文學

道家型之文學不僅擅於化質實之物，以歸於空靈，而且亦最長於取本來善化之人物以入文學。如：雲、水、煙霞、花草、鶴鴻等等，這些都在自然界中本來善於變化往來的東西。高人逸士，俠客神仙，居無定處，行無定踪，是善化的人物。這都是道家型之文學的題材。如莊子之人物之可化左臂爲雞，右臂爲彈，是人是物，皆無所不可。

（四）將人間驚天動地之歷史化入寂天寞地

這一類文學，亦是屬於道家型。如蘇東坡念奴嬌詞由「大江東去，浪淘盡千古風流人物」開始，下面再說周郎事；赤壁賦先說曹孟德與周郎之戰，後再說「固一世之雄也，而今安在哉。」便將驚天動地之三國時之史事，皆納入寂天寞地中，而加以超化。而陶淵明之桃花源記，說桃花源中人，「不知有漢，無論魏晉」；則漢魏晉之無數歷史上驚天動地之大事，輕輕一筆便帶過去了。其超化「人間歷史」之本事更大。七十回本的水滸，亦把無數驚天動地之好漢，一夢中，加以收束，亦是善化。此我曾在「中國文化之精神價值」一書，有更多之發揮，今不再多說。莊子所謂「參萬歲而一成純」，亦即包括歷史中一切複雜喧囂之事物，皆可化歸純一，而歸於虛無寂寞的意思。

上面是講善於表現「化」的道家型文學，現在我們再來講「生」的儒家型文學之四種。

（五）讚美人之自然生命之延續之文學

這類文學，乃表現人對自然生命之「生」的本身，加以讚歎讚美的詩文，詩經中大雅、頌等詩中讚美祖先之長壽、以及子孫之眾多等是也。如大雅大明之「有命自天，命此文王。於周於京，纘女維莘。長子維行，篤生武王」；如行葦之「曾孫維主，酒醴維醹。酌以大斗，以祈黃耇。黃耇台背，以引以翼。壽考維祺，以介景福」；乃讚美生命之長久，生活之充盛，亦連帶說到道德，如既醉之「既醉以酒，既飽以德。君子萬年，介爾景福」。此皆由儒家重視人生之思想之一本原，亦後來一切慶賀頌美之文學之本原。

（六）體驗人與自然中之生意相通之文學

這是指從人自己之生命與自然界之生命之相感，而生意相通，有所寄意之文學。如陶淵明，我們前說其亦有儒者之心情。如其讀山海經之「眾鳥欣有託，吾亦愛吾廬」。便可為例。此詩言鳥託於樹，樹繞吾廬，而吾居廬中，觀鳥之欣有託，亦即吾之欣鳥之有託，與自欣吾之有託。此即一鳥樹之欣欣此生意，相通相融而如相環抱之象，而見一儒者之心情。中國一切表示天地之化機，生機之詩，皆此一類。朱子嘗稱道梅聖俞之「樂意相關禽對語，生香不斷樹交花」，亦因其所表現之思想，正爲儒家之物我之生意相通之思想也。

（七）從人現在之生命與往古或過去之生命相通所成之文學

此種所謂就人現在生命，與往古或過去之生命之相通所成之文學，與道家型之文學，從過去之在現在莫有了，而觀其化者不同。此是依於覺過去雖逝，然我現在之懷念，便使過去者，若復活於現在，亦永生於現在。陶淵明詠荊軻詩說「其人雖已沒，千載有餘情」。吾人於千載之後有餘情，則沒者未嘗沒。而中國之一切詠史、懷古、思舊、傷逝，以及哀祭碑銘之文學，亦皆是所以使往者不往，逝者不逝，而復活永生於當下之詠之懷之思之傷之之心情之中者。如孟浩然詩曰：「人事有代謝，往來成古今。江山留勝跡，我輩復登臨。」人事自有代謝與古今，然我輩今日復登臨此勝跡，則此勝跡中之往事與古人之儀型，亦在我之此登臨之心情中，雖有代謝與古今，而實無代謝與古今矣。須知人之懷古念舊等，並非只是留戀過去，而是要成就一現在生命與過去的往古的世界之相通，使我們更認識一生生相續的世界之存在。此亦即由儒家所謂尙友千古、不忘故舊、事死如事生、事亡如事存之意發展而來。

（八）個人之生與他人之生相感相生之文學

「生」可指我們自己個人之生，亦可指我與他人相感相通之生。如人在夫婦、父子、兄弟、朋友、君臣等倫理關係中之相通相感之生。由此而中國有很多表現夫婦、父子、兄弟、朋友、君臣之情之文學。而此種文學之表現儒家思想，是很明白的。但我今天特要說的一點，是中國文學中，又常把各種倫理之情，亦彼此加以貫通起來，加以表現，夫婦朋友君臣之情便都可相貫通。如蘇武答李陵詩之「結髮爲夫妻，恩愛兩不疑」，古人卽以此喻朋友之情。又如辛稼軒詞「君莫舞，君不見玉環飛燕皆塵土」，皇帝見了便知是怨君。諸葛亮之出師表，亦兼表現師友之情與君臣之情。此類之例不勝舉。此種把不同的情加以貫通起來的表現法，乃依於一類之情可引生他情。此種情之相生，尤爲儒家之文學之所重。此情之相生，亦尙有其他之種種形態。如杜甫之詩中，卽充滿了各種之情之表現，而此各種之情又互相錯綜，相依相結，以增其情之蘊結的強度。如杜甫北征之詩，便將各種對家國之憂喜之情，都互相錯綜加以表現。知情之相生而表現之，此情卽成至情而見至性。此性情中之相生，亦是一種生，而且可能卽一種最高的生。是見性情之文學，亦卽最高之文學。此種文學屬於儒家型，亦甚易明白。因儒家之敎，卽性情之敎。這不必多加以解釋了。

對於道家之表現化之文學與儒家之表現生之文學。我今天各講四型，這都是從最簡單最基本的形態上去講，此外自然尚有他形態及各種複雜的形態之儒道家之文學。而除以生、化二字來表示此二種文學之不同外，當然亦可以其他字來表示其不同。此可由大家另想另講，我今天就只說此幾點，以供大家思索參考。

（一九六四年在新亞中文系講，麥仲貴記錄「新亞中國文學系年刊」第二期）

附錄一：中國哲學中之美的觀念之原始，及其與中國文學之關係

（一）人物美與人文風俗美

中國哲學中美的觀念的原始，是從文學中啟發出來的。哲學和文學，都包含在一定的文化形態裏。無論在哲學和文學的範疇中看，美的觀念的原始，都是與一文化的特殊形態息息相關的。美的表現大致可以分爲自然美、器物與藝術美、文學美、神靈美、人物美或人格美、和人文風俗美等六類。不過，由於文化型態的不同，因而這六種「美」的表現，也相應地出現偏重的情況。至於把美分成壯美、優美和典雅等等，這只是就一般性的觀念來分別而已。

在中國文化思想上，美的觀念，初是從人物美和人文風俗美中發展出來的，再由器物與藝術美至自然美以至神靈美。在西方文化裏，在希臘，美的觀念基本上初是偏重神靈美和藝術美的。例如希臘神話中的 Apollo（太陽神）便象徵著藝術之神，有九個 Muse 環繞著祂，分別代表了九種不同的文學和藝術。進一步，從愛神 Cupid 和凡間女子 Psyshe（心靈）相愛的神話中，可

以看出美（愛神）是存在於天上的東西，而美的感受者（心靈）卻來自人間。美的藝術則是這兩者的結合。柏拉圖認爲美的開始，是先由感官感受自然形象的美，繼而把這種美的感受，由感官傳達至心靈，進而由心靈體驗絕對的美。此是說人的心靈，要昇華至忘我出神的狀態，才可達至絕對的美的境界。

中國的美的觀念的原始，和西方不同，中國傳統文化中，可說沒有「美神」這一類觀念。我們看「美」字，由羊大二字合成，它的原義是象徵羊的美味。在中國古籍裏如詩經和禮記，便有不少關於美的辭句。禮記中提及用物（器物）之美的，有酒醴之美、宮室、文章、黼黻、鸞和、車馬之美等。在西方，通常是把器物之美和藝術之美分開的。也就是說，實用的——如器物，和美的——如雕刻，是分而爲二的。但中國卻把二者合併起來，把藝術的美加在器物上，產生了一些像鼎、彝之類的器物來。這些東西既是人們日常生活所需，同時也是精美的藝術品。這正表現了中國的美的觀念和西方最不相同的地方。

詩經還提供了不少關於語言上和祭祀禮儀上有關美的資料。從語言中演發出來的是文學美；從祭祀禮儀中演發出來的，是人文美、人物美。人物美中包括人之外表的形態美與內在的精神美、心靈美或德性美。完整的美是以外表的形體美，配合內在的精神美而成的。我們知道眼睛最能表現人的內心的，詩經便常常以眼睛表示人之形態美，同時暗示人的內心美。如說：「巧笑倩兮，美目盼兮」。（風、碩人）此與希臘雕刻之不重眼睛之美不同。至於說：「洵美且仁，洵美且好，洵美且武」；（詩，鄭風、叔于田），則是注重內在的精神美，德行之美的觀念。禮記少儀中所謂「言語之美，穆穆皇皇；朝廷之美，濟濟翔翔；祭祀之美，齊齊皇皇」，再配上下文之「車馬之美，匪匪翼翼；鸞和之美，肅肅雍雍」，則整個是一人文之美的景像。此種之美的觀念，不但影響了中國的文學，而且也影響了中國的哲學。

（二）略說儒道二家之美的觀念

諸子百家中，眞重視美的，只有儒家和道家。儒家之美的思想，當溯原古代之詩、禮、樂之敎。前面說過，詩經敍述了不少器物之美、人文之美，而這些美的表現的核心，則是人物美或人格美。由此而儒家之美的思想，卽直接以人格美之觀念爲中心。人格美以內在之心靈、精神、德行之美爲主，而表現於外形。如孟子說的：「可欲之謂善，有諸己之謂信，充實之謂美，充實而有光輝之謂大。」（盡心下）充實卽是「有諸內、形諸外」。內在之心靈、德行之表現於外，卽形成整個之人格美。易傳說：「君子黃中通理，正位居体，美在其中，而暢於四支，發於事業。」（易、坤卦、文言）荀子說：「君子之學也，以美其身。」（荀子，勸學篇）都可見儒家著重由內美的培養，以更表現於外，以形成整個之人格美。

道家中之老子對美的觀念，沒有儒家看的那麼重。老子說：「天下皆知美之爲美，斯惡矣。」又說：「信言不美，美言不信。」大概老子學說的精神，在於一個「樸」字，和一個「淡」字，而不重一般之美，但亦由此而孕育中國後來美學思想中之「淡樸之美」的觀念。莊子比較能廣泛的欣賞一切美。他能欣賞一切自然界的天地萬物之美。如他說「聖人者原於天地之美」「備於天地之美」。但他認爲天地萬物之美之自身，是超乎語言之外的，故說：「天地有大美而不言。」莊子一方面把美的觀念，提昇到人文、人物、器物，以至於天地境界、宇宙境界之美，同時提昇到語言之外。此道家之老子、莊子之淡樸之美、天地之美、與無言之美的觀念，正對於中國後來的詩、畫、音樂等藝術的風格，有著深刻而久遠的影響。

（三）中國古代人物美與人文美之文學

儒家之美的觀念，原於詩禮樂之教。詩經原是文學；莊子的書，亦在文學哲學之間。儒道兩家之哲學中之美的觀念，亦表現在中國文學的體裁和風格之中。詩經和楚辭，是中國文學史上最早結集的作品。詩的內容有風、雅和頌。風是描寫各地風土人情，可表揚人情、人物的美；雅是敍述王政的廢興，可表現社會的風俗、典則和教化之美；而頌是歌頌讚美人物人格之德行之美。（在西方，頌是用來歌頌神的。）

楚辭基本上也是表現人們內心情志之美，卽人物之德行之美的，如離騷開始卽說「紛吾旣有此內美兮，又重之以修能。」我們亦可說屈原之文學，皆表現屈原的「內美」和「修能」。至於屈原賦以外之荀子的賦中，有賦「禮」的，有賦「知」的，有賦「箴」的，有賦「成相」之事的。此皆是以人文事物之美，爲其所賦。其賦「蠶」、賦「雲」，亦是於自然事物中，發現其人文的意義而賦之。此皆表現荀子對人文美之體驗，可見屈原賦與孫卿賦，同是以人格美、人文美爲中心。至於楚辭中之天問、九歌、宋玉的高唐賦、神女賦，則表示人對天、對神話中之人物之疑問與感情，則有點像希臘之神話中之文學。但這不是中國古代文學之主幹所在。而宋玉之賦，在文學史上的評價，亦並不很高。一般說，中國後來之賦，多是言情、詠物的。但最初之賦不是如此。如在昭明文選裏放在第一位置的賦，如班固兩都賦、張衡兩京賦、左思三都賦等，都不以言情、詠物爲主。這些長賦描寫的對象，卻是大城市的人文社會狀態，而以此人文社會之美，爲其所賦。此是很特別的文學。我想希臘羅馬人，未必有雅典賦、羅馬賦。此外，漢賦中如司馬相如之上林賦，揚雄之楊賦，是賦畋獵；揚雄之甘泉賦，是賦郊祀的；王文考魯靈光殿賦，是賦建築之宮殿的。魏晉時代之文學，更有長笛賦、琴賦、笙賦、嘯賦之賦音響，陸機文賦之賦文。此皆是將人之文化活動的美，成爲文學描寫的主要對象。而文賦之賦文，是論文學，亦卽賦文學自身之美。

中國後來之文學作批評之著述，亦恒以其本身亦是文學，爲最高標準，亦是很值得注意的事。

（四）中國文體之種類與人物美及人文美

中國文學中除賦外，有詩文，賦中亦有賦自然之江海，與物色，更有專表人之情志的。我們可以說，凡詩賦文中之言志、詠懷的，都是多少表現著者自身之心靈、精神與德行、志願之人格之美。如以詩來說，曹氏父子之詩，阮籍、嵇康之詩，多是自抒懷抱志願，亦自見其德行。此是中國詩之一大宗。至於贈答之詩與書札之文，則除表示友誼之外，亦恒表示對朋友之人格德行之稱美。詠史詩，則恒表示對從前之賢哲英烈之人物之人品、行誼之懷念與崇敬。此外，如輓詩、碑誌、祭文等等，對先人哀思的文章，則表示對於方死者之人品行誼之懷念與崇敬，都是由對人格之美，有深厚的體驗而來。

中國文學，浩如煙海。非今所能詳論，卽文章之選集亦很多。但我們卽以最通俗之文選，拿來一翻，卽可見中國文學中對人文美與人格美，有特別的重視。此外，我們更可以姚姬傳把文體分爲十三類，而其中六類：哀祭、讚頌、傳狀、碑誌、贈序、箴銘的內容，都是顯然連著人格之頌揚，人格之形成之事的。書說、序跋、奏議、詔令四類，則皆是連著社會人文之事的。這亦可以見中國文學中之美以人格之美、人文之美爲中心。此外在中國之小說戲劇中，亦同樣可處處見種種對人格美、人文美之表現。如水滸傳中之百零八條好漢，西遊記之幾個求道者，以及紅樓夢中大觀園中之兒女，皆各有其人格之形態。這不是說中國文學中之美限於人格美、人文美，其中無對自然美、神靈美、或他種之美之表現。但中國文學之美當說以人格美、人文美爲中心。我們當知此事來原甚遠，可直溯至中國文學的原始，如詩經楚辭之文學，與中國之美的觀念之原始，如在先秦儒道二家思想中所有者。此中國哲學中之美的觀念，又當溯原於中國文化中之詩、禮、樂之教。詩經則正是文學。由此可以了解中國文學與其哲學中之美的觀念，皆生根於中國原始之文化，乃有其後來之互相影響的情形。我今天的講演，只重在指出此一點。此外的，大家可作進一步之研究。謝謝各位。

（講於聯合書院中文系・聯合校刊「華風」一九七二年二月）

附錄二：先秦諸子文學中之「喻」與「義」

中文系一年來繼續舉辦文學講座，可見有一精神貫注。前此，新亞早期亦曾有文化講座之舉辦，由本人所主持，前後凡五年，而中止。其後，講座之舉辦，續而復斷，斷而復續者凡數次。去年開始之中國文學講座，希望以後一直相續而不再斷。

今日所講之題目，原應爲「由先秦諸子文學中之喻與義，論文、史、哲之相卽相入」。喻是具體的；義指義理，爲抽象的；「相卽相入」乃借用華嚴宗之名辭，以言文學歷史哲學三者，可互相涵攝。換言之，自文、或史、或哲入門，皆可通至其餘二者。如「義」屬哲，「喻」與之合，卽可有文學意味；若舉作譬喻者，爲一歷史故事，卽又是歷史。今日講此題目，有一段因緣：我前兩年曾在本校硏究所講及文史哲三門學問之分際（同學所記講稿，已載於民主評論及人生雜誌。），能知各門學問之分際，可將人眼光放濶，我們雖不能於一一專門學問皆能深造，然能懂得其接連分際處，則可知自己所讀之專門學問之外尙有學問，這總是好的。西方哲學，常連到科學；在中國，則恒文史哲難分。文史哲之內容，本極廣大，究竟三者之分際何在？我在本校硏究所所講的，是以三種學問對時空、因果、類、價値四者之觀念不同，作爲線索去討論。其中亦有若干新義，大家如有興趣，可以參看。

今天，更不擬重覆前講；惟擬將前之已講者，再推進一步，去說說此三者之相卽相入處。今先借先秦諸子文學中譬與義以言之。方纔說諸子之義屬哲學，連上譬喩，則又屬文學。我們可試想想，諸子文章中之譬喩，與其文章風格，是否有關係？我想應該有的。也許，我們可從文章所用之譬喩去了解諸子文章風格之所以不同。記得我少年時讀諸子文章，於許多評論其文章的話，總覺難把握，例如有人說莊子恢詭，有人說韓非文奇險，有人說呂氏春秋平實，又有說論語文章達乎化境；但何謂恢詭化境等，便覺很難懂。後來因想可先從諸書用譬喩之方式去看一看，覺此中頗有線索可尋。雖然，文章之美不能全從其中用譬喩處來著，但此總是一線索。我於此，有許多意見未成熟，對論語（本不屬子）、墨子、孟子、莊子、荀子、呂氏春秋、韓非子各家所用之譬喩方式，我亦未嘗正式作歸納統計，今僅唯約就記憶所及，似乎此各家之譬喩方式，有種種之不同；今天卽先就此點，與大家談談：

第一種譬喩，我稱之爲「卽事喩義」、或「卽事譬義」。如錢賓四先生常喜提及：

「飯蔬食飲水，曲肱而枕之，樂在其中矣；不義而富且貴，於我如浮雲。」

「飯蔬食飲水、曲肱而枕之，樂在其中矣」，是說出一生活方式，表達出一種安貧樂道之義。至於「不義而富且貴，於我如浮雲」中——所謂於我如浮雲之意，我想可以是說不義之富貴，對我之無足輕重，猶如浮雲之在天；亦可以說，不義之富貴，猶似浮雲之來去無常；或亦可云不義之富貴掩蓋我們生命中的光明，如浮雲之蔽日。此喻之涵義，亦許不止這些。然而孔子在此處，卻將此一切涵義，皆藏於此譬喻之中，更不加以說出。若將此涵義正式顯出，如說「不義而富且貴，於我實爲無足輕重者」，則成說理之文字，屬於哲學，而無文學意味。若照原文，將此中之涵義藏於浮雲之一喻之中，便有情趣，便成文學性之文。凡此種以譬喻代義理，或藏義喻於中，皆可稱之爲「即事喻義」。我以爲此應爲最高之譬喻，因此乃將道理藏於事中，事與理成一渾然之全體；如此則義理之鋒芒全收，圭角盡化，而此所喻之義理，即渾化於此喻之中。昔賢謂論語文章達化境，我想，論語之多有此種「即事喻義」之文，亦當爲其文能達化境之一原因。

此外，如孔子云：

「逝者如斯夫，不舍晝夜。」

乃以水流喻君子自強不息之義，或喻道體流行之義；亦皆同類之「即事喻義」之文，而達一化境者。

第二種我稱之爲「以喻明義」。次序上是義先喻後，以譬喻證明其義。墨子之文，即多此種方式。墨子文章不佳，然而言理清晰。例如：墨子問儒者「何爲而有樂？」儒者答曰：「樂以爲樂。」墨子說：不然。若問何以爲室？則答之爲可蔽風雨，別男女等；若答以「室以爲室」，是不可也。墨子卽舉此以喻「樂以爲樂」之答爲不可，其意則在說明凡爲事物，皆應求有用有利之理。此卽所謂喻以明義也。又如其非攻之喻：始言竊小物者，則人小非之，稍大則人大非之，更大則罪之。最後卽明言：「凡虧人自利者，皆當受非」之一義；於是再指出：「攻城以戰，殺人盈野」者之當非。此亦是兼舉出喻與義，而以喻明義之例。墨子又釋其不修飾文章之故，以「買櫝還珠」爲喻，亦以喻明其所主張之重實用而不重美觀之義者也。

第三種，我稱之爲「卽事成喻」，今舉孟子文章爲例。孟子文與墨子文爲近，同有濃厚哲學性，亦同「以喻明義」；然而善於「卽事成喻」，則似爲孟子所特有。孟子最善取當前之事爲喻，故常就對方事譬喻，轉爲己用。如孟子之與告子辯性，告子云：「性猶湍水，決諸東方則東流，決諸西方則西流。」以喻性無善不善。孟子卽取此水爲喻而曰「水無不就下」，以喻人性之無不善。此卽爲長於就同一事而化成另一喻。又如告子謂：「性猶杞柳，義猶桮棬也。」孟子卽就杞柳之譬問告子：杞柳之成桮棬，順其性而爲之耶？抑戕賊其性而爲之也？——以見人性與仁義之關係，不同於杞柳與桮棬之關係，是亦卽事成喻之例。（卽事成喻之例，孟子書內甚多，可自參考，今略。）

第四種，余名之曰：「遙喻引義」。此多見於莊子文章。莊子喜用譬喻，然初觀之，每不曉其義，及至文章後半或收結處，纔知其意所在。如逍遙遊一文，以北溟有魚開始，似與其所欲說之義理無關；及其終，始明「無待」乃眞正之逍遙，中間則上天下地，莫知其旨。其喩初與理不即相干，是爲「遙喩」；以不相干之喩而逐漸襯出其義理，是爲引義。此外，齊物論南郭子綦一段，談天風、天籟、地籟等，人亦初不知其旨何在，故亦是「遙喩引義」。

昔賢以「恢詭」形容莊子文章，我以爲「遙喩引義」亦是達成文章「恢詭」之方法的一種。蓋「恢」者，恢宏濶遠也；詭者，令人初不知其意。莊子文固如是也。

第五種，我稱之爲「以喩破義」，多見於韓非之文。此類譬喩，不重建立一義理，而重破一義理。例如：儒家喜言堯舜皆聖人，當堯之時，天下已致治；又云：舜所至處，民皆隨而化爲善。而韓非則謂：堯之時，天下既已治，何待於舜之化民？若必待於舜，民方得化，則堯之時，天下已治之說不眞。故韓非舉喩云：宋人賣矛盾，自誇皆天下之至堅，以喩言堯舜皆致天下於治，猶矛盾也；故此二事難以並存。韓非乃以此喩破儒者所云「堯舜皆致天下於已治」之義者。（其破已承認之常言，立論出人意外，是爲奇矣；此常言已公認而不易破，破之如歷一險境。此所以先賢謂韓非文章奇險也。）

第六種，我稱爲「以喩合義」，此爲呂氏春秋文之特色。呂氏春秋喜用人事作譬喩；而一譬喩配合一義理。其義理與喩，合則道理大明，分亦能達其意。即義理與喩，皆可分別獨立存在，故其文顯出一種平穩氣象。此當是其文所以平實之一故。最平實之文章，乃由分別皆站得穩之文句所結構成。義理與譬喻能分別獨立存在，亦即彼此皆站得穩之謂。此以喻合義之文體，蓋有異於「以喻明義」之文體，非喻無以明義也。

我所舉之先秦諸子，可稱大家。就其文而言，凡喻少者，或純言理者，皆屬哲學之文；前者如荀子之文，後者如墨子中之墨辯，公孫龍子等。然而凡討論譬喻之文，本身不帶譬喻，亦爲義理之文，爲哲學式的。至於荀子文章特色，雖亦有喻，然多以義引義爲主，故哲學意味較重。惟荀子除說理之文外，又有賦；其賦如禮賦等，亦等於通篇是一譬喻。所以我們亦可說在荀子之文章，乃將文學與哲學之文，正式分家矣。

以上我們講諸子文學中之喻，有各種方式，而文章之體裁，復因之而有不同；此即以證明文學與哲學之相關。我們可說：文章純以義爲主，以義連義者，便爲哲學科學；而如以譬喻中之事爲實有之事，而以事連事者，便爲歷史；至如兼義與譬喻，或藏抽象之義於具體之事物，或只抒發描寫我們在一具體的生活或事中，所形成之情志想像意境者，則爲文學。由此而至文史哲三者內容之可相即相入的情形，可以下文說之：

由史入文在：斷史即事，開事成境，於境知人，因人見志，即志生情。

由文入史在：藏情入志，攝志歸人，因人記境，對境述事，以事繼事。

由哲入文在：藏義入志，依志生情，緣情造境，即境寄志。

由文入哲：在攝境歸情，卽情見志，卽志知義，以義引義。

自史入文，應知若追問一事之因果，則成史學家；若截斷一事之前後牽連，將此事開展爲一境界，則入文學之範圍。如史記荆軻之故事中有許多人物，各具情感；今對其刺秦王之事前因後果不問，只將其此事中人物言行展開來，便成一境界。在此境界中，將太子丹、樊於期、田光、秦舞陽、秦始王與荆軻各人之志願，分別加以烘托描寫，以動人之情思，便成文學。歷史上之事，不一定皆能開成文學境界。若一事之內，有各式人物，復各具情感者，或一人物之生活，其前後有變化，其情志有跌宕者，恆爲其可由史入文之主要條件。一事能開爲一境界，便可與其前因後果相截斷，亦與此一事之外之時間、空間相截斷。如桃花源記爲文學作品。作者先假定一時間，然後便述一漁人入桃源；旣入之後，卻見彼處之人，不知有漢，遑論魏晉，便與歷史上其前之時間若相截斷。漁人出後，處處誌之，再來又迷不得路，又若桃源以外之空間，亦相截斷了。於是漁人入桃花源之一事，便成了一獨立之文學境界。

從文入史，可復引荆軻之事爲例：今若僅言軻懷報太子丹知遇之志，將此志只屬於軻之爲人；再記軻至秦王殿上，而有其刺秦王之事，以及於此事之引起秦王之滅燕之事，便是藏情入志，攝志歸人，因人記境，對境述事，以事繼事之歷史了。

今再舉例以明由史入文，與由文入史之不同。陶淵明有「採菊東籬下，悠然見南山……」之詩。詩中有南山之境。其言「山氣日夕佳，飛鳥相與還」，則境拓矣。悠然是有情，合「此中有眞意，欲辨已忘言」，則見其情志。——此爲歸田園之志，或爲與物相忘之志。上例乃卽採菊之事而開爲一境界，便爲文學。若陶潛將此情志、此境界，再收攝於採菊東籬之事中，更指出此事之前有某事，卽爲歷史而非文學矣。

由哲入文，要在藏義理於人之志中，再依志而生情，更緣此情而想像種種具體事物，合成一境；並藉以寄志、同時卽將其志中義理，加以象徵表現出來，便成文學。如上引論語「飯蔬食飲水，曲肱而枕之……」一段文，初便是由孔子先知樂道安貧之義，便有樂道安貧之志與情。既有此志與情，於是藉飯蔬食、飲水，曲肱而枕之等事，所合成之一境，以寄此志，這就成一文學矣。至於陶淵明之「東方有一士」之詩，杜甫「廣文先生」之詩，則亦是將此同一義，存於淵明杜甫之志中，而依此志以生情造境，以寄志之所成。關於此，大家想想便知。此外，又如莊周思想，爲忘物我而任化。今將此義存於莊子之志、之情之中，莊子便會想像到夢爲蝴蝶之一事，而達一自覺：「栩栩然蝴蝶也」之境；卽在此境，自寄其志義之所存。此境卽爲文學性之境界。至於李白一詩，首以「莊周夢蝴蝶，蝴蝶爲莊周」二句開始，則是表示李白自己，乃以入於此一境之本身，爲李白之志。其下文之句「一體更變易」，則爲此中所藏之義理；而「萬事良悠悠」，則又是李白自依其志所生之情。依此悠悠之情而更造境，則下之蓬萊水作淸淺流也，東陵侯今爲種瓜人也，皆所以使此境更得開拓者。至「富貴苟如此，人生復何求」，則又李白之更自言其志之所寄者也。由是可見：依緣情造境之線索，人卽可由哲以入文。然而，今若將李白詩之境，攝歸於李白之情志中，並謂其情志之所以生，乃由於李白知：「一體數變易」之義理，再由此義理以引出其他義理（如富貴無常之義理），便是上面所說之「攝境歸情，卽情見志，卽志知義，以義引義」，而爲由文入哲之事矣。

今再舉紅樓夢爲例。其中人物，不知誰爲曹雪芹之化身。王國維先生以爲：曹氏此書，乃表現叔本華之「人之意志慾望自求解脫之思想」。他謂：人欲自其意志慾望自求解脫，人須先去紅塵走一遭，最後始知紅塵之虛幻，而自其意志慾望解脫。若上述者爲是，則曹氏之志願，乃借此紅樓夢故事之描述，將此義顯示出來。此亦是藏義入志，而成文學。然而，如我們將紅樓夢之故事所合成之境界，歸之於境中之人之情志，卽就諸人之情志，以知作者之情志，與其藉此故事所表現之義；再本此義引出他義，則又是由文入哲之途矣。

綜而言之：哲理憑具體事物所合成之境，加以表現，便是文學。將文學中之具體事物所合成之境，所涵之義，抽而出之，則是哲理。將文學中之事，定置於一定之時間空間，並溯其前因後果，便是歷史。將史中之前後事截斷，而開此一事成一有情志之境，則成文學。由此可知歷史與文學、哲學與文學之相卽相入，而互相轉化。至於對哲學與歷史之相卽相入之關係，則今日暫不講，大家可以想想便知。故對世間任一事，任一境或任一義，只繫乎我們之心情變化而轉念，用不同方式加以表達，便皆可由哲入文，由文入哲，由史入文，由文入史，而彼此無礙也。

（講於新亞書院中文系　黃耀炯、胡耀輝記錄•一九六四年十一月「新亞生活雙周刊」七卷十期）

十二、文學的宇宙與藝術的宇宙

(一) 藝術宇宙與文學宇宙之共同性

記得不久前我在研究所講演，曾用時空、類、因果和價值四個不同的觀念，來講文學、歷史和哲學三者之分際。這次對藝術系講，我想將藝術中的時間空間與文學中的時間空間比起來講一講。所謂宇宙者，宇是指上下四方的空間，宙是指往古來今的時間，所以講題就是藝術的宇宙和文學的宇宙。

文學中的時間和空間有兩個性質：卽在時間方面言，文學所描寫的事實的當時，要與前後時間隔斷；在空間方面言，文學所描寫之事的空間，要與其周圍的空間隔斷。我們可用兩語概括之，卽所謂「空前絕後」與「冥外弘內」；意卽一篇文學著作，描寫其當時當地的事實或虛構的幻想時，須將其四圍的空間切斷，又將其上下的時間切斷，從而形成一單獨的時空單位。就以紅樓夢作例，該書的敍述以大觀園爲描寫中心，將大觀園以外的空間暫時撇開一旁，其敍述時間則自賈府的興發，林黛玉的來賈府開始，直至賈府衰落，賈寶玉出家爲止。在這限定的時空中，作家描繪出很多人物事情，形成一獨立的宇宙。又如陶淵明的桃花源記，該文的形成，是假想晉孝武帝太元年間，有位武陵的捕魚者，自一山麓小口進入桃花源中，見洞中居民，生活怡然自樂，惟已渾忘世間一切。此卽桃花源本身之時空與外界的時空如相隔開。此是文學作品之第一性質。此外尙有其第二性質，卽此一段時空，同時亦能在自己內部開拓與其外相通達，雖小而大，雖暫而久。如桃花源中人雖與外人間隔，仍有漁人能去；桃花源之洞口雖狹，而進去後有忽然開朗之境。桃花源中人說，先世避秦亂來此，不知有漢，無論魏晉，好似一忽兒便去了幾百年，卽雖暫而久。紅樓夢之大觀園中仍有人能來去出入，大觀園之地面雖小但樓閣甚多，人物數百，可由此以了解人情之大觀，卽雖小而大；由黛玉之來園中，賈寶玉出家，中間只不過數年，而人讀了則有歷盡滄桑之感，卽雖暫而久。

大凡屬文學作品均能視暫如久，視小如大；亦可視久如暫，視大如小，而超越此「久」、此「大」以更向外通達出去。今再舉數詩詞爲例，如古詩十九首中有云：

「生年不滿百，常懷千歲憂。」

此卽是似暫而久。又如張惠言的水調歌頭，其中有云：

「千古意，君知否？只斯須。」

這是似久而暫。詩人的感情亦可視大如小。又如杜詩的「乾坤一腐儒」、「乾坤一草亭」、「天地一沙鷗」，卽是將天地間視作只有他一個「腐儒」、「草亭」、「沙鷗」一般，而大卽小了。詩人之「紅杏枝頭春意鬧」；及某尼僧之「盡日尋春不見春，芒鞋踏破隴頭雲，歸來笑撚梅花嗅，春在枝頭已十分」，則又意在見無限的春意春光，只在此紅杏與梅花之枝頭，這卻是視小如大。

因文學中能將久暫大小，一如而觀，故卽眼前景所在時空中雖暫且小，而同時卽具備通達到久遠的時空中去的意義。此卽能如陸機文賦所謂：「籠天地於形內，挫萬物於筆端」，而文學中之題材或事物，亦常有通達於遠方或長時間的意義。詩人多喜歡寫月亮，如張九齡的「海上生明月，天涯共此時」。人之所以喜月，卽因人由望月，而可此心通達到天涯與我共望月的人之故。月亮，它照著今日我們所住的處所，也照在我們的故國家園上，也照在全世界的每一個洲、每一塊土，而我們在眼前見此月，亦卽我們之心靈可通達到此月所照之一切處所。詩人喜歡水，亦因水從遠方來，又流到遠方而通達到遠方。如李白的「君不見黃河之水天上來，奔流到海不復回」，則人心亦通達到河水之源與流。又如平常爲國人熟諳的那首用古人之詞譜成的膾炙人口的歌詞：

「君住長江頭，我住長江尾；日日思君不見君，共飲長江水。」

此水能通達江頭江尾，便把彼此江頭江尾之相思之意連起來了。此外文人之所以喜歡煙、雲、流光，亦因其本身雖呈現在當前限定的一時空中，然其卻另有一意義能通達到其他的時空之故。又如文學家之喜歡雲中之鶴，喜歡麒麟，喜歡神仙游俠，亦因其來無定處，去無定踪，永不限定在一特定的時空，而能雲遊四海之故。至於人之愛古物古廟古松與一切古久的東西，卽因我們可由之以發思古之幽情，而通達到遠古。如杜甫詩說孔明廟前有老柏，便使人心通達到孔明之時代。我們言孔廟前之柏說是子貢所手植，我們卽可覺如到孔子之時代，而在孔子之面前一般了。

此上所講，多是重複我在研究所講文學意識中之時空之意。總之，文學中的時空，一方是與其他時空若相隔斷的，由此而文學中的宇宙卽成一獨立的宇宙，然而同時又可通達到外在的遼遠的時空中去。此所能通達到者雖久遠，而亦爲當前之至暫而至小之境之所涵。此至暫至小之境能涵久遠，便可說其自身有一內在的開拓。故文學之境界，文學之宇宙，一面具有與其他時空間隔間斷之獨立性，一面有一內在的開拓以成其通達。此卽文學之宇宙之二性質。前者可簡稱之爲文學的宇宙對外的間隔獨立性，後者爲文學的宇宙之內在的開拓通達性。

(二) 藝術宇宙之間隔獨立性

由此說到藝術的宇宙，我們可說其亦有上述之文學所具之兩個性質，與此文學的宇宙可說相同。此藝術的宇宙，亦是與其外之宇宙形成一間隔而獨立的宇宙。卽藝術的時空，乃一間隔獨立的時空；其二，就是此藝術的宇宙也須能有一內在的開拓以通達到外面的宇宙去。藝術作品如能符合此二條件，雖非一定卽爲第一流作品，但如屬第一流作品，其所表現之境界，卻非具有此二條件不可。不過關於藝術境界的內在的開拓與通達，自有多種樣式，其高下自亦不同，亦非今所能盡講。今只簡單的就各種藝術以分別說其皆須具此二性質。

如依時間空間之觀念以區分藝術，有人分爲時間的與空間的兩種：空間的藝術，如園林、建築、雕刻、圖畫、書法等是；一種是時間的藝術，如音樂舞蹈。表演的戲劇是綜合的藝術，亦可說是時間的藝術。此種分法自亦有商榷餘地；因爲自創作方面說，每一件藝術品的成功，都須要經歷時間。自所成的藝術品所在地位方面說，則又必須佔空間，如戲劇音樂舞蹈，必須有表現的場地。不過，建築物或雕刻品、圖畫、書法在完成時是靜態的，亦可說是只居一定空間的，便可姑稱爲靜態的空間的藝術。至於音樂和舞蹈，則須經歷一時間乃完成。音樂或舞蹈，乃表演者在一空間，作種種對樂器的播弄與身體之運動而成；故可稱之爲動態的時間的藝術。至於從欣賞者方面說，則當人靜聽一樂曲，或觀賞一建築物時，人之欣賞的活動，有時是動觀，也有時是靜觀。靜觀的欣賞，須經歷一段時間；動觀的欣賞，亦須專注於一特定的空間，例如目光注意於舞臺上的空間，表演者之身體與樂器所在。故此中之時空動靜，亦難分別而論。不過在人欣賞建築圖畫等時，確未見此藝術品之動，而在欣賞舞蹈音樂時，確見此藝術品之動。故亦可或認爲動態的時間的或認爲靜態的空間的而已。

不同的藝術，佔據有不同的時空，如園林佔一片空間，它與自然界之物所佔的空間似較難劃分。建築佔立體的空間，乃由建築材料架構而成，其內部爲空虛的。雕刻塑像亦佔立體的空間，乃由刳去其雕刻材料之一部份而成，其內部爲實；故人欣賞建築，須兼重視其空之所在，欣賞雕刻須兼注意其實之所在。至於圖畫書法則是平面的。音樂則原於形體之震動所成之聲；舞蹈本於身體的運動所成之形相之變化。此各種藝術品中，園林中可有建築，建築中可有雕塑圖畫，亦可表現歌舞。分別觀之，各種藝術品，又可一一自成一天地、一宇宙。然任何藝術品之成立，皆得有一必須條件，卽需要與其外之世界有一間隔。如園林雖在自然界中，然園林非隨處可造者，在山坳水涯處，則較易造。此首因山水可將此園林與外在世界劃出一條界限，否則宜有一道圍牆。園林乃人工與自然混合的產物，園林中亦可包括建築在內。建築物置於園林中，此中林木等物，乃將所建築的樓房亭榭包圍著，而將其與外界景物劃開，使此亭臺樓閣更成藝術品者。如我們在北海登白塔俯視北京城，只見北京城的房屋都散在一片葱鬱的叢林中，則家家戶戶，不論是碧瓦朱欄或蓬門寒舍，都成了藝術品了。

關於建築物，有時可用樹木將外在景物間隔開來，但此種間隔不一定靠樹木。如歐洲的堡壘，其周圍不一定有樹木，但遠看亦美；因它獨立於一空曠之地，此空曠，便將堡壘與他物間隔開了。如此便亦可入詩，亦成藝術品。同時堡壘本身由堅固之石砌成，四圍堅實，故可構成一獨立的世界。但中國之園林，則同時是將周圍的空間，圈入一部份，歸於園內，如將四圍之「空曠」或將「無」，圈入於有之內。我個人認爲堡壘之建築藝術低於園林，其理由在後者之兼涵攝虛與實。今不擬詳說。

雕刻塑像，亦須與其周圍有一間隔，如希臘人物雕像雖爲裸體，亦必放置於一座上；此座便有形成一間隔之作用。但中國之雕像，則多依山岩峭壁而雕，塑像亦有用龕。此龕與山岩峭壁，一方是雕像之背景，一方亦卽劃出此雕像所在的空間。希臘的人像雕刻固然好，但除雕在建築中之浮雕外，其人物之雕像無龕加以籠罩，又不依山岩峭壁而雕，便似少了護衞，不易形成一獨立的藝術境界，人所感之藝術氣氛，亦因而不免淡薄了一些。中國的山岩或龕中之佛像，及其他人像，便更使人能凝神瞻仰，其藝術氣氛，亦即更深厚了。

至於繪畫，西洋畫有木框；中國字畫有絹或紙裱裝上，留的天地都很寬。此畫幅所留的天地與木框，便是使畫與外界隔開，而形成一單獨的藝術境界者。

至於音樂舞蹈和演出的戲劇，則都可說是一種時間性的藝術。但音樂演奏如何與外界隔開呢？其辦法中西有所不同：在西洋音樂，是於演奏前多是靜默一段時間；中國的戲劇是在表演前，則有一幕大鑼大鼓作爲開場。此種鑼鼓的響音，是把聽者先留在耳中之其他音樂與聽者之其他意念，都驅散了，亦即將欣賞音樂的時間，與以前的時間切斷，便可將所演奏的音樂與戲劇的境界，形成一宛如空前絕後的獨立境界了。此外音樂舞蹈及戲劇之表演，恒有一舞臺，舞臺即將表演的空間，與外界的空間隔開的設置。而舞臺之幕的作用，乃將舞臺的空間，作一圍護。幕的展開，即表現舞臺上的藝術世界的呈現。西洋之幕在臺前，中國之幕在臺中。幕在臺中，此即在舞臺的空間，再劃出一幕前幕後之空間，使舞臺上的空間中，更多一空間的辦法。

總之，一切藝術的形成，須先將藝術的境界所佔之時空，與其外之世界所佔之時空隔開。先要有此分得開，隔得斷，然後藝術的境界始能獨立的呈現而眞實存在。

裝飾亦可說是一種世俗的藝術；此恒爲言藝術者所不屑道，但其理亦與上述者相通。譬如人之須有衣冠，其中一理由，亦爲藝術的、審美的。衣裳是包圍住身體，將身體周圍的空間隔開，其作用亦如戲劇開場前的大鑼鼓，又如樹木之包圍著房屋。人之裸體固亦有其美，但人之裸體之姿勢，不如衣冠服飾種類之繁多。裸體之正面側面，到底姿勢有限。衣冠因爲有多種多樣，烘托人的面部，自然也有多種多樣的美了。人之頭髮之所以需要，因爲它正如一頂帽子，將人的面部與面部與其他空間隔開。古代男子蓄鬚，上有髮，下有鬚，便更能顯出男子之美。和尚削髮，乃超於藝術審美觀念者，自當別論。然佛菩薩與宗敎上之聖賢之像，皆頭外有一圓光，亦爲意在凸顯其神聖莊嚴之美者。再如人身上的裝飾品，多是環形的，如戒指、手鐲、項鍊，以至於舞臺上大官穿的束腰的袍帶，甚至非洲人掛在鼻子嘴唇上的裝飾品，也是用圓環；因爲環形的裝飾品，便能將身體的一部份圈出來，如圍牆與山坳水涯，圈出一園林所在的空間。該環形能把身體某一部份圈住了，因此能顯出該部份身體的美來。裝飾品之所以不用尖銳形而大多用圓形，即因尖形之物，皆向身體以外，而環形則環繞身體之各部於其內之故也。

（三）藝術宇宙之開拓通達性

藝術作品必須與其外之世界有一時空上之間隔，此是藝術宇宙之形成之條件之一，或藝術作品的必須具有之性質之一。今再說其必須具有之第二性質；此即一藝術作品在其所有之空間時間內，又須有一內部的開拓通達，以涵攝一更大的時空，使人覺雖小而大，雖暫而久之性質。如以園林來說，它本身佔一獨立空間，但園林中的小橋，便可通達外界，於橋之此端看橋之彼端，則更能將彼端之風景之美攝入此端。中國人造園林，最重視橋。園外之橋，一方面可作爲園林與外界的間隔；一方面亦可作爲與外界通達而攝外於內，以開拓其「內」的憑藉。又如塔，初是印度產物，但造在園林中，可以眺望外界，便與外面的世界相通達，亦將外面的風景收來眼底，而所見境界更開拓了。再如流水，可以由外來，亦可流向外。水中紅葉，可把外界之消息帶來；紅葉題詩，亦可將內面之消息帶去，以便內外通達。如在中國江南，有不少著名園林，它們所佔空間，以幾何學來測量，都很小，但看起來卻很大，此除由橋流水以使內外通達外，亦由善於運用曲徑假山。曲徑假山，一方將地面自然劃出曲折，一方又使之往復互通，便使一狹小的空間自然開拓而加大。如在一假山，欣賞者由東入，由西出，似又覺另換了一新世界。假山中之山洞之形式、方位各不同，則由洞外望所見之風景，亦一一不同，便若有無限天地。此外，中國園林中之建築，又重廻廊亭臺，廻廊以使房屋內人能通行，亭則四面通，臺則或三面通，或二面通，門一面通，皆以通達爲開拓空間之道。

至就房屋本身來說，中國舊式房屋之門以簾隔，不論竹簾或珠簾，都有間隙，都可以使人互相從簾的間隙中看過去，而使另一房屋，亦收入你的眼之內，而如反映在此房屋中。此亦卽可開拓一屋的空間，此與池水與鏡之反映天光之雲彩與人間世界，便能開拓一空間，實同其理。又中國房屋重視窗的形狀，圓的、半圓的、方的、或是多角形的，人從不同的窗口望出去，所見的同樣景物，便覺好像是在不同世界中。每一個不同形狀的窗，可呈顯出一個不同的世界；所以窗形愈多，風景也愈多，世界也愈多。然則房子雖小，雖有限，但所涵攝的世界卻顯得大了。同時亦可說外面的世界，亦變小了。例如從窗口向外望風景，所見到的山川景物，亦可說只與窗子一般大。風景經過窗子，便大的也變小了。如試對窗子照一像，便可證明此點。我覺得西方的堡壘，其最大的缺點，便是沒有窗子。西方的建築因多用石造，故窗子較難開設；東方人的建築則較重視窗子。西方諺語說眼是心靈的窗子。但人身住在房屋中，而此眼之自身還須要有房屋的窗子，才能看得出去。現代的西式房屋，已較重窗子，初是衞生的理由，次是光線的理由，今仍不深知窗子形式之變化之重要。中國人之講究窗子之形式之變化，則自始是由藝術的觀點出發，而意在開拓室內望外所見之世界。這亦是中國建築高於西方建築之一點。

關於雕刻，它所佔的只是一塊定量的小空間，如何可看來使人能覺更大些呢？此要在所雕刻的人物之姿勢。姿勢有其所向，有所向卽如可攝其所向之空間，而環抱之、包攝之，此乃東西方之雕刻塑像之所同。而中國之人體之雕塑，則更重有衣服之皺褶。衣褶之曲線，卽如可將其外之空間褶入其內，而使其所涵之空間量變大。又如雕刻能依附一山岩上，或加一龕，卽除了有與外界空間起了隔開的作用外，還可使雕刻本身如加放大。這如一矮人站於講臺上演講，此矮人因有高大之講臺的襯托，便不顯得矮小了，好像其周圍空間，已爲此矮者所吸攝一般。蓋空間之大小，依一觀點中所包涵者之大小而定。如果一物體，其周圍有一空間，則我們可說在此物體之觀點中，所包涵者便較大。而我們在看此物體時，又可無意間取此物體之觀點爲觀點，便覺此物體亦似變大。如山岩上有一亭，我們在遠望此亭時，我們便無意間設身處地於此亭中。如亭外有一偉大的山川可望，便覺此亭亦爲一巍然屹立的巨物了。所以，雕刻物如有山岩或龕作襯托，此雕像便亦比原來大了。

至於談到繪畫，其本身亦自成一獨立世界。繪畫之優劣，亦可從其內部之空間，是否能與其外通達而有無一內在之開拓上說。上面說，園林乃靠曲徑假山等，使其空間看來比原來爲大；房屋之建築靠廻廊窗子；雕刻靠姿勢衣褶龕等，使其空間變大。圖畫通常乃繪在不大的平面的布或紙絹上的，此又如何可與其外通達，而開拓其內部空間呢？我想：圖畫雖在平面，但能使人看來像一立體，即已是一空間的開拓。西畫依透視學畫形體，再加上陰影明暗，都可顯示出畫中物一立體的深度，而一房屋如可使人走入，一人物如可握持。此卽將一平面之空間之開拓成立體。又如西方的油畫是在畫布上堆積顏料而成，使其色澤加濃，則該畫面便有了一定的厚度，更使人有立體之感。中國畫不講究透視與陰影，亦不重色彩，更不用顏料堆積，最高的畫法是用水墨，皴成點線。中國畫用點線以繪有形體之物，物之形體便似鬆開了，變爲寬疏了。而中國之山水畫面，雖亦只用線條與點構成，但在重巒疊嶂，看來遂有咫尺千里之勢，使觀者見種種平遠、高遠、深遠之境。例如唐代的吳道子，他以天縱之窮丹青之妙，不但善畫人物鬼神，又善山水。某日明皇忽然想起蜀道嘉陵江的山水，遂令吳道子於大同殿壁圖之。三百餘里山水，一日之間繪成；而明皇亦可一日而遊三百餘里之山水。西畫重透視重陰影明暗，使人有立體感，但不能使人於平面見「遠」。中國畫不講究這些，而純用點線，將山水之形相鬆開，則能於一平面見種種高遠、平遠、深遠。著墨愈小，空曠愈增，則心可與造化之妙同遊矣。

中國之畫重點線，故一點亦極重要。如東晉的顧愷之，圖寫特妙，每畫人物，往往數年不點睛，人問故，答曰：「四體妍媸，本無缺少，傳神寫照，正在阿堵中。」又嘗繪裴楷像，頰上加三毛，觀者但覺其神采奕奕，栩栩如生。所以畫龍而不點睛，因爲一點睛，龍便會飛跑。一點睛能使龍飛，可見此一點，實不在此一點所在之空間，而亦可在此一點之空間外。當說此龍之飛，以遨遊四海所經之空間，亦卽皆攝於此點之中。頰上三毫，使人覺裴楷栩栩如生，卽使裴楷如成活人，而如能自畫中走出來。西方小說中亦有謂畫中美人走出來成眞人之說，但此皆不如中國之龍點睛後之能飛跑之故事涵義深。此事很可能是實有其事。一點能飛，亦可說是中國畫的千古不傳之秘。

此外，中國畫又重氣韻，乃專門問題，今不作詳細闡述。但有一點可說者，卽凡所謂有氣韻之畫，卽同時是一有逸趣之畫。普通所謂畫有逸品、神品，神品自高於逸品，但神品中亦有逸的成份。逸之義，淺說卽一在空間的流動。能流動，卽有一通達、一開拓。不善畫者，則只是顯得呆板、滯鈍，更無空間之開拓與通達可說矣。

又如書法之重結構，卽每一字之內部皆有一空間的開拓與通達。中國字亦是由點線而成，然大書法家之每一字，筆力能透達紙背，如鐵劃銀鈎。此不似西方繪畫重顏料的在畫面堆積，以凸顯出其一立體的深度，而是以墨色之凹入，爲凸顯之具，以使所寫之字，能同時站立起來，成爲立體的形像。中國字像中國建築之樑柱撐起，其中包涵之虛處，多於其實處。我有時覺到中國之楷書如中國之宮殿，隸書如城闕，篆書如亭塔，草書如廻廊，而中國字的姿勢與神韻，則又可使字成一活動的生命，如有風度的活人一般。

中國藝術中，園林之範圍最大，園林中可有廟宇等建築，建築中有雕刻繪畫，刻石上及畫中又有書法及篆印。此乃重重大小空間的自相包括。然卽在一小方篆印中，亦自有天地。知此則知中國之藝術中之華嚴世界矣。

以上是談及藝術的空間方面之由通達開拓，而由小變大、似小而大方面。至於藝術的時間方面，則我們可說此要在能使人有似短而長、似暫而久之感。但關於此一方面，因我們之時間有限，都不能在此詳談。玆只舉出四點來說：

第一點是我們須知關於時間的長短，如就事後反省而言，則無事時，當時雖覺長，回想時卻很短；如事情多，當時覺短暫，回想時卻覺極長。同樣，任何一件藝術創作，如其內容豐富，我們欣賞時便會覺時間悠長；如內容貧乏，則欣賞時便覺時間短暫。而一藝術作品，如其內部所開拓和通達到之空間愈大，我們欣賞之時，時間便覺愈久；反之則愈暫。故此中空間之開拓與通達及時間之變爲悠久，亦可說是一事之二面。

第二，文藝作品之韻律，亦是使我們覺暫如久之一因素。韻律是聲音所反復而成；有反復，則使我們自然的回味以前所聞之聲音。而此回味，同時喚醒所讀過之詩句，連其經歷過之時間，于現在之中，於是使此現在，貫於過去，而化爲包攝過去的現在，便使我們有歷久之感。如李白詩：

如李白詩：床前明月光，疑是地上霜。

又如詩經國風第一首的：關關雎鳩，在河之洲；窈窕淑女，君子好逑。

因爲「霜」、「光」有韻，讀到「霜」字，便使人回味及「光」字與有光字之一句。讀到關關雎鳩一詩之逑字，亦使人回味到「鳩」「洲」字，與有鳩洲之二句。總之，韻律可使人自然的回味已讀過的詩句，如把它自記憶中再拉回來；亦如將已讀過的詩句，包攝於現在正讀之詩句之中，而人對現在正讀詩句所感之韻味，就變深厚了。此將已讀過者包攝於現在正讀者之中，亦即是使此「現在」爲由開拓而增厚，而我們即可由此而有歷久之感。

此外，諸凡建築圖畫書法等藝術，均可有韻律。韻律的本質即形式的來復。在聲音，即聲音形式之來復，在形相色彩，即形相色彩形式之來復。凡形式之重複，即皆有韻律。而凡有韻律之藝術作品，人欣賞此一部份時，即亦皆可同時自然的回味另一部份，便都可使人有歷久之感，其理如上述。

第三，欣賞藝術品時之歷「久」感，又可由藝術之題材而致。如我們喜歡古物古人，因觀古物古人，便使我們亦有古起來之感。覺古便覺久。一般說，現代的事物則入畫較難，故人總有仿古以古代事物爲藝術題材之傾向。現代之事物要入畫，必須以其他之美點見長。畫家或須對現代的事物，另作一安排，方能使其顯一其他之美點。如畫一輛現代的汽車，便宜安置之於一遠山旁，淡淡著墨，始覺較有韻致。

第四，欣賞藝術品時之歷「久」之感，又可由藝術品之質料而致。在美學上說，有人以爲藝術的材料與藝術的美無關，只要有某一形式便有美，材料是不論的。柏拉圖亦持此說。意卽說，凡一美人，或是眞人，或是石膏模型，或是繪畫，或是金石雕刻，只須形式同，但均不影響其有同樣的美。其實此說不甚妥當。因爲同一美人，用石刻的或泥塑的，其美感實有程度上的差別，材料質地不同，其美感亦相對不同，美感實與材料質地，密切相關。又如繪畫於絹上，或紙上，其美感程度，亦自有其分別。大體來說，一藝術品所寄托的質料，如比較堅實，則美感可增加；反之則減少。同一雕刻品，卽一用大理石，一用泥土，兩者的美感自然前者爲多。因堅實之物質，人可想像其能歷長久之時間，卽對其所歷時間之永久，可有一預感或預想，而美感便亦隨之而增加。至於繪於紙上之簡單的藝術品，所以也可使人有久之感，如繪蘭花，寥寥幾筆，亦可把玩不厭，使人覺意味無窮，此則從其氣韻生動等而來，此又當別論。

依上二點所說，藝術宇宙之形成，必有二性質：一爲對藝術品本身所佔之時空，必成一獨立之時空，而與其外之時空有一間隔；第二，此獨立之時空，又有一內部之開拓以通達於其外在的時空中之事物而攝之於內，以使小者如大，暫者如久，而人乃可即小觀大，即暫觀久。此藝術宇宙所由形成之二條件，即與所謂文學宇宙中的「視小如大」、「視暫如久」相同。然藝術的宇宙與文學的宇宙亦有相異之處；因文學是用文字表示，文學中所談之境與其外之境要隔開，只須「不說」即成，即是用「默」便可。藝術作品便須用有形相之物質材料；因藝術作品既成，即存在於客觀世界中，今要與其外之世界隔開，亦須有一憑藉之實物，如畫之有框，雕像之有龕，園林之有橋，乃至戲劇之有鑼鼓等。

又藝術作品之形相，雖可暗示其他物之形相，而通達到其他物之形相所佔之時空去，但對無形相之物，便暗示不到，亦通達不到。如青山可畫，古寺亦可畫，但青山埋古寺，則不可畫。如只畫古寺之一角，雖可暗示古寺之全，但既見角，便非埋。宋畫院考試有出此題者，人或畫青山，再畫二和尚在井旁挑水。二和尚挑水見其非行腳僧，和尚必有其近居之寺，此寺便宜在山中，遂將埋古寺之意畫出。但如只此畫，無此題，亦只二和尚挑水而已，埋古寺之意仍不可見；必須兼此題與畫，乃能見埋之意。此埋之意，則只由文字表示，而不由畫表示。此可見文字之所通達者，又多於畫，而欲補畫之所不足，必賴文字之題跋。此即中國後來之畫多有題跋之故。現代西方畫及攝影，亦重標題，以補畫之所表現所通達到者之不足。由此等處可見文學與藝術，雖同具上述之二性質，而此二性質之在文學與在藝術之表現方式，仍不能一一皆同日而語。此則待於大家之細想。

本講只由時空觀點去講文學藝術之同異。至於依因果、類、價值之觀念去講二者之同異，更非今所能及，以後有機會再談。

（講於新亞藝術系　葉龍、鄭捷順記錄，一九六五年一月「新亞生活雙周刊」第七卷十三期）

附錄一：間隔觀及虛無之用與中國藝術

（一）導　言

近人王國維人間詞話，論詞拈出境界二字，並言境界之呈現，以不隔爲尙。或者推廣其說，謂凡審美之事，咸賴乎神遇或直觀，皆必歸於物我渾然，更無間隔。其說是否，今不擬深論。蓋一切自然之美、藝文之美、與人格之美，各就其內容而論，皆涵義深廣，非片言可盡。本文所擬及之一事，唯意在言：不論各種美之內容如何，然其呈於人之心目，初皆待於人對之作間隔觀。縱謂神遇直觀，必以物我渾然，更無間隔爲歸，然亦當以此間隔觀爲先。此所謂間隔，或不同王氏所謂隔。

本文亦非針對王氏之說而立論，乃初唯是于間隔一名，別出一義，以論美感所自生之一條件而已。本文所謂間隔觀，其淺近義，即吾人通常所謂凝神於一美的境界或對象，而使之如自其周圍環境之其他事物中，脫穎而出，若相間隔，與之有一距離，以昭陳於吾人心目之前。此爲美感所自生之一精神條件，乃人所共喻。惟然，而凡一美的境界或對象，乃可遠觀而不可褻玩，可嘆賞而不可利用，可崇敬而不足以皈依。然此間隔觀之深義，則在人之能以虛無爲用，外有所遺，斯神有所凝，而於其所審美之境界或對象，無論好山好水，名士美人，雕像一尊，清歌一曲，皆視如非世間所有，以憑虛而如是在，凌空而如是現，驀然相遇而有會於心。至於人之能以虛無爲用，則內有待於人心自身之虛靈，其德性之超拔乎世俗；而外亦恆至少有待於彼美的境界與對象，自成界域，與其周圍之物，原有虛無爲間隔，如亦自能以此虛無爲用，以自拔於周圍之事物之外，而來赴吾人之心目之前。凡一美的境界或對象，愈能涵具此種或他種之虛無爲用之意義者，吾人皆愈易對之作間隔觀，以使美感亦易得孳生。關於前義言人心之虛靈與其德性之事，當於本文之末，再略及之，今先雜舉例證，一申後義於下。

（二）間隔與虛無之用

畫有畫框，神像有龕，戲劇有舞臺，房屋有牆壁，華燈有罩，美人以團扇遮面，或持傘映身，人皆不難知其助成美感之作用，依於同一之理。此理也，粗言之，即範圍人之注意力與精神，以凝注於此審美之對象之中。進一步言之，則皆爲造成此對象與其周圍之一間隔，而形成一距離。更進一步言之，則此間隔、此距離，其本性，即唯是空間，亦即一虛無，乃所以使人遺忘彼周圍之物，使彼周圍之物如不存在，而使此對象，得昭陳心目之前，宛然憑虛而如是在，凌空而如是現者，是即皆以虛無爲用也。故今之戲劇，有舞臺猶未足，再加以幕；幕猶未足，乃復使燈光只及於舞臺；或更變換燈光之顏色，使與舞姿俱新。此其設計，似步步皆實，然其用之所存，則皆在造成間隔或距離，以使人頓忘此舞臺外之一切，亦皆惟是以虛無爲用而已。

此緣間隔或距離，而以虛無爲用以形成美感之事，蓋本於人心所同然，而無古今中外之異。村童嬉戲，捲紙爲筒，接目遠望，近水遙山，皆成天然美景。人間兒女，對鏡臨江，兩情無那，相望相看，卽是神仙眷屬。此固無待於藝術之修養者也。而在藝術之中，則古今中外之藝術家，固亦皆能同緣此理，以形成美感。畫之有畫框，神像之有龕，戲劇之有舞臺，房屋之有牆壁，華燈之有罩，固無古今中外之異者也。然吾以爲眞能自覺此理，而隨處依之以成其藝事者，則爲中國人。至中國人之能如此，則要在中國人之秉善於運虛以入實，運無以入有，以使此虛無之用之意義，直呈於美的對象或美的境界之內部。此語亦稍抽象，玆亦雜舉事例以證之。

（三）中國建築園林中之虛無之用

玆先以房屋而論。中西皆有園，每一園皆自成一世界。然中國人之重園，明過於西方人。西方近代人之造園設計，多受中國之影響，亦人所共知。傳統西方最主要之建築，爲教堂與堡壘，而非園林。教堂之高聳雲霄者，以太虛之蒼茫爲背景；堡壘之雄峙山崗者，以大地之空曠爲背景。其孳生美感，亦如西方畫中陰影之凸顯物象，同依於以虛無爲用。然教堂與堡壘，不重窗欞，其建築卽質實而不虛。而中國園林之佈置，則曲徑通幽，裂石流泉，樓臺水榭，皆以窗欞、虛牖、闌干、廻廊爲用，以迎彼湖光山色，鳥語花香；卽皆依於運虛以入實，運無以入有之理。中國之名園，又不特房屋有窗，卽牆上亦有窗，而窗之形式，更極變化之能事，求盡此虛無之妙用。至於中國之宮殿廟宇，其屋簷之四角翼飛，城闕牌樓之使行人相望，其本於虛無相涵之之義，吾已論之於「中國文化之精神價值」一書中國藝術之一章，今不復贅。

吾嘗旅行歐美，未嘗見中國式的舊家庭院。中國式之庭院，其特色在使四周之房屋中，圍繞一天地，玆不論富貴之家之重門深院，卽民間之院落，亦多爲四合式的，而有一空曠之中庭。此亦明爲運虛以入實之所成。而中國舊式房屋中之屏風，珠簾，與竹簾，皆一方有形成間隔距離之用，一方又可開可闔，可捲可垂，有隙有虛，質而不實。吾於兒時，又最愛房屋之有一高門檻，可坐於其上，以兼望屋之內外。復愛舊式之牀上有帳，帳有帳簾，牀下有榻，而榻之左右有椅，此直是房中之小屋；入牀而臥，斯世界皆如歸於寂。此亦皆所以見間隔距離之大用，昔人或賴以成其燕呢之私者。然其榻上有椅，可容賓客之坐，則私而無私，似隔而又不隔。凡此小節，皆未嘗無深意存焉者也。

（四）中國書畫中之虛無之用

吾謂中國人最知間隔距離之用，而又善運虛以入實，運無以入有，復可以中國之畫證之。西洋之畫，固有畫框，然油畫之布，恆塗滿油彩。中國人作畫於紙上，則例留天地，而宋元文人畫，又必有不著墨之虛白處。西洋油畫不待裱，亦未聞裱畫之技術。中國人之裱畫，更必寬留天地。此非特裱畫爲然，印書亦然。西式書籍，其天地恒顯局促，更無墨線爲框。而中國書籍之印刷，則皆上下之天地甚寬，例有雙重墨線。故展畫觀書，便如上天下地之托此畫中人物，或書中文字，以虛陳於吾人心目之前。宋元之文人畫，其故留虛白之處，乃藉玆以爲山川人物之靈氣往來之所，昔人論者已多。蓋由此虛白之處爲依，則其人物之行，皆御空而行，其立皆倚虛而立；其山峙川流，皆如是峙，如是流，而無托無寄；乃一一皆成絕待，似世間之山川，而實非此山川；似世間之人物，而實非此人物，皆成在世間而又超世間之山川人物矣。至其筆不到而意到，意不到而神到者，此意之行，神之運，亦行於空而運於虛，固無假手於墨緣。應乎此「無假」，亦必留虛白。此虛白，爲意之行、神之運之往來處，卽山川人物靈氣之往來處也。唯此往來，皆無迹相，故名爲往來，而又實無往來耳。凡此諸義，蓋皆中國之畫論中所獨有，而非所以論西方之油畫、木炭畫、鋼筆畫、版畫者也。

（五）中國戲劇中之虛無之用

復次，由中西之戲劇之比較，亦足證吾人上文之說。吾人觀西方戲劇之舞臺、燈光、及佈景之設計，固亦未嘗不求每一場面，自具一格局，而宛然自成一天地，以使人暫與其日常塵俗之生活，得相隔離。然西方戲劇之佈景與表演，必求其逼近眞實，則又見其未能運虛以入實，或運無以入有。中國之戲劇之舞臺，不重佈景，舞臺初如虛堂，如空庭，而唯聞鑼鼓聲。至其演員之動作與表情，今日皆知其多爲象徵式的，如持鞭馬走，排手門開，掩袖啼而無淚，高聲笑而不歡，皆爲象徵式的。然所謂象徵式的，亦卽似實而虛，似有而無之謂；亦皆人之善於運虛入實，運無入有之所成。持鞭馬走者，鞭實而馬虛。持鞭者臺上之人，而馬則爲天馬；天馬自行空，則鞭無所鞭。排手門開者，手實而門虛。排手者臺上之人，而門則爲天門；天門本無有，則開無所開。掩袖啼爲實事，而淚則虛；高聲笑爲實事，而歡則虛。對彼虛者，見者不見，而知者自知；於是演員無淚而觀者有淚，演員不歡而觀者自歡。演員則觀彼觀者之悲歡，以自度其技之高下，而仍未嘗不超軼乎悲歡之外也。此皆同本於以虛無爲用，以遠於質實之佈景與表情者也。

（六）中國文學中之虛無之用

吾人謂中國人之於藝術，長於運虛入實，運無入有，以使其藝事，遠於世俗之所謂眞實，而與之有一距離，而相間隔，復可姑以中國文學中用隔字之詩句，及其展陳之境界以證之。原中國之詩句中，用隔字者頗多。今就記憶所及，舉三者爲例。如人人誦習之唐詩三百首，其七絕中之第二首張旭詩，有「隱隱飛橋隔野煙」之句，宋詞中張子野詞，有「隔牆送過鞦韆影」之句，吳夢窗詞有「隔江人在雨聲中」之句。此皆各表現一美的境界。此各種之「隔」，所以皆能形成一美的境界，即皆依於詩人之能運虛入實，運無入有，以使此境界，與世俗之所謂眞實，如有一距離，相間隔。橋爲野煙所隔隱隱如飛，即橋之若實若虛，而若有若無也。鞦韆實而影虛，鞦韆爲牆所隔，而惟送影而來，即隔其實而呈其虛也。江水相隔，人影稀疏，微聞笑語，故人在雨聲中，而如在如不在，亦若實若虛，若有若無也。此後者與王維之「空山不見人，但聞人語響」，錢起之「曲終人不見，江上數峯青」，蘇東坡詞之「牆外行人，牆裏佳人笑」，皆屬同類之境界。昔王漁洋詩話標神韻爲宗，而神韻二字，殊難有確解。然聲音往而復來，即成韻，妙萬物而運行無滯，謂之神。此要爲神韻二字中之義。聲音往而復來者，聲音之乍虛而乍實也。神之妙萬物而運行不滯者，神之方即而旋離，若有接而又無接也。漁洋詩話，曾引「楓落寒塘露酒旗」一句，以見詩之神韻，而漁洋未言其所以然。今試言之，楓落寒塘四字之境，有如禪師所謂：「雁過深潭，影沉寒水」，皆實沉於虛之境。楓落而酒旗露，則酒旗之實，又浮於楓林空處。然酒旗露而酒家不露，則酒旗亦虛而無實矣。原彼詩人之愛楓，正在深秋而後楓紅。紅葉淒迷，搖搖欲墜，乃似有寄而無寄。至詩人之愛酒，亦在酒醉而萬事渾忘，而世界乃若虛若實，乍有乍無。此蓋即積字成「楓落寒塘露酒旗」之句，展陳一美的境界之理由。而此境界之所由生，正由楓葉之初則隔彼酒旗，亦隔彼酒家。繼則酒旗雖露，而酒家仍隔。此亦如唐人詩之「借問酒家何處有？牧童遙指杏花村」，杏花雖見，而酒家仍爲杏花所隔也。然此隔者，正所以使彼所隔者，存於虛實之交，有無之際，以昭陳爲詩人心目中之前者也。

（七）餘論

中國昔之論書畫者，多分神品與逸品。神之與逸，初皆先存乎其爲人，而後表現於藝事。論語有逸民，莊子有神人。以神論文藝者，古今甚多。而以逸論文者，則如曹丕與吳質書謂：「公幹有逸氣」，杜甫憶李白詩謂：「俊逸鮑參軍」，皆是也。神與逸二字，在西方文字中，皆無適當之翻譯。而文章書畫中之逸氣、逸品、神品之名，亦至難加以定義，然吾竊謂必先有論語所謂「不降其志，不辱其身」之逸民，乃有莊子所謂「不食五穀，吸風飲露」之神人；書畫亦蓋必先臻逸品，乃能上達神品；文章亦當先有逸氣，乃能至乎出神入化。夫逸民者，世俗之禮法政教，所不能羈縻，而自逸於世俗之外之民也。逸民歸於隱，而逸非即是隱。逸者如兔之避獵，環山而逝。乃由顯以之隱。人之由顯之隱而逃世者，其居無定，其行無方，不可得而貴，不可得而賤，謂之逸民。而文章之有逸氣，書畫之逸品，皆不可以常格拘，不可以規矩論，悠然而往，悠然而來而已矣。其原皆在其爲人之心靈，先自蟬蛻於塵埃之外，其身之居世間，而未嘗不超世間；世間之呈其前，乃乍虛而乍實，亦若有而若無。故其意之所到，筆之所隨，皆逸韻橫生，不可方物。此蓋非無其心靈境界者之所能學者也。莊子載顏回謂孔子曰：「夫子步亦步，夫子趨亦趨，夫子奔逸絕塵，而回瞠若乎後矣。」奔逸絕塵者，人心之致其虛靈，而使其德性超拔乎世俗之事。此乃人在藝術文學中，求運虛入實，運無入有者之內在的修養工夫。人之有此工夫，必待乎人之由藝以進乎道，是則非區區此文所能多及者矣。

（一九六一年七月廿日「新亞藝術系系刊」第二期）

附錄二：音樂與中國文化

——為新亞國樂會特刊作

（一）中國之學校與音樂

世界各民族，皆有音樂，而音樂之意趣，能與其文化之各方面，皆息息相關者，蓋莫如昔之中國。周禮之五學，南學曰「成均」。或謂「成均」爲周代大學之通稱。均與韻通，成均之學，以「樂德」「樂語」「樂舞」爲敎。書載夔典樂，以九德敎胄子。以樂敎德，由來久矣。世界蓋唯中國古代之大學，以成均爲名。西方大學之名，始於雅典大學，因地立名，殊無義趣。遠溯其原，爲柏拉圖之學園。柏氏之敎，音樂僅爲初階。上達之梯，則在幾何。故園外懸牌，謂不知幾何學者，不得入此門。今顧名思義，則於周代之大學，當言不知樂者，不得入其門。而樂與中國古代文化之息息相關，亦略可知矣。

（二）立于禮與成于樂

樂之與禮，相輔爲用。成人成德，必兼資禮樂。然中國自昔有「樂德」「德音」之名，而初無禮德之名，何也？蓋禮由外制，樂自中出。德行之成，必歸於中心安仁，誠中形外，而唯樂能使人有動於中。故以禮樂相較，禮之功猶淺，而樂之功爲深。孔子曰：「興於詩，立於禮，成於樂」。莊子曰：「詩以道志，禮以道行，樂以道和」。動於中而發爲和，中和致而德行成。故曰成於樂也。孔子大聖，自言十五志於學，蓋已興於詩矣。三十而立，蓋謂立於禮也。然必再歷四十之不惑，五十之知天命，而後達於「六十而耳順」之境。耳順之境者，如聲入心通，更無違逆。斯可謂成於樂矣。孟子曰：「金聲也者，始條理也；玉振之也者，終條理也。」唯金聲玉振，足以喻條理之終始，以歸於盛德之至。是知樂之於德之關係，尤勝於禮之於德。故自昔有樂德德音之名，而初無禮德之名也。今按西方所謂道德一名，初與風俗之義相連，而言道德之勝義，則多歸於宗教。西方宗教者，中國之祭天之禮，尚不足攝祭祖與祭有功德之聖賢之禮；所謂禮之一端也。西方更未聞有樂德之名，亦未聞以「成於樂」喻盛德之至之語。蘇格拉底死於與人論哲學之後，耶穌死於十字架之上，釋迦死於爲弟子作吩咐，而孔子獨詠歌而卒。而詩言夫婦之道，亦曰「德音無違，及爾同死」。此中之故，蓋有足資人深長思者矣。

（三） 音樂與德行之悅樂

中國音樂之「樂」與悅樂之「樂」，同形異音而義相通。凡人之情，莫不求樂，而所樂者不出於卑近。故他方聖哲，寄志高遠者，多苦行以成德。然苦行者，勉而行之者也。勉而行之，不若安而行之。安則樂。故論語首曰：「學而時習之，不亦悅乎；有朋自遠方來，不亦樂乎」。孟子曰：「禮義之悅我心」，又言君子有三樂。此樂此悅，其義亦未嘗不高遠，非同凡人之樂，唯在卑近也。然行遠自邇，登高自卑之道，又正賴於順凡人之情之求樂，而導之以正，使其所樂之所在，卽正德之所在。音樂者，人之所同樂者也。樂正而德正，人乃遷善而不自知，防邪於其未形。安之所在，卽勉之所在，聖凡之郵，亦由是以通。音樂之樂者，下順凡情之求樂，上希聖境之悅樂，故同其字而異其音，以見其義之相通，此亦唯中國有之，非他土之文字之異音者必異形之所能有者也。

（四）藝術之歸趨于音樂

西方人有言曰，一切藝術，皆歸趨於音樂。人類在未有其他藝術之先，亦先有音樂。聲成文謂之音。人能發聲而成節奏之文，則音樂斯始。音樂者，藝術之直接與人之生命相連，而初無待乎外者也。音樂之感人，賴於人之耳根。佛經言，人之五根，唯耳根最爲圓通。蓋目猶可閉，人乃於書畫彫刻建築之美，可昧焉無睹。耳則中空而無阻，人乃難自絕於音聲。故佛家獨有聲聞成道者，而印度有聲常住之說。西方人未言人能見上帝之形，亦言人能聞天音。動物中下如魚類，不能自發聲，而瓠巴鼓瑟，則游魚出聽。是見音聲之大用，實上登於天，而下入於淵。又吾人張目所見，唯見形色，而吾人之靈知，又復無形。有形無形異趣，而心身乃相為內外，而不相為通。然形動而音生，音一逝不返，而廻繞於心曲。故通心身內外者，莫尚於樂。音樂以外之藝術，亦必期在通心身內外，乃能達於藝術之上乘。此蓋西方人言一切藝術歸趣於音樂之密意也。

然西方人雖有謂一切藝術皆歸趣於音樂之言，而此言未必皆為人所首肯。希臘羅馬之藝術，固以造形藝術為本。中國最早之文學，始於風雅頌之詩，不同於西方之始於戲劇與史詩。風雅頌皆可弦而歌之，則皆可合樂。論語言夫子之文章可得而聞也。文章者禮樂之稱。章之得名，卽原於樂章。故卽中國後世之散文之美，亦宜由聲音證入，故擲地可作金石聲也。中國後世之畫，必求氣韻生動。而言畫之氣韻，亦如言文之聲韻、神韻，畫法彫刻之韻致，美人之風韻，高人之幽韻，皆以有契於樂意而得名。是足見音樂之精神，實遍運於中國之藝術人物之美之中。世有能知中國之藝術人物之美者，當無往而不見其中有音樂存焉。此匪特是「趣於音樂」，而實皆為有形有字之音樂矣。此中義蘊所存，蓋非一言可盡。然能知其解者，亦可不言而自喻也。

（五）中國音樂與中國文化

中國人之言樂意，匪特通乎藝術人物之美，亦通乎人倫政教學術與天地時運之道。中庸曰：「妻子好合，如鼓瑟琴。兄弟既翕，和樂且耽，父母其順矣乎。」詩曰：「我有嘉賓，鼓瑟吹笙。」朋友相知，謂曰知音。此樂意之通乎倫理者也。樂記言：「治世之音安以樂，其政和；亂世之音怨以怒，其政乖；亡國之音哀以思，其民困。」昔人言爲政如成德，皆以和爲歸。而和字古作龢，乃取象於樂器。太和之政，人之相與，如比宮商，各以類應；賢者之治，德音不愆，以合神人。仁言不如仁聲，善政必兼善敎。敎澤流行，謂曰德音不已。此樂意之通乎政教。樂記又曰：「夫樂之清明象天，廣大象地，終始象四時，周旋象風雨。」月令以十二律配十二月，則蕤賓、無射、黃鐘、大呂之音，隨四季以俱行。而本漢儒納甲納音之說以推之，則一日之十二辰，六十年之甲子，皆五行十二律之所運。故律曆之學，合爲一名。今按西方自辟薩各拉斯已知樂律之通乎數之比例，近世凱蒲勒治天文，亦由行星之運行，必依數之比例，而謂其間有無聲之樂在焉。然在中國，則即此律曆、曆數之名義之相連，已足知音律、曆法、數學三者之未嘗相離。而於四時日月之運，知有無聲之鈞天廣樂，恒奏而不息，當亦由來已久。然辟薩各拉斯既知樂律之通於數之比例，又即形之聚以言數，由是以通乎幾何。數學與幾何相接。人乃重觀形以察數；而近世物理化學之學，即始於定物之形量，以察物之理。於是在西方，科學與音樂藝術，乃終歸於殊途異道，以各呈其精彩。而在中國，則以律曆數之不相離，乃短在幾何，初未能曲定物之形量而不遺，以深察於物理。然合律曆數之妙，則在使數無虛設，必相應以成和，形無虛運，皆無聲之樂之所資。形依數而振，音依振以生，而聞其音者，乃忘其形之振，亦忘其數。蓋形數皆寄於音，而與音相冥。故知音者卽音之所存，而知形數之存於「無形」、「無數」之中。無形之形，形莫大焉；無數之數，數莫大焉。故合律曆數之學，雖短在形數之詳，而長在通於無形與無數。於是形而下之世界與形而上之世界之間，幽明之際，亦卽由玆而易相徹而無隔。是則中國先哲樂敎之大慧所存，抑又非徒知科學中形數之學，與音樂藝術殊途異道之所能及者也。

(六) 無聲之樂

吾於以上，泛論音樂與中國之道德、藝術、政敎、及律曆數之學術之相關；非謂中國之音樂已盡美盡善，當世無與倫匹。唯謂於中國文化之各方面，最可見音樂之意，實彌綸布濩於其中，而無所不在。樂音可聞，而樂意則無聲。孰知此無聲之聲，而試爲之聲，音樂家之事也。孰於有聲之聲，知無聲之聲，顧曲者之事也。樂聲似有盡，而樂意無窮，則化此無聲之樂意，而使之有聲之音樂家之事亦無窮，顧曲者之事又無窮。而區區之文，則已窮於此。吁可悲矣。敬以此悲，祝中國音樂之復興。

(一九六〇年)

十三、世界之照明與哲學之地位

(一) 序　言

我們前次講文學意識時，曾提及文學中之故事，要因果相涵，而互相照明。文學境界中之境物之意義，要互相照明，而文學所自生之主觀情志，與其中所述之故事境界間，亦有一照明。在本講中，即擬將此照明之概念，放開推廣出去，作一普遍之概念，來看宇宙人生一切之事物，人類之學術文化，一切宇宙人生之事物，以及人文學術中之歷史文學哲學等，而說明一切學術文化之差別，只在其照明之大小不同，所照明者之方面不同而已。於此講之後半，我們將對人文學術中之哲學之性質與文學歷史之不同，特多講幾句，即結束上數講之所講。

我們現在用照明二字，而以之說明一切，乃本於中國傳統思想原重「明」之義而說。大學說大學之道在明明德，中庸講誠明。此皆偏在德性之自明上講。老子之說知人者智，自知者明。莊子齊物論講「以明」。墨子亦說「智、明也」。易傳以宇宙爲一大明終始之歷程。此諸語之言明，則又似不全自德性之自明上講。後來中國人譯印度之工巧、醫方、文字論理及修養之學，爲五明，則「明」同於

「學」之義。佛家以一切人之暗蔽爲無明，而佛則爲放大光明於世界者。此中之無明與明之義，亦極深廣。大率明之一字，其涵義在中國之儒道二家，皆以爲高於一般之知識或智者。而就明之一字之文字學的意義說，亦廣於知或智之義，又可涵低於知之義者。詩經言上天曰「明明在上」，儒家道家之聖人皆有其不測之神明。此明恒爲高於一般所謂智者。然低於一般所謂智者，有時亦可稱爲明。如我們說耳聰目明，可只是指一般之感覺之明，而尚說不上一般所謂智者。動物之目，亦可稱爲能明，如貓之目、鵂鶹之目，皆能在夜而明。而飛蛾之向光，草木之向陽，亦同可說是向明。此皆爲低於人之智之明。故明之一字，在中國固有之涵義，實至爲廣大。而在人之學問歷程上說，一切學問皆由不明至明。既至於明，則學之事告一段落。然既明之後，則對此明，永不能使之再化爲不明。故學問之事，對一定對象言，尚有已時，而明則不能有已。上文又已言儒道二家之所謂明，皆可高於一般之知或智，而人之學問其最後之目標，即當歸於由一般之知或智之明，以達於高於一般之知之聖人之明，而使此明無已時；故其明之涵義最廣大，亦最高明。

(二) 自然世界中之感通、攝入，與照明

畢竟此明是否可說只爲人之所獨有或萬物所公有？又畢竟是否人之一切學術之成就，皆依於同一之明？人與萬物是否有根本不同類之明？各種學術之成就所依之明，是否亦根本不同類？此問題，或

非今所能驟答。此看我們如何規定明之意義爲定。但是至少依於對此一字涵義之不同規定，我們可說，人與萬物皆有其明，一切學術之成就，亦皆依於明。

我們今對明之意義，在初步將作何規定？我們知道明之一字，在中國原指日月之光明，或月之透入一窗子。何謂光明？使一事物之色呈現，是光明義。何謂透入？通貫是透入義。是否一切世間之物，無論人與草木禽獸日月山川，皆在那兒呈現他自己？皆在以其作用功能，互相通貫，互相攝入？此只能說是。我們張目一看，豈不見一切日月山川，草木禽獸，皆呈現其自己於吾人之前？其一切生長與發展，豈不皆是在呈現其自己？他們豈不皆在使其自己明顯的呈現？又他們豈不呈現於一普遍之大明中？我們看天氣下降，地氣上騰，風吹萬物，水潤萬物，火燥萬物，而一切物質的東西，無論是鐵與磁石之相吸，物與物之發生化學變化，雌雄牝牡之相配，豈不可說其間皆有一功能作用之相通貫，而互相攝入？我們固可問曰：動物有感官，故能見其他物而有明；植物無目，物質之原子分子無目，如何有明？但我們亦可答曰：感官之所以有明，豈非由光之貫通於目，而爲目所攝？則光之入於植物，又豈非光之貫通於植物，爲其所攝？鐵之爲磁石所吸，又豈非電磁波之爲鐵所攝？物與物發生化學變化，又豈非其電子、原子、分子，或其他能力之此爲彼所攝，彼爲此所攝？則此中又豈能無明？我們豈不可說世間之物，凡有所感，卽有所通，凡有所通，則有所攝；而凡有所相通而相攝之處，卽皆有明使之然？唯此能明彼，故彼通於此，而此能攝彼，是謂陰陽調而變化起。然後萬物之生生亦不窮，則此當前所見之萬物之生生不窮，雲行雨施，草長鶯飛，豈非皆由「明」之內在於其中，以使之然乎？

然而我們雖可說萬物之相感通皆依於明，我們亦須承認萬物所能明之範圍之大小，乃各不相同，而明與無明亦相俱。如磁石能攝鐵，而不能攝他物；草木能感光，而不必能感聲；一般禽獸能見人之行於其前，而不能知此人之爲何國之人；人之於世間事物能明此類者，不必能明不同之類；聖人有所不知，則其知亦有所不能盡。是見一切明之所在，亦卽同時爲無明之所在。一切人物已有之明之範圍，皆爲無明所包裹。而人之欲自拓其明之範圍，以明其所不明之事，亦卽終於未濟。世間萬事之差別與學問之差別，亦卽可說由此明與無明之種種差別而生。

我們現在無妨假定，一無生命之物質之所明之範圍最小。因其有一強烈的惰性，以維持其自身之存在，而封閉於其自身之存在之內。他所明之範圍，只及於與之直接發生一物理化學關係之現在的事物。除此以外之一切事物，遂皆包圍於一無邊之大無明之中。生物中所明之範圍則較大，因凡生物皆欲生長發育自己或生殖後代，而使其得繼續於環境中，求自己之存在，並求其所生之後代之存在；由是而必須繼續與環境中之不同事物，發生感應之關係。其凡有所感之處，卽有所通，而有所明。而旣有所明之後，彼之諸生理組織器官之反應萬端，又必互相配合和諧，以達其生存與生殖之目標。此諸生理之組織器官之反應之相配合和諧也，乃一生理組織器官之反應如此，另一生理之組織器官，卽感其如此，而應之以如彼。則此諸生理組織器官之間，其相互之反應，卽是其相感而相通，相通而相攝之處，便不能言其間無相互之明。但其對所欲達之生存生殖之目標，則不必能先有所明。唯有人能自覺的求達之耳。

植物以定著於一空間之故，其所明之範圍，只及於在此空間與其體相接之物，故其明之範圍甚小。凡不在此空間與之相接之事物，卽皆仍包圍於大無明中，而對之如全不存在。然動物能運動於各空間，則其所明之範圍，可遍及於其所歷之空間中，爲其所感覺之一切物，其明之範圍乃更大。然與人相較而言，則人類之社會世界、文化世界、精神世界中之事物，則對世間最靈慧之動物，仍覆藏於一無盡之黑暗中；乃對此等等，全無所明。

（三）人對共相共性之世界之「明」，與對其理想志向之「自明」，及社會文化道德之形成

人與其他動物之不同，在人於感覺所對之具體事物外，兼能對各種具體事物之普遍抽象的共性共相與關係，有所明。此普遍抽象的共性與關係，只是種種之意義，而非實際的事物。人能對此事物之普遍抽象的共相、共性、關係、意義，有所明後，人卽發現另一觀念性、理想性之世界，可由人所創造之語言文字符號，加以發達。由是而人只須自提起其一語言文字符號，亦卽提起一觀念性、理想性

之世界。

人透過對於事物之共性、共相、與關係等意義之認識，人之心靈，卽翺翔於一切具體事物之上，而憑此共相共性與關係等，以貫通聯屬一切具體事物，以合成一整體之世界。人由是而開始生活於一整體之世界，而對此整體之世界，亦開始求加以照明。

人所接之事物，不只有外在之事物，亦有其內在之事物，此卽人之內在的要求、願望、情欲等。人對此要求願望情欲之共相共性與關係等意義，加以了解自覺而照明，人卽開始形成其理想或志向。此理想或志向，爲一能貫通聯屬我們之人生自己之各種活動，與內在於人生之各種事物者，正如吾人對外在事物之共性共相關係之認識，爲貫通聯屬一切外在之具體事物者。

人有其理想志向，亦自己明白其理想志向之爲如何如何。然而人亦同時可明白其理想志向之所趨的，並非卽外在事物之世界中之所已有的。外在的世界之事物，所表現之性相關係，與我們本於理想志向而對之所希望的，可同或不同。由此而人有其實踐的行爲，以求改造事物之不合於我們之理想志向者。至對其合於我們之理想志向者，則我們又怕其他之事物，會加以損害毀滅，我們遂更謀加以保存，並設法防止一切災害之來臨。此加以保存之活動，亦是我們之實踐的行爲之一種。

人由對於其理想志向與對於外面之事物之性相關係之了解，而人乃對外面之事物發生種種實踐的行爲。由此而人有居室、衣服、工業、農業、藝術之創造，社會政治軍事組織，以及法律之規定，宗教之儀式等。總而言之，即有種種文化之創造，以實現我們之理想志向於外在之世界。人在此，又可對於自己之一切行動行爲，由反省，而對之另抱一理想，另定一志向，而要求或命令此自己之活動行爲，皆合於此理想此志向。由此而有人之道德的實踐行爲。

當人創造了社會文化，有了道德之後，人乃除生活於自然的世界之外，再生活於其自己創造之一社會文化世界中，及生活於自己之道德的命令下，或道德之世界中。

當我們一般的對外物要求之理想志向實現於外時，此理想志向之內容成外物之內容，而再爲我們之所明時，我們即開始於外物之內容中，自明其內在之理想志向之在內、亦在外，並知此內外之世界，原可徹通，而互相應合，互相照明者。人在由道德的實踐，而使其活動行爲，皆與其自己命令要求於自己之道德理想、道德志向相合時，人即開始於自己之實際的行爲活動中，看見此道德理想、道德志向之內容之由之而表現，並內在於其中。由此而見此二者間之距離與間隔，亦皆可徹通，互相應合，而互爲照明。

故人類在有其社會文化道德之活動時，已有內外之世界之互相照明。人類在其有道德時，已有其爲人之理想，與其爲人之實際之互相照明。人類原早已在此一內與外、理想與實際之互相照明的世界中生活。而古今東西之一切人類，亦皆早在此有內與外、理想與實際之互相照明的世界中生活。並不需待人類學術之發展至今日，而後人乃在此世界中生活也。

（四）歷史、語言、文學與專門學術之始原

人類在有對於事物之共性、共相、關係，及理想志向，有所認識時，即有語言文字。人有語言文字時，亦即有社會文化，同時能以道德理想、道德語言，自己命令自己，而亦同時可有對於其自己之一切活動之記載。此後者即歷史之始。歷史又實即一切學術之始。人之語言文字、社會文化、道德與歷史記載之互爲依據，以成就其發展，亦自古而皆然。我以語言表達我內心之理想志向，及我對其他事物之性相關係之所知，而他人會明白，則我之理想志向與我之所知，即由他人之亦明白，而被照明。此即我與人結成社會，我之理想志向得社會化，我之所知成爲社會公有之知識，或公有之學術之內容。我既知他人之理想志向，而以他人之理想志向，來自己限制自己，即他律的道德實踐的開始。人自覺此他律的道德，更自謂：我之尊重他人之理想志向，亦即同於尊重「我自己之要尊重他人的心」，即有自律的道德實踐。依此自律之道德實踐以完成自己之道德人格，即兼依了尊人與自尊之道德實踐，以成就一切社會性之活動，社會組織，以及一切公共的社會文化之開始。歷史之記載此上之一切，即其他同時的人、後代的人，得了解此上之一切，使此上之一切，再爲其他的人之心靈的光輝所照明、所仿效；而擴大上述之一切的影響，以及於廣大久遠，以使人類之歷史文化道德，更向前發展者。故此中，人之運用語言文字以交談，及人之結成社會，人之實踐道德，與人之以歷史記載此上

之一切，乃互爲依據，而互爲開始，而亦原爲互相涵攝，而互爲照明者。

人之一切學術，始於歷史之記載。歷史之記載中，卽包括人類所作之一切重要之事，人類社會中之重要人物。此重要之事與人物之所在之時間及地方，與人類對於自然及社會以及對於自己之內心之種種知識，卽學術之內容。此知識，本爲歷史記載之一部。然歷史亦記載知識以外之一切事物，而此一切事物爲人所知，亦卽同時化爲知識之內容。於是整個之歷史記載，卽皆爲與人以歷史知識者，亦皆成爲歷史學之內容。故歷史學初卽學術之全體，一切學術皆出於史。人以文字記載史事人物等而成史。人之以文字記載史事，又由人之以心之光，去照明史事人物等，更加以了解而來。至於史書之被後人所閱讀，而被了解，亦卽同於其由後人之心靈之光，不斷再加以照明。故史籍之繼續不斷的撰述，與被閱讀，而留傳下去；亦卽人不斷以其心靈之光去照明史事人物等，不斷以文字記載之，並由後人之不斷去了解照明他人之所記錄……之心靈之光，前前後後互相照明的歷史。

人何以有專門之學術？此乃由於人可只以了解一類之事物，而照明其意義，爲目標。人可只求了解天文曆法，照明天文曆法之意義。人亦可只求了解地理，而照明地理之區劃。人最初亦可能是由農業才去了解植物，由工業才去了解礦物，由畜牧才去了解動物，由商業與其他社會文化之生活，才去了解社會。連類之所及，乃次第及於與人之農業無關之植物，與工業無關之礦物，與畜牧無關之動物，與商業及與實際社會文化活動無關之社會現象，如與我們之利害不相關之野蠻社會各種現象等。由此而開始有分門別類的純粹的自然科學與社會科學之學術。有了此純粹的自然科學社會科學，而後人之了解自然與社會，乃是純爲求了解其律則眞理之本身，而求了解，亦卽爲使其律則眞理被人之心靈之光所照明。而求其被照明，亦卽純爲使此心靈之光，此照明之活動，能自己伸展，而求其伸展。然其伸展之途程，其相續之照明之活動之本身，仍可互相照明。人乃能自覺其求了解自然社會事物之一切學術活動之途程。又人對於任何事物，皆欲求知其數量，與以數量的規定，兼欲規定事物與時空之地位，而時間與空間，亦係可以數量規定者。人乃於此時欲自求知其如何計數定量，與各種數量之關係爲如何，吾人如何定一事物所佔之時間空間之數量等。由此而人乃有數學幾何學之建立。人再可反省其求了解照明事物時，對事物之觀察歷程、推理歷程，與及討論辯論之歷程，是如何、當如何等，由此而有方法論、邏輯、辯證法與辯論術等學術之成立。此諸學問卽是人之自求了解其如何了解，自照明其如何照明，而成立者也。

人類之各種專門之學術成立，皆分別以一類之事物爲其對象。數量雖爲一切類事物之所共有，然自其不同於事物之有具體內容者言，亦只成一特定類之對象。人之求了解其照明事物時所運用之方法，邏輯之規律以及辯證法等，自其純屬於人之了解照明之活動言，亦爲特定類之對象。故數學邏輯等，亦各爲專門之學術之一。凡專門之學術，皆意在求知一類對象之普遍抽象的法則規律等，故皆與歷史學之以特殊具體之歷史事物之記載與其意義之發現爲事者不同。而此不同，乃由於此諸專門之學術各有其看事物之觀點態度，而非全由其所論述之事物，不在歷史學之內。因自此諸專門學術，皆屬於專門學術史，而學術史乃屬於歷史言，卽皆不能在歷史之外。此則具如吾人在第二講中所說，今不復贅。

（五）人文學術之照明

歷史學，因其乃是以一整全之眼光，回頭反省在自然中之人類社會文化活動之歷史之全而敍述之，故我們稱之爲人文學術之一種。凡人文學術，皆爲涉及人之在自然，人之社會與人之文化之全體者。此不只歷史學爲然，在文學哲學亦然。

我們今要通過此照明之概念，去看此三種學術之分別，我們可說歷史學之目標，乃在求事與事之意義之互相照明；文學之目標，則在求情志與境中之事物之互相照明；哲學之目標，則在求義理與義理之自身之互相照明。而此人文學術之求照明，不同於其他專門學術中之求照明者，則在其不只是在特定的一類事物上、一類情意上，及一類義理上，求有所照明。

我在依我之情意上之要求理想志向，而從事一類之社會文化性之活動時，要使我之活動與人之活動能相了解相配合，而有一互相照明，亦需要在今日從事此類活動之我，去了解我昔日之如何從事於此類活動，而照明之。復須要來日之從事此類活動之我，能了解昔日及今日之我，如何從事此類活動，而照明之。此中亦有一內在之互相照明。人在以一類事物為對象，而求加以了解時，亦須求對此類事物之各個體，皆能本我們對若干普遍之律則義理等之了解，而分別加以照明；並求我們所了解之各種普遍律則義理能互證，而使我們對之分別了解，能互相照明。然此中之「一類的事」，「一類情志」，「一類義理」，卽為我們之一所未能超拔的限制。

但在人之歷史及文學哲學中，我們卻必不能自限於一類事物，一類情志，一類義理之照明之中，而必須涉及各類的事物之交會，各類之情志，及其所對境中事物之交會，各類之義理與義理之交會。簡言之，卽我們於此時，須注目於事之交會，情之交會及理之交會，而於此交會處，見各類之事，各類之情，各類之理之互相照明。因而此諸學術皆為具統攝性，亦要求研究者之精神之成為向內輻輳，而非向外放射者。至其他之專門學術，則因其只要求人的心靈之光向一類事物，一直伸展去，加以照明，便是向外放射的。故以此諸學術與專門之學術相比，此諸學術如一星魚之身，為各足之向內之輻輳之所；而一切專門之學術，則如星魚之足，乃分別向外放射的。如無星魚之身，則星魚分裂而不存。此卽喻人類無此歷史文學哲學，則道術將為天下裂。

要說明上段之義，我們可先試想歷史中何以有考證？此只因有疑事、疑人、疑物，非我們之所明。一切考證，不外求照明此中之疑暗。然而我們如何從事考證，以照明一歷史之疑暗？此只賴我們之以他事來證明。如何證明？此不外說：如果此事為如彼，則其他之記載，皆不得而明，故此事決非如彼。或說：必須此事如此，然後其他記載，乃得而明，故此事只能如此。一事之不能如彼，是因其將使其他記載，爲之而暗，而不得被照明；一事之只能如此，是因其他之記載，將由之而明，而被照明。此歷史考證中所須涉及之事，則決非只屬於一類，而恒爲屬於多類者。故對政治之事之考證，恒須求之於經濟上之事及社會上之事；對此一朝代之事之考證，恒須求之於後一朝代前一朝代之事；關於一人之事之考證，恒須求之於關於他人之事。在人從事歷史考證時，必須在此各類之事之交會處用心，乃能照明史事之疑暗，而使歷史上之諸眞實之事，得互證明其爲眞實，以使其眞實性得彼此照明。

歷史學中除史事之考證外，卽爲對歷史上之人事物之意義之了解。此可爲對各類之人事物之分別了解其同異的性質、與同類不同類之意義；亦可爲由對於一史事之前因後果之追溯，而了解其因果之意義；復可爲通過對一人事物之性質及前因後果等關係之了解，而更了解其價值的意義；再可就人事物所在之時空地位與數量等，了解其時空數之意義。然而實際上，則每一歷史上之人事物，皆兼有此數種之意義，而其所具之每一種之意義之爲何，都可依我們之觀點而變，因而其意義，乃有多方面，而在不斷地呈現者。我們通過此不斷呈現的、及多方面的各種類之意義，以了解一歷史中一人一事一物，則此一人、一事、一物，卽爲此無數之意義之交會點。我們之通過此無數意義，去求了解一人、一事、一物時，則此一事、一物、一人，爲我們所照明；而此無數意義，卽通過此交會點，而彼此相關，以彼此照明。

至於我們前在第一講中所說，歷史學與史學史之關係，則所以顯出歷史在歷史學中被照明，歷史學之在史學史中被照明。而我們之說歷史學與學歷史者之人之存在狀態不可分，學歷史之事與創造歷史之事當合一，則所以見學歷史之事與人之存在狀態，及人之創造歷史之事，原爲互相依賴，而意義乃互相貫通者。而此諸觀念，亦原爲能互相照明，以增益吾人對之之分別之了解者也。

對於文學，我們亦早說文學之故事與境界中，皆可包涵自然世界社會文化界及精神界之各類事物者。故吾人任取一散文或詩歌或小說來看，皆可見其兼涉及天時地理等自然事物，社會事物及精神事物者。我們前說一小說戲劇中之故事之前後，應顯一必然當然之關係，而見一因果相涵。此因果相涵，即因之意義與果之意義，能彼此照明之謂。我們又說一文學之境界中之各境物，應表現同而異，異而同之關係，以合爲有機之整體之結構。言其爲有機的，即言「其各部之意義之相依賴以存在，一不存在，而其他之一切之意義，即因而暗；一在，其他一切之意義皆因而更明」之謂。而文學家之情志，藉文學中之故事境界而表現，文學中之故事與境界，依人之情志之運行而發展等，即皆所以顯此二者間之互相依賴以存在之關係，亦即皆所以顯「此中情志與故事境界，以相照而後表現呈現，以明白的顯出」之關係也。故對于文學之目標，如以一言概之，則可說不外人之自照明其情志。如以二言概之，亦可說不外求情志與其所涵攝之境物（或故事中之事物）之相照明。如以三言概之，又可說不外求情志與情志之相照明，境物與境物之相照明，及情志與境物之相照明。此亦即不外各方面之情志，各方面之境物之互相照明。此皆前講文學意識時，所已及之義，大家再自求之可也。

（六）哲學之性質與義理之照明

對於哲學之意識，則我們上說其不外求義理與義理之互相照明。因前二講未及哲學，故今可多說幾句。

哲學畢竟是什麼？此儘可言人人殊。但是我們可說哲學之意識，乃與文學意識歷史意識爲近，而與其他專門科學所根之意識爲遠者。哲學意識可遍攝一切自然界社會界精神界事物，正與文學歷史同。在西方，或謂哲學爲一綜合的科學，此乃就一科學只及於一類事物，而哲學則及於一切類事物而言。然歷史文學亦同及於一切事物，則哲學之爲綜合的科學，亦正所以使其與文學歷史爲一類者。然西方人則少如此看。總以文學歷史爲一類，而哲學科學爲一類。然依中國傳統之看法，則毋寧視哲學與文學歷史爲一類，而以專門科學爲另一類。今依吾人之觀點，對此二說加以評論，則可說言哲學科學爲一類者，乃是自此二者皆重理性的思維，以求知義理上著眼。而說哲學與文學歷史爲一類者，則是自其皆涉及各類之事物上著眼。於此二者皆可說。然吾人之寧取中國傳統之說者，則由吾人以爲：最高之哲學，當由理性之思維，以超理性之思維，而哲學上之義理必當求過渡至實踐爲歸宿；故只由理性之思維以得義理，尚非哲學之全貌，而哲學之義理，實亦不止通於科學，亦有通於歷史與文學者在。故毋寧視哲學與文學歷史爲一類也。

吾人更有一決定之理由，以言吾人當視哲學與文學歷史爲一類者，而謂哲學與科學不同其類者，則在吾人可謂哲學之涉及一切類之事物，實尚非哲學之本性之所在。哲學之本性之所在，宜當直接由其原自人之自覺的反省的活動，加以規定，尚不當直接由其所涉及各類事物而加以規定。哲學的活動，初乃因其爲自覺的，反省的，方能涉及我們所經驗之一切事物，而涉及一切類之事物。此後者，乃由哲學之本性所引出之次性，而非其本性之所在。而就哲學之本性上說，則哲學與文學歷史，正爲同類。因歷史文學，固皆初直由人之自覺反省之活動之所成者也。歷史乃原於人自覺的反省其所經驗之事所成，文學乃原於人有情志之要求，而求表現之於想像，所意構之故事及境界之所成。而此情志之要求與想像所意構者，亦初皆在人之自覺反省中，方見其存在之事物。此正同于哲學中一切義理，初亦唯由人之自覺的反省吾人之人生，與其所在之世界之如何如何，然後顯出者也。

哲學中之一切義理，皆吾人之自覺的反省吾人之人生與所在之宇宙之爲如何如何而後顯者。此所顯之義理，我們可說其爲遍涉於各類事物者，因而爲通於各類事物之特殊義理者。由此而哲學中之義理，卽與各種專門科學對一類事物之義理之所了解者，可互相照明。

然哲學中之義理，爲自覺的反省中呈現者。此自覺的反省爲一，則吾人不能不求此一切哲學的義理，在此爲一之自覺的反省中，能互相通貫。此即哲學之義理，必求爲一內部貫通，而彼此互證之系統之理由所在。當哲學之義理能彼此互證時，則一義理之眞，能助成他義理之眞；而一義理之明，能使他義理亦因之以明。由此而各義理間，即有其互相之照明矣。

（七）哲學、歷史、文學之世界與其相互之關係

哲學與文學歷史，皆屬於人文學術，我們前說歷史是於事之交會處，見事之意義之互相照明，文學是於對境之情志之交會處，見境與情志之意義之互相照明。今說：哲學是於義理之本身之相交會處，見義理與義理之互相證明，而互相照明。歷史初依於對一一之事之分別的記憶與記錄。此諸事初顯一分別相、定位相，歷史學能知其意義，而使此諸事於其分別相、定位相之上更顯貫通相，而互相照明。故歷史學之照明，可名之爲事法界之照明。哲學則直下始於見一一義理之彼此互證，以合爲一內部通貫之一義理系統。此乃依於人之理性的思維智慧，原能直下照見義理之貫通相之本身。此便不同於歷史的記憶與記錄，初只能把握事實之分別相定位相者。故於哲學之照明，我們可名爲義理世界或理法界之通貫的照明。此與科學之照明，依於人之理性的理解，而爲對於理法界之分別照明者，又不同。至於文學中之情志與境物，則皆爲人生與自然中之事物。然在情志與情志之交會處，情志與境物交會處，境物與境物之交會處，則有情志與情志之相照明而融徹，情志與境物之相照明而融徹，境物

與境物之相照明而融徹。情志與境物中，又皆有理，事與理於此乃渾化爲一。此中之事與事之融徹相，及事與理之渾化相，卽見事與事之無碍，理與事之無碍，而屬於理事無碍，事事無碍之法界。故分別說正月桃花開，二月李花開，三月杏花開，八月菊花開，直到十二月梅花開，是一歷史。於此一切花開中，以至一切草長中，一切萬物之生生中，見天地之化機，天心之仁愛，天理之流行，是哲學。而言「數點梅花天地心」，使理見於事，或「東風無一事，裝出萬重花」，使理隱於事，而事亦無事，則爲文學。

在歷史的世界中，有一統體之時空，可以囊括一切事物。一切事物皆於此時空中，先分別有其定位，然後可說到其性質之同類不同類，及因果之關係，與數量及價值之意義等。而在哲學之世界中，則一切普遍性貫通性之義理，皆爲哲學之自覺的反省之所對。此只須略涉哲學，皆知其例。我們以上之講科學文學歷史中之因果觀念、類之觀念、價值意義之觀念，其一一之本身，卽皆爲兼屬於文學科學歷史之貫通性普遍性之義理。而一切事物所普遍具有之時空性，與統攝一切事物之統體之時空之本身之義理，亦爲哲學的自覺反省之所對。而此歷史之世界中之統體的時空，亦卽可被攝入於人之哲學心靈之自覺的反省之內。如吾人以前數講，涉及文學歷史科學中之時空觀念，亦卽本哲學之心靈，以自覺的反省此統體的時空之論。此外，哲學中之宇宙論、存有論，則合以講統體之時空中之各類之存在或各類存有，如何可統攝於一普遍之存在或存有，或宇宙之眞實之觀念之下。再以宇宙間之各類存在，皆在變化中，而其變化與生滅，有因有果，而因果又有不同意義之因果；於是哲學則直就因果之爲因果之意義，加以了解；並或求知事物之最後因爲何，而於一切因果之事物能相涵者，則哲學家恒視之爲一存在之實體，所分別表現其自性所成之現象或妙用，而以體象、體用、或體性之概念，總攝之。再各類存有之物與其變化生滅及因果相生，皆涵具價值意義，哲學則就諸價值意義，如眞善美，分別思其畢竟爲何。要之，哲學卽以科學、歷史、文學所涉及之一切存在事物，時空數量之意義，存有或存有之類與不類之意義，普遍的存在之意義，宇宙之眞實之意義，一般之因果之意義，最後因之意義，如何由事物之因果之相涵，以見其可視爲一實體之表現或妙用……以及「諸價值意義」等意義，或義理之本身上措思，而見各種意義與義理，如何關聯起來，以形成一各類普遍義理所合成之世界。並於此中，由義理之相涵，而本義理，由「知一義理」爲因，以生「知另一義理」之果；再於此中，知義理能引生義理之價值，知一義理之本身之能助成「其他學術之知其他事物之意義或義理」之價值。——如吾人以上各講，論各種文學歷史上之義理，卽皆可有其助成文學歷史學術之發展之價值。凡此一切，亦皆可在其被思索時，被攝入於人之哲學的心靈之自覺的反省之內。此自覺的反省，則又可兼超冒於一般之事物之上。於是歷史的世界，一般之科學的世界，以及文學世界中之林林總總之事物，卽皆在眼底，而只爲此哲學之心靈所思之普遍義理世界，所貫徹指點之點點滴滴之事物，有如當我們一眼望盡海天之遼濶中之點點滴滴之海島，而皆攝入於一心靈之畫圖中，以爲此哲學之心靈中之義理之所貫徹指點。人於此，乃知此能自覺的反省義理世界或理法界之哲學的心靈主體之崇高與尊嚴。

然人除知義理世界之哲學心靈之外，尚有依於情志之運而有之文學的心靈。此情志之心靈，則能依其想像，將一故事或一境界之事物，加以持載承托者。此諸事物乃既在一心靈之畫圖中，而又如自此畫圖凸起而冒出，以自成一文學之天地，或文學之世界，而與其他之時空中之具體事物之關係，若相截斷。於是，在文學之世界中，當前事物之一片時間、一片空間，即是一無窮之時間、無窮之空間，而一花一世界，一沙一天國。人之由哲學之心靈，再轉出一文學的心靈，即無異於人之哲學的心靈主體，將其所攝入於其自覺的反省與心靈之畫圖中之事物，隨意再加以吐出。李白詩言「咳唾落九天，隨風生珠玉」。此處則可言咳唾落九天，隨風成一文學的世界。而此文學的世界之形成，亦可說為人之哲學的心靈之主體，自覺其崇高與尊嚴之後，再自雲端降下，而自化為文學之心靈主體，以游戲人間之表現。亦卽知理法界之心靈，再化為知事法界，求於事法界寄託其自身之表現，乃於理事得處處見其無礙。而其表現復表現，因有卷而懷之之內在之統一的心靈主體，與貫通性普遍性之義理為之根，故此諸寄托於事法界之表現，亦卽可不自相離異，而必自相融徹，於事事見其無礙也。

（八）心光之自明與生活中之自明

然而此上所述哲學文學歷史之世界中，所見之事法界、理法界、理事無碍法界、事事無碍法界，仍不過是人之心靈之主體，自覺的反省其所記憶之事，所知之義理，所懷之情志，所對所想像之境物，而加以紀錄表達抒發之所成。此能自覺之心靈主體，縱能使此中之一切之事與義理情志境物，皆得彼此照明，彼仍不能無憾。卽彼尚須能自照明此能照明一切之主體之自身，然後能通體透明，而達照明之極致，而達最高之理法界。

然而當此心靈，懸此照明其自己之照明爲目標，而試求「此照明之本身」之時，則首將發現：此照明之本身中，實一無所有，而只是一片之光明，或一片之靈明、或靈光、或心光。如一切事實、義理、情志、境物，皆爲此心光之所照，則此心光中乃無事無物，無理無情，而若空無所有者。於是人亦卽可於此除見此一心光之自明之外，另一無所見。人卽由此以達於一「超記憶」「超理性的思維智慧與理解」「超情志想像」之境界，亦超拔一切文學、哲學、歷史及一切學術之境界之外，而此中，亦無一切之人文學術與學術之可言。

然而人在只有此心靈之光明之自明，而超出一切人文學術與學術之境界之外時，未必卽能使人超出於我們之全人生以外，因人除學術活動外，尚有其學術以外之生活。此卽人依其對自然社會與理想與志向，而有之在自然與社會中之生活，及依於其自己對自己所下之道德之命令，而自求加以實踐之道德生活。此諸生活之本性，因其皆依於人對自己與社會之志向與理想，及自己對自己之道德命令而有；故此諸生活，乃以實踐其理想志向與自己對自己所下之命令爲事的。這些生活，初不是一一皆必須由自覺的反省而後有。因一切志向理想與道德的命令，原都是可在人未知自覺的反省之先而自動自發的。這些生活亦是在人未從事學術的活動之先，早已存在的。故人之由超出一切學術的活動，而達於心光之自明之境，人並不必然會只求永守此自明，而不求另有所明。如人於此只永守此自明，而另不求有所明，則此明爲孤明，而不能爲大明。故人自學術的活動中超拔，而有心光之自明後，應立卽與一更廣大的生活，求合爲一體。此心光之自明，在此廣大之生活中照耀，人乃開始求其全部生活之成爲一自明之生活。此全部的生活中之道德命令，因其爲我自己對自己所下之命令，卽爲能命令我之一切志向理想之如何形成者，以及一切道德生活在自然社會生活中之當如何進行者。由此而我們之心光之自明，首卽當化爲對此道德之命令之自明。再進而將此命令貫徹於我們對自然與社會之一般的志向理想之中，而形成合於此道德命令的對自然與社會之志向理想，而自明此志向理想。再進一步，則應爲依此對自然與社會之志向與理想，以從事一切在自然與社會中之道德性的實踐，而自明此實踐，以使我們之生活內內外外、上上下下各方面，皆成爲我們之所自明，而亦彼此互相照明，以成一通體透明之生活。此方見一更眞實之理事無礙之法界。而此卽由學術之明，心光之自明，至生活之自誠之道路也。

人之心靈，在學術世界中之自明，化爲心靈在實踐的生活中之自明，而使其個人之生活成通體透明時，則人之自己心靈之自明，透過其生活之涉及一切社會中之他人與自然中之萬物，而自明照於他人，而與他人之生活中之心靈之自明，互相輝映，以成一眞實的人間世界中之心靈與心靈之互相照明，與生活與生活之互相照明。由此而再進一步，卽爲與自然界之草木禽獸之生活，以及日月山川等無生物之生化之歷程，亦互相照明。人於此時，亦卽可了解一切存在事物之相續不斷的呈現於我之前，皆是其自己之呈現其自己於一大明之中。而一切存在事物之以其作用功能，互相透入貫通而互攝，以起變化，而生生不窮，皆依於其能互相照明，而表現一大明之終始。由此而人乃於其所接之一切事事物物中，皆見此一大明之遍在。此乃庶幾於見一最高之事事無碍之法界，而庶幾乎達於「卽萬物之自誠，以見其明之運其中」之境矣。

本篇所講，未必能盡意。只希望大家由此了解一切學術之內容，與一切存在事物之意義，都有其互相照明之處。由此而我們無論作什麼事，造什麼學問，都應目光注視到遠處大處。此非謂各種學術，各種事，無其本身之價值，我們不能專治一學問或專作一事之謂。而是正因我們要專治一學問或專做一事，故當看到其他學問其他事。看到其他學問其他事，亦卽同時知其與我們所作之事，所造之學問的分際，而更知此專門的學問專門的事之確定之地位。此正有如我們必需能注視到我們自身以外之桌椅等，然後知我之身體之地位。我作以上幾次講演，乃意在使無論治某一專門科學或歷史文學哲學的人，都知道在自己所治之專門學問之外，有其他學問，而皆各有其一定之地位，彼此間不容相混亂。然而其價值與意義，卻又是相貫通的，而彼此互相照明的。

（一九六四年八月「人生」雜誌三十九卷第五期）

十四、中國哲學研究之一新方向

此次講話，分釋名、中國傳統之哲學研究態度之變遷、及今日之新方向三者，因皆牽涉甚廣，姑以帶獨斷語氣之提要之言出之。

(一)釋　名

(一)「哲學」爲對統攝性、根原性之義理之思想與言說。

(二)「聖哲」、「哲學家」與「哲學研究者」：對所宗主之義理，能思能悟，能信能證，能言能行，以爲世範或爲世立教者，爲賢哲聖哲。孔子臨終自稱哲人，及柏拉圖之「理想國」中所謂哲人，皆賢哲或聖哲之義。此聖哲之哲學智慧之所在，卽其宗教性之信仰、道德性之行踐之所在，而一聖哲乃或兼爲一般所謂宗教上之教主，如釋迦、摩西、耶穌、穆罕默德，及西方所謂先知，亦皆可稱爲賢哲聖哲。

人對其所宗主之義理，能思能悟，不必能行，而能會通其所思得悟得之義理，以廣說應難而不窮，以自成一家之言者，爲一般所謂哲人或哲學家。

對以前之聖哲與哲人或哲學家之學，能求加以了解承繼，或知其所示之義理之異同，相沿而衍生之跡，與所遺留之問題；而加以說明，以成就哲學之教化，兼爲哲人聖哲出世之所資者，爲哲學學者，或哲學研究者。吾人今乃居於一哲學研究者之立場或地位，講中國哲學研究之一新方向。

(三)「研究」爲一思想之活動。此活動之方向，決定於吾人之運用思想之態度。依態度而有方向，方向易而所對之世界，隨之以異；依方向與所對之世界之如何，而有所謂求知或研究之方法。依各種不同之態度、方向、方法，而有各種不同之學術研究。在哲學之研究中，其態度可與其他學術有相同之處，而不必全同。在其他學術，如於純理論科學之研究，可採客觀的理解態度；於應用科學，則或須兼實用實踐之態度；於藝術文學，須兼鑑賞的態度；於宗教學神學之研究，或須兼信仰與崇敬，或代爲辯護發揮宣揚，求有所體證受用的態度。緣於哲學之義理之統攝性與根原性，故哲學義理與各種學術之義理，皆可相關涉。又緣於哲學研究，須及於爲世所共崇敬之聖哲之教，故實際上人所表現之哲學研究之態度，兼有種種；而其方向，亦有種種。此可隨研究者個人之性格及時代文化之演變而不同。當一時代之人，習於某一種之研究了解之態度，而感其不足，或其弊害已見之時，則宜有一新態度方向之提出。此所謂新，乃相對而言，亦即就其補偏救弊處，而見其爲新。

(二) 中國傳統之哲學研究態度之變遷

（一）先秦爲中國聖哲與哲人誕生之時期，其哲學思想皆爲創造性的。先秦諸子之間，有相互之從學與辯論，亦偶有概括性之評述，如墨子之於儒，孟子之於楊墨，荀子非十二子篇之於十二子與仲尼子弓，莊子天下篇之於諸子百家，韓非子顯學之於儒墨之類。然尚難言有相互間之客觀的了解與研究。其中唯韓非之解老喻老，對老子之言之說明，或可勉強當之。

（二）哲學中求客觀的了解之研究，始於對已成之哲學思想之回溯與返顧，而加以總述、說明或解釋。兩漢學者對六家要旨、九流學術之綜述，對經傳之章句訓詁之學，以及對經傳之大義微言之發揮，即包涵求客觀的了解之研究態度在。然漢之學者，重通經致用，或信聖人天降，並重師承家法；故此求客觀的了解之研究態度，乃與一實用之態度，及崇敬家法之宗教道德性之態度相結合者。此可由讀史記漢書之儒林傳等以知之。

（三）魏晉南北朝之註疏，雖承漢人之學而來，而魏晉人自何晏、王弼以降之言名理玄理，多直接以義理之發揮爲事。魏晉人之學，初由人之才性德性之品鑑，而及於聖賢之境界之嘆美；故其發揮義理之言談，亦能互相欣賞，而其於義理之智悟，亦與藝術性之審美態度相俱。此可由讀世說新語、晉書等以知之。

（四）佛學至南北朝隋唐而盛，佛學中之經疏論疏，似漢人之章句，而重科判，以明經論之組織與義理之系統。至於當時自印度傳來或由中國佛學者所提出之種種判教之論，則皆意在明各經論所陳之敎理之類別與與究竟不究竟之層級，以使應種種不同機感而有之了義或非了義、偏或中、圓中或但中、頓或漸、顯或密之佛敎大小乘諸宗派之敎義，皆得其位次，而相融無礙。智顗法藏之判敎，已網羅佛敎諸宗，而宗密原人論之判敎，更以人天敎之一名，兼網羅及外道與世學，以求極客觀的了解研究之量。然此諸佛敎大師之著述，或爲其觀行之餘之所爲，而亦意在弘揚佛法，以爲世立敎而作。故其所表現之了解研究之態度，仍爲隸屬於宗敎性的修持信仰態度之下者。此可由讀高僧傳及諸家判敎之論述以知之。

（五）宋明理學之初期，如周濂溪、張橫渠、邵康節，皆自創系統。陸王一派，承程明道譏記誦之學，爲玩物喪志之旨，而言「六經註我」，「悟後六經無一字」，乃尤重自得諸心。此皆哲人之流，而初非意在對已往之思想作客觀研究。伊川爲易註而未成。朱子乃徧註羣經，又爲四書集註，與呂祖謙同編近思錄，則皆會萃羣言，以敎來學。其平日與門人講論，更遍及其前諸理學家陳義之異同，與漢唐諸儒之言之得失，佛老諸子之是非，以及孔孟顏曾之言之所偏重，與聖賢氣象之不同。凡此種種講論，又皆以其所見之義理爲據。朱子乃爲兼備哲人之資格，與求客觀之了解與研究之學者之資格於一身者。然宋明理學家之精思力學，皆同歸在自家身心上之受用與實踐，亦同意在爲世立敎。此卽如朱子之博學、審問、愼思、明辨，而意在樹立道統，卽有類似於佛敎之宗敎性的態度者存焉。此可由讀宋元學案、明儒學案以知之。

（六）清儒初之倡漢學以反宋學者，或謂「六經尊孔孟，百行法程朱」。此卽意謂程朱之德行可以爲敎，而六經孔孟之眞，則不必如程朱之所釋。程朱初以哲人之身份，講述古人之義理，雖曰「我註六經」，亦難免以「六經註我」之曲解，而此亦無傷於其爲哲人。清人之由漢唐註疏之近古，以求知先秦儒學之眞，「以六經孔孟之指，還之六經孔孟；以程朱之指，還之程朱；以陸王佛氏之恉，還之陸王佛氏」（註），其意亦未爲非是。清人言漢學者，旣不必卽以漢儒之言爲立身行己，爲世立敎之資；有漢人通經之意，而未必有通以致用之志；於是更開出一「純客觀的求了解古代之文化歷史，以及其學術思想」之研究態度。此研究，宜搜集可信之書籍文物爲據，故重輯佚、校勘、考證、金石、文字、訓詁、音韻之學。而在哲學思想之研究方面，則趨向於由哲學名辭之故訓，以了解昔賢之義。此其不同於朱子之辨析名義，及其徒如陳淳之性理字訓之作之處，乃在：先纂集故訓之足徵者，然後或更爲之說。如惠棟之易微言、九經古義，其弟子余蕭客古經解鉤沈等，則止於纂集之類。戴東原之孟子字義疏證，則自謂皆有故訓足徵，而更爲之說者之類。焦循說易，重在通辭。阮元言性命，自謂本於詩書古訓。大率此諸清儒之學，其所以自別於宋明儒者，卽在由訓詁以通經，考覈典章制度，以明義理，而冀得古先聖賢之心。故戴東原題惠定宇先生授經圖曰：「故訓明則古經明，古經明則賢人聖人之義理明，而我心之所同然者，乃因之而明。賢人聖人之義理非他，存乎典章制度者而

註：戴東原集附錄段玉裁所編戴氏年譜，段氏綜述戴氏答彭紹升書大旨之語。

已。」。段玉裁著戴東原年譜又記其論學語曰：「經之所至者，道也；所以明道者，辭也；所以成辭者，字也；必由字以通辭，由辭以通道，乃可得之」。故段氏編東原集序，乃更疑執乎義理而後能考覈能文章之說，乃謂義理文章未有不由考覈而得者。考覈必本於訓詁，段氏乃畢生肆力於說文。阮元編成經籍纂詁一書，錢大昕亦爲之序曰：「有文字而後有詁訓，有詁訓而後有義理；詁訓者，義理之所由出，非別有義理，出乎詁訓之外者也」。此卽以訓詁爲考覈之資而明義理，亦卽清代之學術研究之更能徵實之一所在。清人言宋學者，或墨守程朱宗旨，言經學者，亦分別守今古文諸家家法。學者宗主不同，而必求文獻足徵則一。清末如陳澧欲調和漢宋，其撰漢儒通義，亦不外纂漢儒之義訓，有類於宋儒之言者爲之。清人於昔賢之學，求眞之意重，立教之意疏。故於儒家孔孟以外之諸子，如老莊荀墨之書，皆爲之校勘、訓詁、註解，此又不同明以前人註老莊書之恆喜發揮大義者。則謂純客觀的卽訓詁以求義理，爲清人之學術研究之態度可也。

（七）晚清學者言今文經學者如魏源、龔自珍，咸欲致之於當世之用，乃更近漢儒通經致用之精神，終有康有爲由三世、大同、小康之義，以言變法。章太炎、劉師培言古文經學，本歷史以言民族大義而倡革命。經學今古文之爭，乃化爲變法革命之爭，而純理之學術討論之態度，乃與政治上之實用態度相雜。至如廖季平作今古學考，平章今古文經學，則此有類於經學中之判教。然其屢變之說，則閎大不經。後此如廖氏弟子蒙文通及其鄉後學劉鑑泉，以及張爾田、孫德謙、錢賓四諸氏之論經學，皆多承章實齋之史學之精神以爲論。今之中國學術界，乃更無所謂漢宋學、今古文經之爭。而言哲學義理者，則自民國以來，卽罕更自附於經義以立言。昔之通經致用之經學家之任，則又似轉落入爲哲學思想者之手。此中之哲學研究態度之轉向，在清末則章太炎於其葑漢微言、齊物論釋等書，已以佛學釋莊，平章儒學。而其別錄諸文，更間取西哲之論，以評解華梵之言。康有爲大同書，譚嗣同仁學，嚴幾道天演論序及評點老莊之書，咸有以中西印度之言，互相比附之論。此蓋清末民初學者共有之一趣向。唯罕見相得益彰之利，反多混淆失實之言：如章太炎以中庸之誠爲大梵，譚嗣同以仁爲以太，嚴幾道以乾坤爲質力之類。自五四以來，習於西方哲學思想者，更或本之以批判中國固有儒學之傳，而有新舊文化思想與東西思想之爭。崇尚西方思想者，又有以俄式之社會主義爲宗主者，與以英美式之自由思想爲宗主者，及以西方傳統之基督教爲宗主者之爭。而其影響於中國哲學之研究者，則學者之治哲學者，多先習西方哲學之論，慕西方哲學概念之淸晰，論證之嚴整，乃或本西方哲學之義理爲底據，以整理說明中國先哲之說；依西方哲學之問題，以觀中國先哲對之之答案，而或割裂篇章，以爲之證。其中有主要本西方之實用主義哲學爲底據者，如胡適之中國哲學史大綱；有主要本西方之新實在論爲底據者，如馮友蘭中國哲學史；今乃有本馬克斯之唯物史觀爲底據之今日中國大陸之中國哲學之研究，如馮友蘭所改著之中國哲學史。今日如馬克斯之學者之崇拜其馬恩列斯之著作，與教徒之崇拜新舊約爲聖經，而轉取中國哲人之言爲之註者，又皆欲通中國之經籍，以便其隨意取用，可謂一變態之新經學；其病同在先懷成見，未能對中國固有之哲學思想，先存敬意，以求客觀之了解，故不免附會多而成功少。然凡此等等，皆中西文化之接觸交流之際所不可免之現象，亦理有必至，勢有必然，由來者漸，無所用其嘆惜；而要之可合以見民國以來之中國學者，研究中國哲學之一態度與方向之所在者也。

至於吾人今欲由世界之觀點，以觀世界人士對中國哲學之研究，則自耶穌會士將中國之經籍，譯爲西文以來，西方人對中國哲學，蓋尙居於傳譯之階段。其中傳敎士之譯介之著，因其在宗敎上之立場，乃先自處於居高臨下之地位，故恆不肯以其敎中具有較深涵義之高級辭語，爲翻譯註釋之用，而亦恆不免無意間貶低中國思想之原義，加以譯介，如李雅各（J. Legge）之翻譯之著，即未免此病者。此外西方漢學家之講述中國哲學義理，亦多爲以其治文史之餘力，附及於此。至其哲學家如十七八世紀來布尼玆（Leibniz）、沃爾佛（Wolff）、伏爾泰（Voltaire），以至二十世紀之凱薩林（C.H. Keyserling）、羅素（B. Russell）、杜威（J. Dewey）等，對中國若干哲學觀念之稱道，要不外本於一欣賞之態度，以隨意發揮。今日世界上各大學與學會或個人，對中國哲學之興趣，雖在增加之途程中，而在西方大學中，敎中國哲學之事，亦由敎士及治文史之學者之手，逐漸移於專治哲學之中西學者之手，然今尙難言其研究之態度與方向之果何所是。

之方向。

（三）中國哲學研究之一新方向

（一）以上所述，乃對已往之中國哲學研究之種種態度方向，作一客觀的歷史的叙述。今卽將提出吾人所視爲今後之中國哲學研究，當有之一新方向之所在。此所謂新，乃對中國民國以來之表面上顯著之方向，而稱之爲新；而實則此一方向，亦早已存在，正逐步顯著，漸爲研究中國哲學者所採取之方向。

（二）此一新方向，吾人初步可名之爲一由比較之觀點，以訓詁與義理交相明，而視中國哲學傳統之爲一獨立之哲學傳統，而加以了解研究之方向。此一方向之開啟者，可溯自五四時代之梁漱溟先生之論中西印度之文化與哲學之爲三支，而精神面目各不相同之說。至明白反抗淸末民初之以佛學之標準，論中國儒學之傳，而由佛入儒，並別之於西方純思辯之哲學者，則爲熊十力先生。此二先生皆爲哲學家型，初無意對哲學史作客觀的了解研究。然今之眞正對中國哲學作研究工作者，亦皆漸同視中國哲學爲一獨立之哲學傳統，以求對之有一客觀之了解。除原專治中國哲學者外，其初治西洋哲學，轉而研究中國哲學者，亦幾無不肯定此一點，漸有類似於宋明儒之初習佛家之論者，轉「反而求諸六經」時之能自作主宰。今之中國之哲學學統，雖無論在大陸與臺灣之政府學術機關，皆幾於中斷；然其若干思想觀念，仍保存在社會人心。而學者之如論語所謂「太師摯適齊，亞飯干適楚……少師陽擊磬襄，入於海」，而寄居外國學府，以及教會學校者，多漸能本獨立精神，以求有以自樹，相期於「散在天下之道術」之超越的統一與交會。而在西方，則二十餘年前，諾斯羅圃（F.S.C. Northrop）嘗著東西方之會合一書，謂人類之未來之宗教，當取東方諸教間之並行不悖之精神，以代西方之排他的宗教態度。蓋由諸氏之思想之啟發，而有穆爾（A.C. Moore）、陳榮捷及拉達克芮西南（S. Radhakrishnan）諸氏於二十年來在檀香山所創辦之東西哲學一刊，及所發起而並舉行四度之東西哲學家會議。此刊及此四度會議所出版之四册東西哲學論文集，雖尚不足言對東西哲學，有如何精深之研究，然要皆依於對西方印度及中國之哲學思想，各為一獨立傳統之肯認，而有者。吾個人於八年前與張君勱、牟宗三、徐復觀、三先生，兼由中英文所共同發表約四萬字之中國學術文化與世界一文，即更為明白宣稱：世界人士之研究中國之哲學以及其他之中國之學術文化，必須先肯認中國文化思想之獨立性者。

（三）在此肯認中國哲學之為一獨立傳統之研究態度下，為求客觀的了解計，吾人初步可承繼清代學者緣文字之訓詁，以求知哲學名辭、哲學言說之意義之方向以前進。但清代人之所重之訓詁，唯是漢唐以前之古訓，又其由訓詁以明義理，重在由單字以通辭，由辭以通章句而明義理；乃不知吾人亦可本義理之當如是者，以還通章句與辭。清儒之研究之缺點，在只知由零散之字義，以知全體之義理，而不知先明義理之大體，亦可助成吾人之知彼零散之字義。於是清儒之言義理者，乃或亦任義理之零散，而不重思其相涵相統者之何所在。此則皆非吾人之所當取。蓋文字所表之義，時在演變之中。用舊名以表新義，乃學術之常。固不能以漢唐儒者之訓詁卽是，宋明儒之訓詁卽非。縱宋明儒之訓詁不當於古，吾人亦儘可由其不當於古之處，以見其所立之新義理之所存。吾人今日亦儘有沿用舊名，注以新義，以成就哲學思想之發展之自由。故清人之膠執於漢唐故訓，以斥宋儒之用舊名所表之新義爲非，乃門戶之見，非所當取。又義理既相涵相統，義有相涵，則古人之言，雖有未及，吾人代爲引繹以出之，以便吾人之清晰了解古人之意，亦非同逞臆；義有相統，卽連屬之，以見其相統，亦非卽厚誣古人。此皆吾人今日研究中國哲學者所當從事，而不可限於清人之業者也。

（四）宋明以前之中國儒者之言義理者，因其或兼負「聖哲立教之志」、「哲人」、「學者」三者之任於一身，乃恆將其所獨見之義理，歸入於對古書之註疏，與古人思想之訓釋之中，乃恆不免造成種種混淆。又人之能兼爲學者、哲人、聖哲，雖可爲一最高之祈嚮，然不可懸爲一般之標準。依一般標準言，哲人不必爲聖哲，研究哲學之學者，亦不必爲哲人。此中下學上達，分工合作之道，在將學者身份上，所當作之客觀研究，與其餘二者，在工作上暫加以分開。此在西方，如亞里士多德、黑格爾、溫德爾班（W. Windelband）、羅哀斯（J. Royce）等，皆能一面研究其它以往之哲學，以爲哲學史家，一面自立其一家之說，以自爲一哲人；餘者亦多能知此義以爲學。而在中國昔賢，則唯朱子、王船山、黃梨洲，庶幾近之。餘則多於此不逮。此亦爲吾人今後研究哲學之態度，所應自覺注意之一點，而可藉之以規定吾人之研究所趣之方向者也。

（五）吾人之哲學研究，可自限於學者之範圍，專以求客觀了解爲事。然在哲學中，欲成就一客觀了解，遠較數學、自然科學、社會科學之求客觀的了解形數之關係、自然事物、社會事物爲難；以至較歷史學之客觀的了解歷史，文藝批評、宗教學之求客觀的了解文學藝術作品與現成宗教，亦更爲不易。此乃因哲學研究所欲了解者，非如形、數、自然物、社會事物、已成歷史、文學藝術作品、與現成宗教等之本身，具有一客觀的存在性者。哲學研究所欲了解者，唯是以前之聖哲或哲學家之主觀之思想。以我之主觀之思想，了解他人之主觀之思想，已爲不易；而若他人之思想，乃遠較我之思想，爲高遠博大者，則我以凡俗卑近之心，更決不能有相應而深入了解。此正有如低於人之禽獸之不能了解人。由此而吾人眞欲了解歷史上之大哲學家或聖哲，必待於吾人自身對哲學本身之造詣，又必賴吾人先對彼大哲聖哲之哲學，有一崇敬之心，乃能自提昇其精神，使自己之思想向上一著，以與所欲客觀了解之哲學思想相契接。而吾人對此思想自身之體證、實踐或欣賞，與對有此思想者之哲人聖哲之爲人之人格，能加以崇敬或欣賞，皆同所以使吾人對所欲了解之哲學，增加親切感，而使吾人之了解，更能相應而深入，以成就吾人之高度之客觀了解者。由此，吾人前所說藝術性的欣賞態度，宗教性、道德性的崇敬態度、體證態度、實踐態度等，同可爲成就此客觀的了解之研究態度，所當多少包涵於其內者。而此種客觀研究之結果，因其更能與歷史上之哲人與聖哲之心相契接，亦即更可引發吾人對哲學本身之興趣，以使吾人更易由哲學研究者，成爲哲學家，或使吾人之研究工作，更能促成未來之哲人與聖哲之出世者。

(六) 由上項所說，吾人今所提出之求客觀的了解之研究態度，即可兼包括清代學者即訓詁以求義理，或所謂純客觀的研究態度，與其前之中國學者之態度之長，以成就一更完善的客觀研究態度。由此而吾人今後之中國哲學研究之方向，可循下列之次序進行：

1. 哲學思想之著述中之主要文字，即哲學名辭之字源，及此辭之義，在哲學史，在各哲學家之思想體系中之演變。此爲通於文字訓詁或今所謂語意學之研究——此可簡名爲「辭義」之研究。

2. 包涵哲學名辭之文句所表之義理，及其所涵者之分析與引繹。此爲通於所謂章句之學、名理之學、或今所謂邏輯的語句的分析者——此可簡名爲「義涵」之研究。

3. 義理之相互關聯所結成思想體系，與思想體系之形態之研究——此可簡名爲「義系」之研究。

4. 一思想體系或一型態之思想體系，所指向或表現之哲學宗趣或哲學意境之陳述。此須兼具審美的欣賞的態度而後能者——此可簡名爲「義旨」之研究。

5. 文字所表之哲學宗趣、哲學意境，與哲人或聖哲之爲人之精神志願之關係之陳述。此須兼具宗教道德性之崇敬的態度而後能者——此可簡名爲「義趣」之研究。

6. 哲學宗趣或哲學意境，或一哲學思想體系自身，對其他學術或其他文化領域之涵義，或應用的價值之考察。此須兼具實用應用的態度以從事者——此可簡名爲「義用」之研究。

7.不同之哲學思想之宗趣、意境與其義理內容之比較，其涵義與應用之價值之比較。此爲對各不同之哲學，作反省之哲學的哲學，而類似中國之佛教中之判教之事者——此可簡名爲「義比」之研究。

8.諸哲學在歷史中相續出現，而相承、或相反、或相融、或分化之迹相，及其中所表現之哲學精神之生長轉易、凝聚與開闢之迹。此爲眞正之哲學史，或黑格爾所謂大字寫之哲學——此可簡名爲「義通」或「義貫」之研究。

（七）依上溯之次序進行之哲學研究，每一步皆有不同方面之獨立工作可作。由一步通他步，亦非必爲一向的，而爲可互相往復，以成爲多向的。此卽謂：吾人可由一起以至八，以由前至後；亦可逆行以由後再溯前，如由八至一。此乃依於哲學中之義理之了解，須由分而合，亦須由合而分；須由前提至結論，亦須由結論以溯前提；須由抽象以至具體，亦須由具體還至抽象之故。此卽涉及於哲學研究之方法論之問題，非今之所及論。

（八）此文乃尅就爲成就中國哲學之客觀研究，以言其所當取之多方面態度及進行之程序。然此全幅之中國哲學研究，尚有超越於其自身之目標，爲其所嚮往。此首卽爲以哲學之態度方法，輔助中國之其他人文學術，如歷史、文學、藝術，以及社會科學之研究；外此尚有由哲學與其他學術思想之應用於社會，以成就禮樂政教等文化之目標，此則兼通於哲學家與聖哲之業者。聖哲之業中，有世間一面，亦有超世間以通天人之際之密教與默教，爲一切世間之學術文化的指向之邊際與極至……。然此中之諸層次之工作，不能混亂，必需行遠自邇，登高自卑。學者亦須默存冥契彼高遠者於當前，而後其至切至近之與一點一滴之學術研究之價值與意義，乃皆如通於海天之寥闊而無窮。

附　記

吾人上所言之中國哲學研究之新方向，乃以哲學名辭之涵義之多方面的客觀了解，爲開始之據點。此在我個人，於四十年前尚在中學時，卽注意孟荀用性一名之異義，而有文發表。後入大學之論文發表者，卽有辨「欲」之一名，在孟子、宋儒與戴東原之書中涵義之不同；「知」之一名在書經及王陽明、孫中山思想中，涵義之不同。繼後乃知：民國以來，中國佛學之諸宗中，唯章太炎、歐陽竟無、梁漱溟、熊十力諸先生，所提倡之重辨析名相意義之法相唯識宗，對中國哲學界之影響，最爲鉅大。又知數十年來，國人對先秦諸子之研究，對名家之正名析辭之論，亦治之者最多；而國人著中國哲學史者，亦皆多多少少較昔賢更重視一名辭之界說。至二十年來，在中文之著述中，傅斯年性命古訓辨證之溯性命二名之先秦舊訓於金文，張東蓀之注意及中國文句構造與中國哲學思想之關係，錢賓四先生之辨道家精神義，以及由老莊之用名以考證二家時代先後，牟宗三先生才性與玄理一書之辨名理才性之諸義。徐復觀先生中國人性論史，辨先秦學者言人性之諸義……凡此等等，所見容有異同，是非亦可不論，但其意在就名辭文句語意，以求對中國哲學之思想義理之線索，作客觀的了解，則固無殊。至於我個人於近十餘年來，論述中國哲學之論文，自在港大東方文化一刊發表論張橫渠之「氣」之一文，及新亞學報辨理之六義一文，分中國先哲所謂理爲物理、文理、名理、空理、性理、事理之後；嘗相續作文以論中國哲學中對「心」、「名」、「辯」、「道」、「太極」、「命」、「性」等問題之思想，亦皆據此諸名在各家思想中不同涵義，及此諸名之涵義在哲學史中之引申演變之迹以爲論。吾固無意由此以謂對一哲學問題之諸理論之爭，不過名辭涵義之爭；更非意在以某一家一時代或日常語言之意義爲標準，以斥他家他時代或傳統哲學之論爲虛妄或無意義。吾意唯在由中國哲學名辭涵義之引申演變，以見各時代之新義理新思想之不斷孳生，與其異同，及相承而發展之迹。吾意由此研究之結果，則分別而觀，可見同一哲學名辭，在各家哲學中之意義之不同，而免於混淆之害，以助成吾人對各家思想之分別的如實之了解；合之而觀，則可對各家思想所陳義理之所涵，其義理系統之如何構成，及其義旨、義趣、及義用之所存，更加以指出，以供彼意在將中國哲學與西方印度之哲學相比較融通，以建設中國之新哲學之哲人之所取資，兼供意在成其內聖外王之義之未來聖哲之所參考。唯茲事重大，萬端待理，固非一人之功之所能就。故今以中國哲學研究之新方向爲題，願與世之有志於斯道者共勉之，亦望關心人類學術教育文化之前途者，加意焉。

A NEW ORIENTATION FOR THE STUDY OF CHINESE PHILOSOPHY

(Summary)

Tang Chun-i

I. Introductory Preface

1. Tentative definitions of the words: Scholar of Philosophy, Philosopher, and the so-called Sage-Philosopher in Chinese thought, and our standpoint as a scholar of philosophy related to the study of the thoughts of Chinese philosophers and Sage-Philosophers.
2. The intellectual attitude of philosophy as combined with other moral, practical, appreciative and religious attitudes.

II. The Historical Changes in the Attitudes of Chinese Philosophical Study in the Past:

1. There is mutual understanding between Pre-Ch'in philosophers, but no objective study in a genuine sense exists in this period.
2. The objective study of early philosophers combined with a practical attitude

begins with the Han dynasty.

3. The attitude of philosophy based on aesthetic attitudes, and its influence on the study of philosophy in the Wei-Chin period.
4. The classifications of the teachings of Buddhistic sects and commentaries on Buddhist classics as based on a systematic and objective study by the great masters of Buddhism, combined with the attitude of religious preaching in the period of the Six dynasties and the Sui and Tang dynasties.
5. The revival of Confucianism in the Sung and Ming dynasties and the objective study of previous Confucianism as connected with educational attitudes and philosophical speculations.
6. The objective study of ancient classics and Pre-Ch'in Confucian thought as based on etymological and textual study by the scholars of the Ching dynasty.
7. Scholars' attitude towards the study of Chinese philosophy at the end of the Ching dynasty and in the first three decades of the 20th century, and their taking Buddhism and certain schools of Western philosophy as reference systems.

III. The New Orientation of the Study of Chinese Philosophy

1. The "New" as it emerges from the critique of the past attitudes.
2. The attitude towards the study of Chinese philosophy as an independent branch of philosophy of mankind, as compared and contrasted with Indian and Western thought, without necessarily taking any school of thought of the West or India as a definite reference system.
3. Taking the attitude of scholars of the Ching dynasty cited above as merely a starting point, and putting aside prejudices about the definition of philosophical terms according to a particular school of philosophy in a particular age, to study the novelty of ideas through changes in meanings and significances of identical terms during their historical development.
4. Distinguishing between objective study as such (direct study of ideas) and study of the works of philosophers and sages, without confusing the different roles of these two forms of study.
5. Using practical, moral, aesthetic and religious attitudes as means for sympathetic

understanding, and putting the results of such an understanding into the scheme of objective critical study.

6. The above-mentioned ways of studying Chinese philosophy can be summarized as: Starting from the semantic and logical analysis of the meanings and implications of philosophical terms and statements of different thinkers and schools, tempered by the appreciation of their philosophical intuitions and insights, and finishing with a synthesis of Chinese philosophy which can be compared with that of other world philosophers in order to establish a new philosophy and encourage future cultural development.

（一九六五年中文大學講座教授就職演講集）

附錄：東西哲學學人會議之觀感

本人自本年八月參加完檀香山東西哲學學人會議歸港後，友好曾希望我把會議的情況撰文向本港人士介紹。但本人平生不大喜歡寫報導文章，同時這會議的事情很多，我過後便淡忘了。因此今晚並沒有許多東西值得向諸位談的，只是隨便拿些感想跟諸位說說吧。

東西哲學學人會議（East-West Philosophers Conference）迄今已有廿年歷史了。發起及主持這一個會議的人是一位夏威夷大學的哲學教授 Charles A. Moore. 他爲什麼一定要選擇檀香山作爲會議的固定地點呢？檀香山雖然在美國各大城市中，文化地位並不算很高，但此地卻位於東方與西方之間，因此 Moore 先生就選擇了這地點開會，作爲東西文化交流的象徵。第一次會議是在一九三九年，參加者中國有二人，西方有三人，日本有二人，印度則沒有學者參加，於會議後，Moore 主編了一本哲學論文集，其中有一美國哲人名叫 Northrop 在裏面寫了一篇論文名叫「東方與西方之會合」，後擴大成一本書來出版，於第二次大戰後，引起了歐美人士的極大重視。該書謂：西方哲學之來源爲一理論的、思辨的精神；東方哲學之本源爲一直覺的、審美的精神。他同時用此觀點來講佛學及孔子等之哲學，此書可說是西方人研究東西哲學比較之一拓荒的著作。第二次會議在一九四九年舉行，這次會議印度開始有學者參加，中國方面，胡適之與馮友蘭二氏並曾被邀請出席，但均因事而未能到會。會議後又出版了一本東西哲學論文集，並決定出版一本定期性之東西哲學比較研究之雜誌。此刊迄今已辦了幾年。中國之胡適、張君勱、馮友蘭等、及我本人之文章，均曾被翻譯刊登在裏面。此刊在美國哲學界引起了相當的影響。有一美國哲學家因此認爲廿世紀美國有三大哲學思潮：一爲邏輯實證論的思潮（卽科學經驗論）；二爲存在主義的思潮；三爲研究東西方哲學之比較的思潮。美國有許多所大學，近年增設了東方哲學的課程，都可說多少是受此東西哲學學人會議及其出版之刊物的影響。

說到本年（一九五九年）的第三次會議，Moore 先生曾因經費問題而多方奔走籌募，結果獲得了十一個學術機構的支援，籌得七萬多元美金，作爲開會的費用及被邀請出席之會員的路費。

會員分節目會員及非節目會員。這次大會共邀請各國學者四十人爲節目會員。每人要負責寫一篇論文在會上報告。並要參加各種討論及講演；又有大約四十人爲非節目會員，是自動參加的，因此這次會議列席的，共有八、九十人之多。

說到開會方式，是四十個節目會員開會時坐在會議室中央，便於直接交談；非節目會員則坐在四週旁聽，亦可提出問題參加討論。本人在以前亦曾參加別處之學術會議，皆因時間太短促，各人宣讀完論文後，再亦沒有機會討論和互相認識。此次會議會期則一共有六週之多，開會時有機會可以大家互相交換意見，又有茶會、友誼會，大家有很多機會作私人的接觸，所以這次會議各會員大體上都能夠互相認識。

此次節目會員中，除有二人因事不能出席之外，其他均沒有缺席。參加之學者中，美洲方面：美國人有七八人，南美沒有學者參加；歐洲方面：法國一人、德國一人、瑞士一人；亞洲方面：印度五人、日本五人、中國五人；回教國家三人、緬甸一人、韓國一人。會議除歐美學者外，東方則以中、印、日三國人爲主。

中、印、日三國學者，究竟在會上主要講些什麼呢？此不能詳說，大約印度學者方面：主要是講印度正宗哲學，很少講到佛學。日本學者方面：則主要是講佛學，及其固有之宗教——神道思想。中國學者方面：吳經熊先生講：「中國的法律政治哲學」；胡適先生講：「中國哲學上之科學方法與精神」；謝幼偉先生講：「孝與中國社會」；我本人講：「中國哲學上精神價值之觀念」；陳榮捷先生講：「中國哲學的理論與實踐」。

所有各國的節目會員，都分別被邀請在五組中，其中仍以歐美及中、印、日等國爲主。每一組中都安排有東西各國之學者，以便他們之論文能互相配合、互相交換。此五組爲：

一、哲學理論與實踐的關係（我國陳榮捷先生所屬之組）。

二·自然科學與技術對文化機構與社會實踐的關係（我國胡適先生所屬之組）。

三、宗教與精神價值（卽本人所屬之組）。
四、倫理與社會實踐（我國謝幼偉先生所屬之組）。
五、法律政治及經濟哲學（我國吳經熊先生所屬之組）。

會議之組織方面，大概略如上述。說到會議中討論之內容，因爲時間關係，本人不想在此一一細說了。不過有一點可說，就是每國學者雖然也研究過他國的學問，但他們的論文均是講自己國家的東西，並且每國學者各人只講自己的一套。由此而同一個問題，東方與西方的學者之見解，各有異同，甚至同一國家之學者，其見解亦有分歧。現在我想把與會的東西方各國學者之態度，氣象之不同，連同東西文化不同之關係，約略跟大家一談。

首先講講歐美的學者，他們的作風是比較好爭辯（這種作風亦卽希臘哲學家之遺風），不過這不是意氣之爭辯，而是純學術觀點的爭辯。他們之爭辯主要是以偏於科學與偏於宗教之不同爲焦點，例如西方有一個曾經來過香港之學者（是杜威之學生），他特別崇尚科學而極力非難宗教及帶有唯心色彩的學說。凡別人一有提出這類學說，他都極力反對，從不放過發言的機會。

說到印度學者之容貌與氣象，是多少具有若干的宗教氣氛。印度人雖與西方人同屬雅利安民族，但在文化，哲學態度及氣象上卻彼此大異。例如本次大會第一次開會時，把他們介紹於會眾的時候，他們每人都必站起來，作一種宗教儀節的兩手合十爲禮。在討論問題時，印度人對西方文化之缺點，抨擊甚烈。他們認為西方哲學與宗教，在精神修養方面遠不如印度。他們為維護自己國家民族的學術文化，而與人爭辯不遺餘力。例如關於印度階級問題，一些印度學者仍認為以婆羅門為最高階級是很合理的，因為婆羅門是宗教與智慧的象徵。並說其階級之差異，乃是社會分工之應有現象。但一般的西方人認為這種意見有言過其實之嫌，因為印度各階級事實上不但只是分工，如印度之「不可接觸的階級」，即不由分工而來。

日本學者方面，多是東京帝大之現任或退休教授，其中鈴木大拙 Suzuk 最負盛名，他是日本禪宗的權威。日本學者之特色是謙遜，他們均不大願意與人爭辯。日本人國土狹小，在學術上自己又沒有特殊的獨創。但因他們有謙德，所以能接受外來文化，把他國學術文化遺產，都成了他們自己國家的遺產。例如研究佛學，中國學者至少在量方面說，確實比不上他們。對歐美的影響方面，也比不上他們大。日本之鈴木大拙把日本由中國學來之禪宗譯為「Zen」介紹到歐美去，歐美學者只識他譯的禪字，卻多不認識中國人譯為「Chan」字的禪字。

至于回教學者方面，因為他們參加的人數少，不易看出足以代表他們回教國家之態度及氣象。回教思想為東西思想之間的思想。回教哲學初由希臘亞里士多德下來的，結果影響了歐洲中世紀的中古哲學思想，這種思想又轉而影響了印度及中國。回教國家之思想把東西方之思想連起來；在地理上，又把東西兩個世界連起來，回教之思想文化，亦在整個世界中居於相當重要的地位。

現在該讓我來談談我們中國的學者了。我國的學者與歐美、印度，及日本學者的態度，均不相同。中國之學者與歐美之學者比較起來，不及他們的好爭辯。這一方面是由於中國傳統的學術精神，是重調和的。這次會議中，中國有些學者，因想著同在異邦並依中國人之禮貌而力避免爭辯的。這實在是中國文化之重人情、重人道之表現。這與印度人之重宗教是不同的。同時中國學者又不如印度人之對自己國家的文化之過度自信，比較能夠承認自己國家文化上之缺點。但中國人之批評自己的缺點又與日本人之謙德有異。日本人因爲自己國家沒有獨創之文化，所以才謙遜，中國卻有自己獨創之文化。中國人無論談什麼問題、都有先哲可追溯，如胡適之先生講中國科學方法仍追溯至孔子。由此可見中國人畢竟還是中國人。

說到這次會議的特色，實與上兩次都不相同。上兩次會議，大家所講的多是注意到各國彼此間學術思想之異點。這次會議各國學者一方面講自己與他國彼此間相異之學問，但卻另有盡量找各國彼此間相同之學問來講之趨勢。例如：一般人恒以只有印度人才注重神秘主義的，但這次一西方學者卻特重西方宗教思想之神秘主義成分。雖然有人力言神秘主義非西方宗教思想之正統，不能以此作爲西方宗教思想之代表，但此哲學家卻不以爲然。又如一般人總說印度人思想主「靜」，崇尚「冥思」，但印度之哲學家，卻指出印度之彌曼差派哲學，卽是注重「動」的，與西方根本無別。又如一般人都以中國文化思想較缺科學思想與宗教思想，而胡適先生之論中國科學方法及我本人之論中國之宗教思想，即多少求糾正此一般人之意見。這種求發現東西思想之所同與所異，由同而互相印證，由異而相得益彰，都是有意義和價值的。

說到東西文化之比較研究的工作，實並不是由這個會議才開始的。其實東方人注意這個問題，比西方更早。由於十九世紀以來西方力量的東侵，東方人因此很早便注意到東西文化比較之問題。在中國五六十年前有嚴復、康有爲、梁啟超、孫中山等注意到此問題，晚一點在四十年前，則有李大釗、陳獨秀、胡適、梁漱溟等人曾對此問題作較深的思索。但更早的是日本，在明治維新時日本接受西方文化，日本學者已對東西文化從事比較之研究。推上去，印度人又可能更早，因爲印度人受英國統治了二百多年，印度在英國人統治不到一百年的時候，已有若干思想家極力要求一文化宗教精神之自覺，後來才出了甘地，要把英人逐出印境。現在出了大名的印度副總統之 S. Radhakrishnan，亦是先從事於印度文化之自覺運動的哲學家。

西方對東西文化之比較研究，可說是後起的。西方人大約在十七、八世紀對東方文化尤其是中國學術已開始注意，並有不少學者如來布尼玆及沃爾夫、伏爾泰之崇敬中國。到了十九世紀，西方人征服東方，最初對中印文化皆不免輕視。到第一次世界大戰後西方學者，因歐洲經戰爭蹂躪，在文化殘破之餘，才再想到東方文化的價值。西方學者如：Kerserling, Russell, Dewey, Schweizer, Toynbee 等，始對中國及印度之文化及哲學之優點，漸有了解。

而今之此「東西哲學學人會議」，則是承此風而研究東西文化哲學比較之問題，以求東西文化觀念之互相了解的。此當然是因大家都感到東西各民族文化間，有許多不相了解，及互相衝突矛盾之問題存在之故。但在此會中尚未能一一指出此中問題，來加以討論，一一加以解決而已。

（在香港大專同學會講・鄭炯堅記錄・一九五九年「大學生活」）